**Couvertures supérieure et inférieure
en couleur**

COLLECTION JULES ROUFF
1 fr. 50 le volume

PAUL DE KOCK

UN

TOURLOUROU

4e édition

PARIS
JULES ROUFF, ÉDITEUR
ANCIENNE MAISON BARBA
7, RUE CHRISTINE, 7

ŒUVRES CHOISIES
DE

CH. PAUL DE KOCK

La Laitière de Montfermeil
Mon voisin Raymond
Georgette
Sœur Anne
Le Cocu
Madeleine
Gustave le mauvais sujet
La Pucelle de Belleville
Un Tourlourou
Jean
Un bon Enfant
Zizine
Ni jamais ni toujours
Un jeune Homme charmant

L'Homme de la nature
La Femme, le Mari, l'Amant
Un Mari perdu
Moustache
Le Barbier de Paris
André le Savoyard
Monsieur Dupont
La Maison-Blanche
Frère Jacques
L'Enfant de ma femme } 1 vol.
Nouvelles et Théâtre } 1 vol.
Fête aux environs de Paris } 1 vol.
Contes et Chansons } 1 vol.

CHAQUE ROMAN COMPLET EN UN SEUL VOLUME

Format in-18 jésus, vélin glacé

Prix : 1 franc 50 centimes.

Publié par JULES ROUFF, Éditeur, 7, rue Christine.

Paris. — Imp. Vve P. Larousse et Cie, rue du Montparnasse, 19

UN

TOURLOUROU

ŒUVRES CHOISIES

DE

PAUL DE KOCK

UN

TOURLOUROU

PARIS
JULES ROUFF, ÉDITEUR
ANCIENNE MAISON BARBA
7, RUE CHRISTINE, 7

UN TOURLOUROU

CHAPITRE PREMIER

LA CAMPAGNE ET LES PAYSANS.

On était au milieu de l'été ; après une journée pendant laquelle la chaleur avait été accablante, on commençait à respirer plus librement : un peu de hâle s'était élevé, et les habitants de la campagne, que les travaux pénibles du jour avaient brûlés, venaient sur le seuil de leur porte ou sous le feuillage d'une tonnelle se rafraîchir à la brise du soir.

Quelques paysans travaillaient encore ; il restait des gerbes à rentrer, des voitures de foin à charger, des légumes à cueillir ; puis l'heure était venue pour le bon jardinier d'arroser ses plantes desséchées par le soleil ; et pour peu que le jardin soit grand, il faut retourner bien souvent au puits pour mouiller cette terre qui ne donne qu'à ceux qui ont soin d'elle. Beaucoup de cultivateurs emploient la soirée à tirer de l'eau, et se couchent pour se relever au point du jour et arroser encore. La vie de l'homme des champs n'est pas celle d'un paresseux ; elle est tout active et le corps fatigue beaucoup ; en revanche, il est vrai que l'esprit se repose : à la ville, c'est tout le contraire, c'est la tête qui travaille, tandis que l'on y prend grand soin du reste de sa personne, et, comme au total on se porte mieux aux champs qu'à la ville, je conclus de là que notre physique est plus robuste que notre moral.

C'est un beau spectacle que celui du coucher du soleil dans une campagne riante, sur le sommet d'une montagne, d'où l'œil plonge à plusieurs lieues aux environs. Le village de Vétheuil, situé sur la rive droite de la Seine, tout près de la Roche-Guyon, et à deux lieues de Mantes, offre des sites charmants, des points de vue admirables; mais c'est surtout au moment où le soleil nous quitte qu'il faut aller se placer sur le sommet d'une colline pour jouir du spectacle ravissant de la campagne. Auprès de vous des massifs de verdure auxquels la lumière rougeâtre du soir donne une teinte de feu, un peu plus loin quelques arbres qui se détachent avec vigueur sur l'horizon, puis au fond des nuages pourpre qui se mêlent à ces lignes bleues formées par les montagnes, et qui, vues de loin, ressemblent à l'Océan; voilà ce que l'on peut admirer lorsqu'on habite la campagne, voilà ce que les Panorama, Diorama, Géorama et Néorama ne parviendront jamais à vous faire voir, malgré tout le talent de nos artistes, dont quelques-uns font une nature de convention au lieu de faire une nature toute naturelle. Après cela, vous allez peut-être me dire qu'il y a mille choses que vous préférez au coucher du soleil, comme par exemple la vue d'une jolie femme, ou une table somptueusement servie, ou une salle de spectacle bien garnie, ou une partie de bouillotte, ou je ne sais quoi encore. Je ne me permettrai pas de vous blâmer... d'ailleurs, j'aime beaucoup aussi les femmes, la table, le spectacle et le jeu; mais, croyez-moi, un petit coucher du soleil a bien son charme, et les douces jouissances que l'on goûte aux champs nous font ensuite retrouver avec une nouvelle volupté les plaisirs de la ville.

Un jeune paysan montait lentement un sentier tracé à travers la luzerne, sentier qui, après avoir été une route sur laquelle pouvait passer une voiture, était devenu un chemin dans lequel un cheval seul pouvait avancer, puis enfin n'était plus qu'un étroit passage pour les piétons, grâce à la cupidité des paysans qui, pour gagner quelques pouces de plus, empiètent davantage chaque année sur la route que bordent leurs propriétés et qui souvent finissent par l'obstruer et la supprimer entièrement. Vous penserez sans doute comme moi que les maires devraient veiller à ce qu'on ne fermât pas ainsi les voies de communication et faire cesser les rapines de terrain qui ne prouvent nullement en faveur de la loyauté de l'homme des champs; mais les maires de village sont presque toujours cultivateurs et propriétaires eux-mêmes : voilà pourquoi ils n'osent pas défendre ce qu'ils ont fait ou ce qu'ils feront à la première occasion.

Revenons à notre paysan ; il avait vingt ans : c'était un grand et beau garçon ; ses cheveux noirs et bien plantés laissaient voir un front élevé, ce qui est fort rare chez les gens de la campagne dont les cheveux poussent ordinairement à deux pouces des sourcils. Le teint de ce jeune homme était brun et passablement brûlé par le soleil ; mais les lignes de son visage avaient une élégance rare parmi nos villageois de France ; ses yeux bien fendus étaient à la fois fiers et doux ; son nez, régulièrement taillé, aurait fait honneur à un profil grec, enfin sa bouche avait une expression sérieuse qui allait bien au reste de sa physionomie et qu'elle perdait rarement : ce jeune homme aurait pu figurer sans désavantage dans les beaux tableaux de l'Italie, et à côté des admirables *Moissonneurs* de Robert. En France, et surtout aux environs de Paris, ce genre de beauté est rare ; nos villageois, qui sont bien, sont ordinairement trop joufflus, trop roses, trop poupards ; puis leur beauté n'a pas d'élégance.

Pierre, c'est le nom du jeune paysan, suit l'étroit sentier tracé encore dans la luzerne, s'inquiétant peu s'il marche ou non sur la récolte. Mais, arrivé hors des champs sur un chemin que bordent plusieurs habitations, Pierre s'arrête, se retourne, et regarde tristement au loin dans la vallée qu'il vient de traverser.

Et alors le soleil couchant embellissait le tableau ; mais ce n'était pas de cela que Pierre était frappé. Il y a des moments où l'on est fort indifférent à toutes les beautés de la nature. Il faut que l'esprit, que la tête soient libres pour bien voir, pour bien observer.

Plusieurs paysannes étaient devant leurs portes. Les unes lavaient du linge, et les autres écrémaient du lait ; un grand nombre ne faisaient que se reposer et causer entre elles. Une foule d'enfants, dont quelques-uns n'avaient pour tout vêtement qu'une petite blouse sans chemise, ou une chemise sans blouse, couraient et se roulaient çà et là devant les habitations, tenant à la main un morceau de pain bis qu'ils roulaient avec eux dans la poussière, et dans lequel ils mordaient ensuite avec délices ; puis des canards, des poules, des oies, barbotaient et se promenaient autour des enfants, avec lesquels ils vivaient dans la plus grande intimité. Puis enfin de temps à autre un âne ou un cheval en passant sur la route causait un hourra général parmi tout cela. Les enfants se sauvaient en marchant sur les canards, et les mères leur donnaient une petite tape pour les faire rentrer.

Mais en ce moment les paysannes s'occupaient moins de leurs marmots et de leur volaille que du jeune villageois qui s'était arrêté à peu de distance de leurs habitations. Le costume de Pierre n'avait rien qui le distinguât des autres paysans. Un pantalon et une veste de toile bleue, un gilet rayé à larges revers et un chapeau rond, telle était la toilette du jeune paysan. Ce ne pouvait pas être pour cela que les yeux s'attachaient sur lui. Mais il était jeune, il était beau, et j'ai oublié de vous dire qu'autour de la forme de son chapeau étaient attachés plusieurs rubans de différentes couleurs, enjolivement dont ne manquent point de se parer les jeunes gens qui viennent d'être de la conscription ; enfin un grand numéro tracé sur un carré de papier blanc était attaché sur le devant de son chapeau : c'était le numéro 150.

— V'là Pierre !... V'là Pierre !... se disaient plusieurs paysannes en montrant du doigt le jeune villageois. Eh bien ? il a tiré, il était conscrit de c't' année.

— A-t-il eu un bon numéro ?

— Ah ! parguenne ! je crois bien, il a le 150, et on ne prend que jusqu'à quarante hommes par ici !...

— Ah ! c'est-y heureux !... Son oncle le meunier doit être ben content !

— Ah ! oui... son oncle le meunier ! encore une grosse brute !... il aime son neveu, mais il n'aurait pas donné un sou pour le racheter s'il était tombé.... il ne pense qu'à compter ses gros sous.

— C'est égal, ç'eût été dommage que Pierre partît, c'est un bon garçon !...

— Ah ! dites donc, et le fils à Lucas qu'avait tant fait de choses pour être réformé... ah bien ! en avait-il fait !... jusqu'à ne manger depuis un mois que du lard et des cornichons pour se rendre poitrinaire !... Eh ben ! on l'a trouvé bon tout de même, et il faut qu'il parte.

— C'est bien fait, c'est un grand sournois. Et le petit à la Thomas, il s'était fait venir des *mals* par tout le corps en se frottant avec des crapauds, que c'est très-*vélimeux*, comme vous savez ! si ben qu'il avait une taie sur le dos !...

— Ah! que t'es bête! on n'a de taies que sur les yeux, demande plutôt à monsieur le médecin.

— Je te dis que sa sœur lui a vu une taie sur le dos. Qu'elle a dit que son frère serait réformé tout de suite comme n'étant plus propre à rien du tout. Eh ben, qu'il a montré ça aux réformateurs, ils lui ont ri au nez, et lui ont appliqué même trois ou quatre coups de pied dessus son mal.

— V'là ce que c'est que de vouloir faire de la médecine et d'écouter les enjôleurs qui vous vendent des moyens pour échapper à la conscription; mais, dites donc... c'est bien drôle! Pierre qui n'est pas tombé au sort n'a pas l'air gai du tout...

— C'est vrai, il est planté là comme un terme... au lieu de rire et d'être allé boire avec les autres.

— Mon mari y est allé, lui, boire avec les conscrits.

— Ton mari? tiens, il n'est pourtant pas conscrit, lui.

— Ah! c'est égal, ça n'empêche pas de boire, ça!... Dieu! queu pompeur que ça fait!... Mais regarde donc ce Pierre; il ne bouge ni plus ni moins qu'une borne.

Une jeune paysanne, qui n'avait pas été une des moins attentives à considérer Pierre, s'approche d'un groupe de femmes et dit en souriant avec un certain air de dépit :

— Ah! je sais ben, moi, pourquoi monsieur Pierre a l'air chagrin... pardi!... c'est ben facile à deviner.

— Tu le sais, toi, Hélène? quoi donc que c'est alors?

— Est-ce que vous ne savez pas qu'il est amoureux?

— Bah! vraiment?... Pierre est amoureux?... de qui donc?

— De qui! et mais de mamzelle Marie, la servante du *Tourne-Bride*.

— Ah bah!...

— Eh oui, d'où donc que tu viens, toi, que tu ne sais pas ça?... Tout le pays le sait...

— Oh! c'est que moi je ne m'occupe qu'à vendre mon lait et à traire mes vaches, sans me mêler des affaires des autres.

— Oh! c'est ça que t'as pas été encore avant-hier prévenir la femme à Giroux que son mari avait dépensé vingt-quatre sous au cabaret... si ben qu'ils se sont disputés et se sont battus!

— C'est pas vrai, j'ai pas dit ça.

Pendant que les villageoises se disputent, celle qui paraît très-préoccupée de Pierre se rapproche d'une jeune fille de son âge, et s'éloignant avec elle du groupe où l'on se querelle, elle lui dit en poussant un gros soupir :

— Ce monsieur Pierre!... il ne nous parle plus!... il ne s'occupe plus de nous depuis qu'il est entiché de sa mamzelle Marie!...

— Ah! dame! Hélène, s'il l'aime c'te fille... elle est jolie, mamzelle Marie!...

— Tu trouves? Il me semble qu'elle n'a rien d'extraordinaire...

— Est-ce qu'il faut de l'extraordinaire dans le visage pour être jolie?

— Je ne dis pas... mais... dans le pays, m'est-avis qu'il y a ben des jeunes filles qui sont mieux que celle-là.

— Ah bah! et qui donc? elles sont presque toutes laides, au contraire, par ici.

Mademoiselle Hélène fait un léger haussement d'épaule et se pince les lèvres en murmurant :

— Tu es encore étonnante, toi, de nous dépriser comme ça... Tu es jolie, toi... et moi... est-ce que je suis laide? Tous les garçons me disent que je suis gentille.

— Ah! pardi ! s'il fallait croire ce que disent tous les garçons!... ils nous trouvent toujours gentilles, pour rire... pour batifoler... Je sais ben comme je suis, moi. Toi, Hélène, tu es mieux que moi, mais tu n'es pas, quoique ça, aussi bien que Marie!...

— Tu crois?

— Oui, oui, elle est ben mieux que toi!

— Oh! parce qu'elle fait des mines, parce qu'elle est coquette!... qu'elle cause avec tous les voyageurs qui s'arrêtent au Tourne-Bride... qu'elle les écoute... avec tout ça... c'est toujours pas grand'chose!... Une servante d'auberge... ça ne devrait pas faire tant d'embarras... et puis une fille... que M. Gobinard a élevée... par charité!... qui n'a jamais eu ni père ni mère!...

— Oh! c'te bêtise!... Comme si on n'avait pas toujours une mère et au moins un père!...

— Je veux dire qu'on ne les a jamais vus; puis sa mère l'a amenée soi-disant dans ce pays, qu'elle n'avait que quelques mois, et puis elle est morte, la mère; et si madame Gobinard, qui était au monde alors, n'avait pas voulu prendre soin de l'enfant... qu'est-ce qu'elle serait devenue? on l'aurait mise je ne sais où...

— Quoi que ça fait tout ça?... ça empêche-t-il que Marie soit jolie... Est-ce que c'est un crime d'être pauvre et orpheline?... Mon Dieu, Hélène, tu fais ben ta fière à présent...

— Je ne fais pas ma fière, mais je dis quand on est l'enfant... de je ne sais qui, on ne devrait pas être si coquette... et se mettre un tas de rubans à ses bonnets comme les dames de la ville...

— Ah! jerni! vlà ma vache qui court là-bas dans la pièce à Louis le Blond... c'est mon bête de frère qui l'aura laissée sortir... il n'est bon à rien ce bonêt-là... Hohé! hohé, arrêtez-la donc, vous autres...

La jeune paysanne quitte mademoiselle Hélène pour courir après la vache qui se permettait de manger dans la propriété d'un voisin, et qui ne tarde pas à s'arrêter, docile à la voix de sa maîtresse.

Hélène qui est restée seule semble indécise et ne pas savoir si elle reviendra près des commères qui jasent et qui travaillent, ou si elle suivra son amie. Hélène est une jeune fille de dix-huit ans, grasse, fraîche et fortement colorée; ses traits ne sont pas distingués, sa démarche n'est pas élégante; mais c'est une grande fille bien faite, que l'on regarde avec plaisir, car sa bouche est riante, ses yeux très-gais, et son nez, légèrement retroussé, donne quelque chose d'original à sa physionomie, qui semble plutôt formée pour le rire que pour la tristesse.

Après avoir fait quelques pas à gauche, puis à droite, Hélène se décide à aller en avant, c'est-à-dire vers l'endroit où Pierre, le jeune conscrit, s'était arrêté et assis au pied d'un arbre.

Il y avait quelque chose qui poussait la grosse paysanne vers le beau garçon, et, quoique tout en marchant et en roulant dans ses doigts un coin de son tablier, elle se dit :

— Je n'irons pas trouver M. Pierre... je ne veux pas qu'il croie que je m'intéresse à lui, c'est un malhonnête... il ne m'a pas fait danser dimanche!

Malgré cela, Hélène avançait toujours; car son cœur parlait sans doute plus fort que sa raison, et à dix-huit ans il est plus naturel d'écouter l'un que l'autre; et il serait bien agréable de pouvoir toute la vie agir comme à dix-huit ans.

Si bien que la grande Hélène se trouve tout à côté de Pierre en se répétant encore : Je n'irai pas le trouver; et, arrivée là, comme le jeune homme, tout absorbé dans ses réflexions ne paraissait pas s'apercevoir de sa présence, elle tire son petit couteau de sa poche et le laisse tomber sur l'herbe; puis, après avoir fait encore quelques pas, elle s'arrête en s'écriant :

— Tiens, j'ai perdu mon couteau !

Pierre lève les yeux, aperçoit Hélène, lui fait un petit salut de la tête et ne bouge pas; mais Hélène vient à lui en lui disant :

— Monsieur Pierre, avez-vous trouvé mon couteau... quelquefois ?

— Non, mamzelle, je n'ai rien trouvé.

— C'est bien drôle... je dois l'avoir perdu par ici... c'est que j'y tiens... il m'a coûté quinze sous... Si vous vouliez m'aider... à le chercher, si ça ne vous dérange pas...

Pierre ne bougeait pas; Hélène cherchait ou du moins avait l'air de chercher autour de lui, et, tout en tournant et retournant devant le beau conscrit, Hélène se baissait pour regarder dans l'herbe; si bien que, lorsqu'elle tournait le dos au jeune homme qui était assis contre un arbre, la paysanne, dont les jupons étaient aussi courts que ceux d'une danseuse de l'Opéra, faisait voir à celui qui était derrière elle une jambe un peu forte, mais bien prise, un mollet musculeux, une petite jarretière de laine rouge, et encore quelque chose au-dessus, et, en vérité, si le jeune paysan y avait mis de la bonne volonté, je ne sais pas... ou plutôt je sais très-bien tout ce qu'il aurait pu voir. Mais Pierre ne pensait pas à la malice, et puis vous connaissez les hommes : il suffit de leur donner la facilité de voir une chose pour qu'ils ne la regardent pas; ce sont des êtres essentiellement contrariants.

Mademoiselle Hélène, lasse de chercher en se baissant, ce qui devait lui faire porter le sang au visage, se releva rouge comme une cerise, et s'assit près de Pierre en disant :

— Si c'est comme ça que vous m'aidez à trouver !... je chercherai longtemps... A quoi donc que vous pensez comme ça, que vous ne dites pas un mot ?... Est-ce que vous êtes malade ?

— Non... je ne suis pas malade.

— Ah !... et vous n'êtes pas pus gai que ça, après avoir eu

un si bon numéro?... le cent cinquante! ça ne part pas celui-là !...

— Non... en effet, mon numéro ne sera pas appelé; on m'a dit que j'étais libéré...

— Et vous n'êtes pas plus en train !... et vous n'allez pas boire... vous réjouir avec les autres!... pourtant ceux qui partent ont du chagrin!... mais c'est égal!... ils se réjouissent tout de même !

— Vous savez bien que je n'aime pas boire, moi. Que les autres aillent au cabaret... chacun son goût...

— Ah! c'est juste, ce n'est pas le vin que vous aimez, vous, c'est autre chose...

Pierre ne répond rien, il est retombé dans sa rêverie. Voyant qu'elle ne peut plus en tirer une parole, Hélène se lève et recommence à chercher son couteau, en ayant toujours soin de se baisser devant Pierre. Mademoiselle Hélène avait un genre de séduction tout particulier; mais à la campagne on doit agir autrement qu'à la ville, on n'y connaît pas tous les raffinements de la coquetterie, et on va beaucoup plus vite en allant plus naturellement.

Un paysan arrive alors par un chemin de traverse : c'est un homme d'une quarantaine d'années, de taille moyenne, maigre, mais vigoureux; ses cheveux blonds, mal peignés, laissent voir un front un peu rouge; sa figure est allongée, son nez un peu fort, et ses yeux, d'un bleu clair, sont petits et ronds; tout cela forme une physionomie qui ne manque pas de caractère. Il y a dans ses yeux vifs et animés de la gaieté et de la finesse; c'est un homme dont la réponse ne doit jamais se faire attendre, et qui doit rarement se laisser attraper. Du reste, une grande négligence dans le costume : une blouse grise sale, qu'il laisse tout ouverte par devant, permet de voir sa poitrine qui est rouge comme son visage; une cravate roulée et à peine attachée autour de son cou, des sabots, point de bas, un mauvais chapeau qui semble avoir appartenu à un bourgeois, mais qui est maintenant sale et déformé par le haut : voilà comment est vêtu le paysan qui porte un panier sous son bras, et s'avance en sifflant du côté où Pierre est assis, et où mademoiselle Hélène s'obstine à chercher son couteau.

— Eh ben!... c'est donc bon!... t'en v'là donc quitte, Pierre? dit le nouveau venu en allant prendre et secouer le bras du jeune homme. Je venons de savoir ça à la Roche-Guyon, où j'étais allé vendre une paire de pigeons... On m'a dit : Pierre a un bon numéro... il ne part pas... Ah! jarni! j'ai été content, j'en avons bu un litre de joie avec Maclou... dont sa femme vient d'accoucher!... ça lui en fait huit!... Il est content si on veut, celui-là.... j'ai quasiment manqué d'être le parrain... le sien vient de se faire poser trente sangsues au fessier ; ça n'est pas commode pour être parrain. Mais moi je m'en suis esquivé en disant que j'avais déjà refusé la femme du maire de Hautelle, et que par ainsi ce serait malhonnête à moi d'accepter avec un autre. Et quéque j'ai besoin d'être parrain de ses mioches! C'est toujours de l'argent que ça coûte ; moi, j'en ai pas trop pour moi!... J'aime mieux m'acheter des lapins!... dame! c'est clair, au moins je les aurai, les lapins.

Pendant que le paysan parle, Pierre s'est levé, et il répond:

— Oui, Gaspard, oui, j'ai eu un bon numéro... et pourtant j'étais tout décidé à partir.

— C'te bêtise! vaut bien mieux rester. Qu'est-ce que t'as besoin d'aller te faire casser une patte à l'armée... avec ça qu'on dit que maintenant c'est avec des Arabes qu'on se bat... des chiens qui sont mauvais comme des chenapans! qui mangent leurs prisonniers, à ce qu'on dit. D'ailleurs, vaut bien mieux ne pas nous quitter... Et toi qui as dans le cœur une passion... toi qui es amoureux comme trente mille hommes, est-ce que tu aurais pu... Ah çà, Hélène, qu'est-ce que tu fais donc dans nos jambes?... tu tournes... tu passes autour de nous comme un ballet.

— Dam'! je cherche mon couteau que j'ai perdu...

— Eh ben! va donc le chercher plus loin, ton couteau...

— Si je l'ai perdu ici... D'ailleurs, est-ce que ça vous gêne que je sois là?

— C'est possible... moi, quand je cause, j'aime pas qu'on tourne comme ça près de moi...

— Est-il malhonnête, ce Gaspard !... Mais je m'en irai si je veux.

— Tiens, le v'là ton couteau... au bout de mon pied... Tu passes à côté et tu fais semblant de ne pas le voir! nous connaissons ça.

La paysanne ramasse son couteau, puis regardant Gaspard avec colère dit : — Tu devrais bien faire raccommoder ta blouse, toi, au lieu de t'en aller tout débraillé, tout dépoitraillé!... Je ne sais pas, si ça continue, ce que tu finiras par nous montrer!

— C'est bon; si tu ne regardais pas tous les hommes, tu verrais pas si bien ce qui manque à leur toilette.

— En tous cas, c'est pas ceux qui sont faits comme toi que regarde!...

— Ah! oui, mais t'en reluques qui ne te regardent pas! v'là le malheur...

— Va donc vendre tes prunes, ivrogne, au lieu de l'arrêter tout le long de ton chemin.

— Va donc faire tes fromages, toi; ta tante te donnera encore une pile comme l'autre jour, que tu causais dans le bois avec le fils du garde... et que tu oubliais ton ouvrage... et que t'as même perdu ton étui... et peut-être ben autre chose...

La jeune paysanne n'en écoute pas davantage; elle s'éloigne en rougissant et en lançant à Gaspard des regards furibonds. Lorsqu'elle est éloignée, celui-ci se rapproche de Pierre et lui dit :

— Qu'est-ce que tu payes, ce soir?

— Ah! Gaspard!... je n'ai pas envie de boire... j'ai du chagrin...

— Ah! ouais... des bêtises! des amourettes, n'est-ce pas?... Est-ce qu'il faut se tourmenter pour ça!...

— Tu ne sais pas, toi, combien j'aime Marie!...

— Je sais ben que tu l'aimes! pardi, ça se voit assez... Tu soupires! tu deviens sec comme un coucou. A quoi que ça sert de se rendre malheureux comme ça pour une femme?... est-ce que toutes les femmes ne sont pas... des femmes? Dieu merci, il n'en manque pas. Tiens, si tu voulais d'Hélène, je te réponds qu'elle ne demanderait pas mieux que de t'écouter, celle-là!...

— C'est Marie seule que j'aime... je n'aimerai jamais que Marie!...

— Ah! ouiche! comme Cadet qui disait qu'il n'aimerait jamais les huîtres, et qui en avale à c't'heure dix douzaines!... Mais enfin, aime Marie si ça te convient : c'est pas une raison pour te désoler... Est-ce qu'elle ne veut pas de toi?...

— Elle ne me l'a pas dit, car moi-même je n'ai pas osé lui déclarer positivement mon amour... mais je crains qu'elle ne me reçoive mal.

— Ah! bah!... tu sais ben que les femmes sont coquettes... elles ont l'air de nous rebuter, et c'est pour mieux nous amorcer, et Marie l'est fièrement coquette!...

— Dame! elle est si jolie!

— C'est pas une raison pour faire tant la mijaurée; après tout, tu serais bien son fait. Tu es le neveu du meunier, ton oncle te laissera queuque chose, et en attendant, tu es un bon travailleur... pas ribotteur, pas querelleur! Marie n'est qu'une orpheline qui n'a rien... Je sais ben que le père Gobinard, qui n'a ni enfants ni neveux, a l'intention de laisser à Marie son auberge du Tourne-Bride, mais d'abord, il n'a pas l'air d'avoir envie de mourir, c't'homme ; et puis son auberge... c'est gentil, mais c'est pas un royaume! on a comme ça, par-ci par-là, les voyageurs qui vont à la Roche-Guyon, ou à Mantes, ou dans les châteaux des environs... mais c'est pas tous les jours, ça!...

— Ah! il en vient encore trop souvent, dit Pierre en poussant un gros soupir. Ce sont tous ces beaux messieurs de la ville... toutes ces dames en belles toilettes, qui tournent la tête à Marie... ces gens-là s'arrêtent au Tourne-Bride : c'est la plus belle auberge... et puis c'est la meilleure sur le chemin. On voit Marie, on lui fait des compliments; les femmes lui donnent quelquefois des bonnets, des chiffons, en lui apprenant à poser ça sur sa tête; les hommes lui disent... un tas de choses!... que c'est un meurtre qu'elle vive dans un trou, dans un village!... qu'à Paris, elle ferait fortune... qu'elle aurait des bijoux, des plumes!... Enfin, Marie, qui est déjà coquette, le devient encore plus en écoutant tout cela... et quand j'arrive après, quand je lui dis qu'elle est jolie... dame... tout simplement, parce que je ne sais pas, moi, faire de belles phrases comme les messieurs de la ville, alors on ne m'écoute pas ou on me rit au nez!

— Bah!... tout ça s'arrangera!... Est-ce qu'on sait jamais ce que les femmes pensent!... elles ne le savent queuquefois pas elles-mêmes... C'est égal, j'vas toujours boire... tant pis, je porterons mes prunes demain!... viens-tu avec moi?

— Non... merci...

— Comme tu voudras. Au revoir.

Gaspard avait déjà fait quelques pas lorsque Pierre le rappelle.

— Où donc vas-tu boire, Gaspard?
— Eh, pardi ! chez le père Gobinard, au Tourne-Bride... son vin est bon et pas plus cher qu'ailleurs.
— Tu vas au Tourne-Bride... oh ! alors, c'est différent, je vais avec toi.
— Ah ! v'là que t'as donc soif à présent !... Allons, viens.

Et les deux paysans descendent ensemble le sentier qui mène à l'auberge qui est située à deux portées de fusil du village de Vétheuil.

CHAPITRE II

LE TOURNE-BRIDE. — LE PROFESSEUR MARTINEAU.

Vous savez déjà que l'auberge du Tourne-Bride, dont il est ici question, est située près des villages de Vétheuil et de Haute-Ile, à une lieue environ de la Roche-Guyon, et par conséquent à seize lieues ou approchant de Paris.

Cette auberge se trouvait à l'embranchement de deux routes, dont l'une conduisait à Mantes et l'autre à la Roche-Guyon ; il y avait aussi dans les environs quelques anciens châteaux et plusieurs jolies maisons de campagne. Lorsqu'on venait de Paris, on passait ordinairement devant l'auberge, et là il fallait tourner bride pour aller soit au château soit à la ville ; de là était venu, dit-on, le nom de Tourne-Bride, donné à cette maison ; je ne vous garantirai pas pourtant cette étymologie, mais elle me semble assez croyable, et nous en avons adopté un grand nombre qui ne sont pas plus respectables.

L'aspect de l'auberge est modeste, c'est une maison carrée, composée d'un rez-de-chaussée, d'un premier et de greniers ; à la suite, à droite et à gauche, un mur de deux pieds, surmonté d'une grille en bois, ferme d'un côté le jardin et de l'autre les écuries et la basse-cour. Au-dessus de la porte d'entrée, est écrit en grosses lettres : *Au Tourne-Bride, Gobinard, restaurateur, à pied et à cheval, vend du vin sans eau* ; puis entre les volets de chaque croisée du rez-de-chaussée, le *Téniers* de l'endroit a entassé volailles, poissons, gibiers, pâtés, fruits et légumes, avec tant d'art, que les paysans des environs s'arrêtent toujours et restent en admiration devant les peintures, en s'écriant que les pâtés sont parlants.

Quand on a tourné le bouton qui ferme la porte d'entrée, on se trouve dans une grande salle, dont le papier à nids d'Amours est passablement enfumé; de chaque côté de la salle, qui forme un carré long, sont des tables couvertes de serviettes que l'on ne change que lorsqu'elles ont servi. Sur chaque table, un huilier et une carafe appellent un consommateur; enfin au fond de la salle est une vaste cheminée dans laquelle on ne fait jamais de feu, mais qui sert de passage au tuyau d'un poêle établi à peu de distance. Je ne dois pas oublier de vous dire que plusieurs gravures encadrées ornent la salle, et que si vous les aviez à Paris, vous n'en voudriez pas dans vos lieux à l'anglaise; mais les paysans ne sont pas connaisseurs.

En ce moment, deux hommes sont dans la salle-basse que je viens de vous décrire. L'un est chauve, tellement chauve, que le derrière de sa tête est aussi frais que son front; mais je me hâte de vous dire qu'il porte presque continuellement un bonnet de coton, qui lui tient lieu de perruque. C'est un homme qui n'a pas encore soixante ans, qui a l'œil vif et la langue dégagée, mais dont toute la figure est d'un rouge tellement foncé qu'on tremble, en le regardant, qu'il ne tombe frappé d'un coup de sang. Le vin semble vouloir sortir de dessous cette peau violette, et on n'a pas de peine à croire que ce monsieur suit à la lettre ce qui est annoncé sur sa porte.

Ce personnage est M. Gobinard, propriétaire de l'auberge. Veuf depuis une dizaine d'années, bon homme dans le fond de l'âme, et qui n'a que le défaut d'être fort curieux, fort bavard, de faire des conjectures sur tout ce qu'il voit, de rapporter de travers tout ce qu'il entend, et de toujours brouiller les gens en voulant les raccommoder. C'est surtout depuis que sa femme est morte que M. Gobinard donne carrière à son penchant pour les propos; car, tant que madame Gobinard vivait, il la craignait et n'osait point devant elle faire des commentaires sur les histoires qu'il avait apprises. Madame Gobinard était une femme à caractère, qui inspirait du respect et même de la crainte à son mari; elle était maîtresse au logis, et devant elle il ne fallait pas que l'on se permît un murmure, une réflexion. Mais elle n'était plus, et M. Gobinard avait relevé la tête avec fierté. Le jour même de la mort de sa femme, on s'aperçut qu'il avait penché son bonnet de coton sur son oreille gauche, comme pour se donner déjà un air d'autorité ; enfin, quoiqu'il eût regretté son épouse tout aussi décemment que puisse le faire un aubergiste de village, dès le lendemain il courait les environs pour savoir ce qui se passait chez ses voisins, et la semaine n'était pas écoulée que par ses propos il avait déjà fait battre cinq personnes.

Vous connaissez maintenant M. Gobinard, qui, par état, autant que par goût, porte continuellement une veste et un pantalon en toile blanche, avec un tablier élégamment retroussé par un côté. Je pourrais vous dire encore que l'abus de la boisson a mis en fermentation certaine partie fort apparente de son visage ; son nez est couvert de bourgeons et de petits rejetons qui menacent de vouloir envahir toute sa figure ; mais cela n'inquiète aucunement le propriétaire du Tourne-Bride et ne l'empêche pas de trinquer avec tous les paysans qui viennent boire chez lui.

Le second personnage qui est avec M. Gobinard dans la grande salle du rez-de-chaussée, est un homme d'une cinquantaine d'années, d'un extrême embonpoint, et dont la chevelure, qui commence à grisonner, frise naturellement et s'étend de tous côtés avec tant d'abondance que cela fait une tête énorme à celui qui en est pourvu. Son costume noir, son habit râpé, mais propre, sa culotte courte et ses boucles guillochées, vous annoncent déjà que ce n'est point à un paysan que vous avez affaire. Considérez cette figure calme, cet air de gravité qui tourne souvent au comique, l'importance avec laquelle on prend du tabac, la mesure précise avec laquelle on se mouche, cette façon de lever la tête en parlant, cette manière de prononcer et cette assurance dans l'emploi des plus-que-parfaits d'un verbe, et vous devinerez sur-le-champ que vous avez devant vous un maître d'école ou tout au moins un maître d'écriture.

Telle était en effet la profession de M. Martineau. Il avait longtemps tenu une école dans le village de Vétheuil ; il n'avait pour élèves que de petits villageois qui abandonnaient la classe, dès qu'ils savaient un peu lire et à peu près écrire. Cela désespérait M. Martineau qui était un savant, qui avait passé sa vie à étudier, et qui aurait désiré que les trésors de science qu'il avait amassés pussent être profitables à d'autres plus qu'ils ne l'avalent été à lui. Car M. Martineau était fort pauvre ; il avait dépensé tout son argent à s'acheter des livres, il avait étudié pendant que les autres s'amusaient. Puis l'âge était venu, sans qu'il s'en doutât, car le temps passe vite quand on est studieux. Enfin, pour vivre, M. Martineau s'était vu forcé de se faire maître d'école à Vétheuil.

Mais M. Martineau, qui était passablement orgueilleux de ses connaissances, s'était fait des illusions ; les savants en ont comme les autres hommes ; il s'était dit : « En me mettant à la tête de l'école de Vétheuil, je vais, à force de patience et de logique, faire des élèves dont on parlera. Les habitants de ces campagnes ne s'exprimeront plus aussi grossièrement que ceux des environs de Paris. On remarquera leur élocution facile ; on voudra savoir la cause de cette exception à la règle. On remontera à la source, et bientôt on saura qu'il y a dans ce pays, un savant, un helléniste, un homme lettré, très-fort sur l'instruction publique. On viendra m'y voir, on viendra m'y chercher ; on m'offrira des places, des emplois ; on me suppliera d'achever le *Dictionnaire de l'Académie* ; j'y ajouterai quatorze cents mots de ma composition, tirés de la langue celtique. On me donnera des pensions, des décorations, et je ne vois pas trop où ma fortune s'arrêtera. »

L'homme propose... proverbe fort sage. L'homme dispose bien aussi quelquefois ; mais il est rare que ce soit comme il le voulait d'abord. Les choses ne tournèrent pas comme M. Martineau s'en était flatté ; ses élèves n'avaient pas voulu mordre à la science ; quand il leur avait parlé de racines grecques, les paysans avaient cru qu'il s'agissait de carottes et de navets ; quand il avait voulu leur apprendre le latin, ils s'étaient mis à jouer aux billes ; enfin, quand il avait essayé de leur enseigner la mythologie, l'astronomie, la géométrie, les petits villageois s'étaient endormis. Bref, au bout de quelque temps, l'école de M. Martineau fut totalement déserte ; il avait voulu montrer trop de choses, et il avait beau offrir même de prendre des élèves *gratis*, on ne lui confia plus personne. Les villageois se défient de la science ; on ne parviendra à les éclairer que petit à petit, si toutefois on y parvient ; et au fait, si tous les paysans de Vétheuil et des environs eussent laissé faire M. Martineau, leurs enfants seraient tous devenus fort instruits, mais il est probable qu'aucun d'eux n'eût voulu ensuite cultiver des artichauts et planter des choux, ce qui aurait alors amené une disette de légumes dans le pays.

M. Martineau se décida à quitter son école, puisque ses élèves l'avaient quitté. Il ne voulut pas non plus rester dans un village dont les habitants avaient si mal reconnu ce qu'il voulait faire pour eux. Il alla se loger un peu plus loin au hameau de *Chantemerle*. Boileau l'a jadis habité, et c'était déjà un motif pour que M. Martineau le préférât. Dans son champêtre asile, se bornant maintenant à donner des leçons d'écriture dans les maisons bourgeoises des environs, le professeur Martineau regagnait chaque jour son gîte en déclamant la sixième épître de Boileau, auquel probablement il se comparait intérieurement; et les villageois restaient la bouche béante et regardaient avec curiosité le pauvre professeur, qui s'écriait tout en suivant son chemin :

> Oui, Lamoignon, je fuis les chagrins de la ville,
> Et contre eux la campagne est mon unique asile.
> Du lieu qui m'y retient veux-tu voir le tableau ?
> C'est un petit village ou plutôt un hameau
> Bâti sur le penchant d'un long rang de collines...

— Comment va la santé, monsieur Martineau? disait quelquefois un villageois en arrêtant le professeur au milieu de sa tirade : celui-ci remerciait le paysan, lui offrait du tabac avec gravité, lui serrait la main, le saluait, puis poursuivait sa route en continuant :

> D'où l'œil s'égare au loin dans les plaines voisines;
> La Seine, au pied des monts que son flot vient laver,
> Voit du sein de ses eaux vingt îles s'élever
> Qui, partageant son cours en diverses manières,
> D'une rivière seule y forment vingt rivières !...

— Monsieur Martineau, croyez-vous que nous aurons du beau temps demain? disait un laboureur en arrêtant le maître d'écriture, car pour les paysans quelqu'un qui est savant doit tout prédire, et un homme qui sait parler plusieurs langues doit deviner le temps qu'il fera.

— Mon ami, disait Martineau en secouant la tête, la triple Hécate a ce soir un cercle noir autour d'elle, les derniers rayons de Phébus n'ont pas fait chanter Philomèle, Clytie baisse la tête... la question sera résolue demain avant que l'oiseau de Mars ait chanté.

A cela le laboureur ôtait son chapeau et saluait en disant :

— Ben obligé... en vous remerciant, monsieur Martineau. Mais quand le professeur était éloigné, il jurait entre ses dents et se disait :

— Quoi qu'il m'a ragoté, avec son oiseau de Mars, son Phébus et sa triple... chatte?... C'est pas la peine d'être savant pour ne pas se faire comprendre par tout le monde.

La réflexion du paysan était fort juste, et pourrait s'appliquer à tous les docteurs, à tous les avocats, à tous ces hommes bourrés de science qui croient devoir parsemer leurs discours de mots techniques que beaucoup de personnes ne sont pas obligées de comprendre, et qui pensent avec cela éblouir, étourdir, et imposer à leurs auditeurs ; pauvre science que celle qui ne sait pas être claire et compréhensible : elle cache souvent plus de suffisance que de talent.

Je me suis un peu étendu sur le caractère de M. Martineau ; je ne vous ai pas dit encore qu'un penchant assez prononcé pour une table bien servie était le seul défaut que le professeur eût à se reprocher : défaut bien excusable, et qui jusqu'alors s'était nourri d'illusions ; car les moyens de M. Martineau le forçaient à vivre très-frugalement ; mais, parmi ses nombreux achats de livres, il avait aussi fait emplette du *Cuisinier royal*, et c'était en le feuilletant que le professeur se donnait d'agréables distractions : ainsi, en lisant un conte de fées, les enfants croient être dans une grotte de cristal ou dans un palais de diamants, de même, en lisant quelques pages du *Cuisinier royal*, M. Martineau se figurait être à une table de cinquante couverts et goûter de tous les mets dont il lisait les noms.

M. Martineau était une ancienne connaissance de M. Gobinard, il entrait souvent au Tourne-Bride qui était sur la route, quand il allait à la Roche-Guyon, ou dans quelques maisons bourgeoises des alentours. M. Martineau avait appris à écrire à Marie, la fille adoptive de l'aubergiste. En revanche, maître Gobinard le consultait lorsqu'il avait un grand dîner à faire, car le professeur savait par cœur beaucoup d'articles du *Cuisinier royal*. Enfin, une douce intimité régnait entre ces deux personnages ; l'un respectant l'autre pour son savoir, l'autre étant bien aise de conserver des relations dans une maison où, une fois dans la semaine, pour le moins, il faisait un dîner passable.

En ce moment, le professeur Martineau est assis devant une des tables dont on a enlevé la serviette et l'huilier. Il a devant lui du papier, de l'encre, des plumes et des canifs.

M. Gobinard se promène de long en large dans sa grande salle, s'arrêtant quelquefois pour placer un moutardier bien en face d'une salière, ou pour donner un coup de serviette à un verre dont le luisant lui paraissait terni; car il faut dire à la louange du maître du Tourne-Bride, que sa maison était tenue avec une extrême propreté.

— Votre jeune homme ne vient pas, dit Martineau en regardant avec impatience son papier et ses plumes.

— Il va venir, mon cher monsieur Martineau, il va arriver ; ne vous impatientez pas... il est à la cuisine, il vide une volaille que nous mangerons au souper, auquel j'espère que vous me ferez l'honneur d'assister.

La figure du professeur devient plus riante, et il répond d'un air aimable :

— Je ne refuse jamais l'invitation d'un ami... surtout lorsque je suis en appétit... Ah! Petit-Jean vide une volaille, c'est différent!... Il ne faut pas le troubler... chaque chose en son temps, c'est ma maxime. Comment accommoderez-vous cette volaille?...

— A la Marengo... c'est une poularde, et je sais que vous les aimez de cette façon.

— Beaucoup, mon cher Gobinard, beaucoup... mais possédez-vous bien la façon de l'accommoder?

— Oh! soyez tranquille, je connais mon affaire... j'ai été autrefois cuisinier d'un ministre... et on en faisait des dîners là!...

— Autrefois, c'est fort bien, mais vous avez pu oublier... on se rouille dans les villages!...

— Je me flatte que ma maison a de la renommée : quand on veut faire un bon repas, une jolie partie, on vient ici de Mantes, de la Roche-Guyon, et même de plus loin!...

— C'est juste, mais ils ne sont pas bien malins en cuisine, par ici... c'est comme en littérature : ces gens-là sont terriblement arriérés... Enfin, mon cher Gobinard, comment procédez-vous pour votre poularde à la Marengo ?

Gobinard jette le haut de son corps en arrière, met sa main gauche sur sa hanche, relève la tête et répond :

— Pour faire une poularde à la Marengo, ayez d'abord une poularde...

— Parbleu, mon cher Gobinard, tout le monde sait cela !... on débute de même pour un civet.

— Bah ! on fait un civet avec une poularde ?

— Non... mais il faut d'abord avoir le sujet... cela va de source... ensuite ?

— Videz, flambez votre poularde... c'est ce que fait Petit-Jean en ce moment ! coupez-la par membres, parez-la comme pour une fricassée... c'est ce que je ferai tout à l'heure... mettez de l'huile dans une casserole, placez-y vos membres assaisonnés de sel, gros poivre, muscade... champignons et un peu d'ail ; faites cuire jusqu'à ce que cela prenne une couleur bien jaune... et allez donc !... On se mange les cinq doigts et le pouce !

— Comment, et allez donc !... mais ce n'est pas tout... vous oublier l'essentiel, mon ami...

— Je n'ai rien oublié.

— Gobinard, vous m'affligez en parlant ainsi... Cette première cuisson faite, égouttez l'huile, mettez une pincée de persil haché, une cuillerée de sauce tomate, deux cuillerées d'espagnole réduite, gros comme une noix de glace ; faites mijoter avec quelques truffes coupées en lames, dressez, ajoutez un jus de citron et servez chaud !... Voilà, mon cher Gobinard, voilà ce que c'est qu'une poularde à la Marengo.

Gobinard semble un peu déconcerté : il se frotte la tête avec son bonnet de coton, tandis que le professeur, satisfait de l'explication qu'il vient de donner, tire sa tabatière et savoure une prise de tabac.

— Ma foi, c'est possible que tout ça rende la chose meilleure, répond enfin Gobinard ; mais, d'abord, je ne peux pas mettre de truffes ni d'espagnole, parce que je n'en ai pas.

— Je ne vous oblige point à en mettre, mon cher ami, mais je vous explique la manière pour le principe... Ensuite, maître Gobinard, ce que vous faites est toujours excellent, car chez vous l'intelligence supplée souvent au savoir.

— Trop honnête, monsieur Martineau... A propos, pensez-vous que j'aie raison de faire apprendre à écrire à Petit-Jean ?

— Si vous avez raison ! s'écrie le professeur en s'animant; mais il n'y a pas de doute, mon cher ami !... Est-ce qu'il ne faut pas qu'un homme sache écrire... n'importe dans quelle position où il doit se trouver?... est-ce qu'on n'a pas à chaque instant besoin d'écrire?... Une belle main, mais c'est déjà une fortune... on fait bien plus vite son chemin quand on a une belle main.

— Moi, je me suis dit : Petit-Jean n'a que onze ans encore, mais ce petit bonhomme mord à la cuisine, il pourra m'être utile, et, par la suite, s'il y a une carte à compter... un menu à écrire, il faut qu'il soit en état de le faire.

— C'est très-sagement raisonné.

— Je sais bien que j'ai Marie qui fait tout cela... mais si elle venait à me quitter... non que j'aie envie de jamais la renvoyer!... Oh! j'ai promis à ma femme de l'adopter, et je regarde déjà Marie comme mon enfant.

— Votre femme aimait beaucoup cette petite fille?

— Beaucoup; ce n'est pas étonnant : n'ayant jamais eu d'enfant, madame Gobinard se prit de belle passion pour cette petite, que lui confia sa pauvre mère.

— Qu'est-ce que c'était que la mère de Marie?

— Ma foi, nous n'en savons rien... Malheureusement j'étais absent à cette époque. Oh! si j'avais été ici, vous pensez bien qu'on en aurait su plus long... moi qui suis assez adroit et qui devine ce que l'on veut me cacher, j'aurais fait jaser la mère de Marie... j'aurais obtenu des renseignements, j'aurais eu quelques données certaines, enfin... Mais, comme je vous le disais, à cette époque j'étais fort loin d'ici : un de mes parents éloignés était mort à la Guadeloupe. J'étais son héritier, il me fallut faire le voyage pour recueillir la succession, et surtout pour la réaliser... C'était des plantations, des cannes à sucre... cela fut très-long à se terminer, je fus absent deux ans et trois mois; c'est pendant ce temps que la mère de Marie vint ici avec son enfant...

— Était-ce une paysanne?

— Oui, c'est-à-dire non; il paraît que ce n'était pas une paysanne, c'était une dame... Oh! si j'avais été là, j'aurais bien su au juste quelle femme c'était... mais je n'y étais pas... et madame Gobinard était d'une discrétion ridicule!...

— Et cette femme pria votre épouse d'avoir soin de sa fille?

— Oui, elle l'en pria... c'est-à-dire, non, elle ne l'en pria pas, mais elle partit le lendemain matin, laissant son enfant et un sac de six cents francs à côté.

— Et pas un mot d'écrit, pas une lettre?

— Non... c'est-à-dire... non, au fait, elle ne laissa que les six cents francs en pièces de cent sous, à ce que ma femme me dit.

— Et depuis ce temps, point de nouvelles ?

— Pas la moindre nouvelle... Alors ma femme se dit : « Ma foi, je vais toujours prendre soin de la petite... » Elle la nomma Marie, elle s'y attacha... et quand je revins, elle me conta tout cela; je trouvai qu'elle avait bien fait.

— C'est singulier... c'est fort singulier... mais d'après toutes les circonstances... le mystère, puis l'abandon, il y a tout lieu de croire que la petite est... *adulterino sanguine natus*.

— Qu'est-ce que cela veut dire, monsieur Martineau?... Oh! ne me le dites pas!... je parie que je devine, c'est un enfant de l'amour; n'est-ce pas que c'est cela que vous avez voulu dire ?

— Cela peut se traduire ainsi, répond le professeur en souriant, et de cette façon c'est un peu plus honnête.

En ce moment on tourne le bouton de la porte; c'est Gaspard et Pierre qui entrent au Tourne-Bride.

CHAPITRE III

UNE LEÇON D'ÉCRITURE.

— Bonsoir, la compagnie, dit Gaspard en faisant retentir ses gros sabots sur le carreau de la salle; père Gobinard, donnez-moi un litre de piqueton... j'ai une soif que j'en crève!

— Et combien de verres?... tu ne boiras pas un litre à toi seul, dit l'aubergiste.

— Ah! Pierre me tiendra compagnie... Après ça, apportez encore un verre pour vous, si vous voulez... j'y tiens pas, moi...

— Mes compliments, mon cher Pierre, dit le professeur en tendant la main au jeune paysan. J'ai appris que le sort vous avait été favorable et que vous ne partiriez pas : c'est fort heureux, mais je voudrais que cet événement vous engageât à poursuivre vos études; vous alliez bien, mon garçon, vous alliez fort bien... votre main est belle, facile,.. vous entendiez l'arithmétique... vous auriez fait quelque chose.

— Oh! monsieur Martineau, j'en sais assez pour ce que je veux faire...

— Pardi! dit Gaspard en s'asseyant à une table et se versant à boire, est-ce qu'il a besoin de faire des lettres moulées pour conduire un moulin?

— On a toujours besoin d'être instruit, répond M. Martineau en jetant sur Gaspard un coup d'œil de dédain; sait-on jamais au juste dans quelle passe on se trouvera?...

— Il sait bien qu'il se trouvera dans la farine, lui, puisque son oncle est meunier.

— Il peut arriver des événements qui lui fassent quitter l'état de son oncle; il faut tout prévoir... et avec une belle main on avance.

— Une belle main! m'est avis que Pierre a la poigne assez forte; quand il vous serre, il vous brise les doigts sans se gêner; qu'est-ce que vous voulez donc de plus beau?

Le professeur se contente de hausser les épaules en murmurant : Asinus... stupidus... ignarus!...

Gaspard regarde M. Martineau, puis porte son verre à sa bouche en murmurant :

— Ah! tu peux bien me lâcher tous les us que tu voudras, va!... toi!... ça ne te donnera pas un habit neuf...

Un petit marmiton de dix à onze ans, à figure ronde et espiègle, entre dans la salle et accourt près de M. Martineau.

— Allons donc, Petit-Jean, allons donc, mon garçon, dit l'aubergiste; ton professeur t'attend, tu as été bien long.

— Dame, monsieur, fallait ben vider c'te bête, elle avait des boyaux que ça n'en finissait pas, et vous m'aviez défendu de crever sa mère...

— De crever l'amer... c'est-à-dire le fiel... *fellis*, dit Martineau en prenant une plume.

— Et j'espère, Petit-Jean, que tu n'as pas fait cette sottise?

— Non, non... D'ailleurs, elle n'en avait pas... Je ne lui en ai pas trouvé...

— La poularde n'avait pas de fiel?

— Il paraît que ça n'était pas une méchante bête! dit Gaspard en se versant à boire. C'est comme moi, je gage que j'en ai pas du tout, de fiol!... Voyons, Pierre, viens donc trinquer... tu restes là dans un coin comme si t'avais la colique.

Pierre, qui avait toujours les yeux tournés vers une porte qui donnait dans l'intérieur de la maison, se décide pourtant à aller s'asseoir en face de Gaspard et boit le vin que celui-ci lui a versé.

— Avancez, mon sujet, et prenons notre leçon, dit le professeur en faisant asseoir le petit marmiton près de lui.

— Tiens! est-ce que M. Martineau veut apprendre à faire une omelette? dit Gaspard.

— Eh! non, Gaspard, répond l'aubergiste, tu ne vois pas que c'est au contraire M. Martineau qui apprend à écrire à Petit-Jean.

— Ah! c'est différent... excusez!... et à quoi donc que ça servira à Petit-Jean de savoir écrire pour tourner sa sauce et plumer les volailles?

— Gaspard! s'écrie le professeur avec un accent d'indignation, encore une fois, taisez-vous... vous êtes un vandale! un barbare; ne vous mêlez pas de ce qui n'est point à votre portée!... n'empêchez pas ce jeune garçon de prendre quelque teinture des belles-lettres...

— Moi! oh! j'empêche personne!... c'est une réflexion que je faisais!... v'là tout! qu'il prenne sa teinture!...

— Vous-même, Gaspard, qui ne savez ni lire, ni écrire, ne rougissez-vous point de rester encroûté dans l'ignorance? et ne feriez-vous pas bien mieux d'apprendre à écrire, au lieu de boire toute la journée?...

— Tiens! si je ne buvais pas, j'aurais la pépie!

— Voyons, Gaspard... un bon mouvement, venez vous asseoir à côté de Petit-Jean et profitez aussi de la leçon que je vais lui donner.

— Ah ben! en v'là une bonne : moi qui vais avoir trente-neuf ans aux cerneaux, je m'en vas aller apprendre à écrire!... il serait un peu tard pour commencer à m'éduquer.

— Il n'est jamais trop tard pour s'instruire : Caton apprenait le grec à quatre-vingts ans.

— Diable!... c'était déjà un vieux lapin, pourtant; moi, merci, je trouve que j'en sais assez pour cultiver mon champ, vendre mes prunes et mon raisin, quand l'année est bonne, et vider un litre avec les amis. A vot' santé, monsieur Martineau. Eh bon, père Gobinard, queu nouvelle, vous qui en savez tant, et qui en faites quand vous n'en savez pas?

— J'en fais!... j'en fais!... ils n'ont que cela à dire... comme feu mon épouse, qui voulait toujours m'imposer silence... qui ne voulait jamais croire les petites aventures que je lui rapportais... Cette pauvre madame Gobinard, elle était tellement sévère sur l'article des mœurs et de la vertu, qu'elle ne pouvait pas croire aux faiblesses des autres...

— Cela fait son éloge, dit le professeur... Voyons, Petit-Jean, nous allons procéder aujourd'hui à la taille des plumes... y es-tu?

— Oui, monsieur, répond le petit marmiton en fixant son professeur.

— Regarde-moi bien, tu prends une plume de la main droite, tu la fais passer dans la main gauche... suis-moi bien... tu la mets sur le dos... pan! tu attaques avec le canif, tu la retournes, tu la mets sur le ventre... pan! autre coup de canif... tu la remets sur le dos... très-grand coup de canif... puis tu attaques les côtés... une, deux...

Pendant cette démonstration, Gaspard riait à se tenir les côtes; M. Martineau, que cette gaieté impatiente, s'écrie bientôt :

— Gaspard, pourriez-vous bien m'expliquer ce que vous trouvez de risible dans ce que je démontre en ce moment?

— Ah! dame!... c'est que je vous entends dire : Tu la mets sur le dos! tu la mets sur le ventre... tu la remets sur le dos... Queue farce de leçon que vous lui donnez donc là?...

— Taisez-vous!... taisez-vous, je vous en prie, dit le professeur en se gonflant les joues et soufflant avec force, ce qui ne lui arrivait que lorsqu'il était tout à fait en colère, sinon je prierai mon ami Gobinard de me prêter une chambre particulière lorsque j'aurai une leçon à donner...

— Eh! mon Dieu! je ne vous dis rien... c'est vous qui voulez m'empêcher de rire!... si je veux rire, moi... Allons, Pierre, bois donc; tu ne bois pas.

— Pour en revenir à mon épouse, dit l'aubergiste, qui n'est pas fâché de rompre la conversation et de mettre fin à la querelle, c'était une bien digne femme!... oh!... c'était une femme!...

avec celle-là je puis me flatter de n'avoir pas été... ce que sont la plupart des maris... Eh! eh!...

— Le voilà qui siffle à présent! dit le professeur en regardant du côté de Gaspard. Quel méchant garnement que ce paysan!...

— Gaspard, pourquoi donc siffles-tu? dit maître Gobinard.

— Eh ben, est-ce qu'on peut pas siffler à présent?... queuc sacrée chienne de maison donc!... bientôt on ne pourra pas y remuer!... Bois donc, Pierre, tu ne bois pas.

— A ton tour, Petit-Jean... tiens bien ta plume, et fais comme moi; chaque coup de canif doit se donner avec précision... une, deux, trois et quatre.

— V'là qu'il lui montre l'exercice, à c't'heure! murmura Gaspard en portant son verre à ses lèvres.

— Ma femme était pourtant très-bien... oh! elle était fort gracieuse! reprend maître Gobinard en se frottant les mains. Belle taille!... un œil noir superbe!... bien faite... N'est-il pas vrai, Gaspard? tu as connu madame Gobinard, toi, tu venais déjà boire ici de son temps.

— Pardi! si je l'ai connue!... j'crois ben. D'ailleurs est-ce que j'ai pas travaillé queuque temps ici à replanter, à rebousculer tout ton jardin pendant que tu étais en voyage?...

— Eh bien, Gaspard, n'est-ce pas que c'était une jolie brune que ma femme?

— Oh! elle était même trop jolie pour toi!

— Mon cher ami, elle m'adorait; j'étais sa coqueluche!... Oh! je sais bien que mon bonheur faisait des jaloux... il y avait, entre autres, Guillaume... le vétérinaire, qui était terriblement amoureux d'elle... il avait voulu me la souffler quand elle était fille; mais j'avais été le préféré! ça l'avait fait damner... Te rappelles-tu Guillaume le vétérinaire... qui est mort il y a une douzaine d'années?

— Oui, oui, dit Gaspard en se versant à boire, pardi! nous avons vidé plus d'une bouteille ensemble!... Il buvait ferme, celui-là.

— C'est-à-dire que c'était un ivrogne dans ton genre... et de plus un libertin! un mauvais sujet! Ma femme m'a dit cent fois qu'elle remerciait le ciel de m'avoir préféré à ce Guillaume.

— C'est possible, c'est possible, c'est possible, répondit Gaspard; d'ailleurs les femmes disent tant de choses! il peut se trouver quelques vérités dans la quantité. Mais où donc est Marie ?

— Elle va venir... elle est occupée en haut.

Au nom de Marie, Pierre a vivement levé la tête, et ses yeux ont brillé d'un éclat plus vif. Enfin il tâche de surmonter son émotion et balbutie :

— Est-ce que vous avez du monde à loger ce soir, monsieur Gobinard ?

— Non, mon garçon, non, je n'ai personne. Il y a même assez longtemps qu'il ne m'est venu du monde de Paris. Oh! mais cela ne peut tarder... voici la belle saison... On va venir voir madame de Stainville, qui a cette jolie maison... là-bas auprès de Véthouil... Elle reçoit beaucoup de monde cette dame... elle est riche... elle a beaucoup d'amis; et puis nous verrons sans doute quelques-uns de ces gros bourgeois qui ont des campagnes à Haute-Ile.

— Haute-Ile, c'est aussi là où je me suis retiré, dit le professeur; car Haute-Ile et Chantemerle ne font plus qu'une même commune. C'est là que jadis habitait le célèbre poëte Boileau, qui fit à ce sujet ces vers :

> Oui, Lamoignon, je fuis les chagrins de la ville,
> Et contre eux la campagne est mon unique asile.
> Du lieu qui m'y retient...

— Dieu merci, nous les savons par cœur vos vers, s'écrie Gaspard, vous nous les avez répétés au moins cent fois.

— Il y a des choses qu'on n'entend jamais trop ! répond M. Martineau avec humeur : puis, se tournant vers Petit-Jean, qui ne faisait rien, il lui met la main sur le papier en lui disant :

— Eh bien! sujet, à quoi pensez-vous donc? écrivons, mon ami, écrivons... Ceci est de la cursive, écriture qui tient le milieu entre l'anglaise et la coulée... Allongez, mon ami... une... deux... allez toujours... vos jambages plus écartés...

— Madame de Stainville est une dame riche, une dame du grand monde, reprend Gobinard, aussi a-t-elle toujours une foule de cavaliers à sa suite... des jeunes gens à la mode... des hommes de la haute volée... et, dans leurs promenades aux environs, ces messieurs me font souvent l'honneur de s'arrêter chez moi... L'année dernière il y avait le comte de... ma foi, je ne sais plus son nom, mais il buvait du champagne, ferme.

Pierre poussa un gros soupir, Gaspard lui versa à boire en lui disant à demi-voix :

— Mais quoi que t'as donc ce soir, Pierre? t'aurais attrapé le numéro un que tu ne serais pas plus triste!... Eh! mon Dieu! elle va venir, ta belle!... un peu de patience.

— C'est très-bien, Petit-Jean... Voilà des *o* qui feraient honneur à des maîtres... Tiens, Gobinard, viens un peu voir ces *o* là...

— Superbe! dit l'aubergiste; quand on verra des *o* comme ça sur une carte, on payera sans marchander. A présent, si j'allais m'occuper de ma poularde à la Marengo : qu'en pensez-vous, monsieur Martineau?

— Je pense que ce serait fort judicieux. Mais rappelez-vous ce que je vous ai dit pour l'accommodement.

— Soyez tranquille, vous serez satisfait... je veux me surpasser.

Maître Gobinard court à sa cuisine en repoussant son bonnet de coton sur le côté, et Gaspard dit à Pierre :

— Pour un savant, le professeur Martineau est fièrement sur sa bouche.

Cependant le petit élève continuait d'écrire; après quelques instants, le professeur lui dit :

— C'est assez, je suis satisfait pour ce soir. Voyons si tu te rappelles mes leçons pour tailler une plume... Taille-m'en une.

Petit-Jean prend hardiment le canif, met la plume sur le dos, fait : une, deux, puis se coupe le doigt et reçoit un petit bout de plume dans l'œil.

Le petit garçon pousse des cris horribles en secouant son doigt et frottant son œil de l'autre main. En ce moment on ouvre une porte sur la gauche, et une jeune fille, tenant une lumière à la main, entre dans la salle où l'on commençait à n'y plus voir que faiblement.

CHAPITRE IV

MARIE.

C'était une jeune fille de dix-sept à dix-huit ans, fraîche, sans être trop rouge; potelée, sans être trop grasse, et très-brune de cheveux sans être brune de peau.

C'était une figure charmante, à la fois piquante et gracieuse, modeste et coquette. Des traits fins, quoique irréguliers, une bouche petite et rose, des dents éblouissantes de blancheur; un nez mignon, un menton bien arrondi, de petites oreilles bien bordées, et des yeux si bien fendus, si noirs, si expressifs, quoique ombragés par de longs cils de jais, qu'il était bien difficile de les voir une fois sans éprouver le désir de les revoir encore.

Ajoutez à tout cela une taille moyenne, mais bien prise; des formes voluptueuses, un petit pied, une jambe parfaitement modelée, et convenez que c'était là une jolie fille, quelle que fût sa condition.

Car ce n'est pas la condition qui fait la figure. Vous me direz peut-être : ce qui fait souvent tort à une beauté de bas étage, c'est un air commun et une tournure sans élégance. Mais il est rare qu'une femme véritablement jolie ne puise pas dans les éloges qu'elle reçoit une nouvelle coquetterie qui lui fait apporter plus de soins à sa toilette, dans sa tenue et dans toutes ses manières; vous trouverez, en général, bien plus de grossièreté, d'impolitesse chez une fille laide que chez celle qui sera jolie.

Revenons à Marie, car c'est de Marie que je viens de vous faire le portrait.

Son costume tenait le milieu entre celui de la paysanne et de la demoiselle. Elle avait une petite jupe blanche à mille raies roses, en étoffe que les dames de la ville mettent quelquefois et qu'on nomme, je crois, du guingan : un corsage orné de larges rubans de velours qui se croisaient derrière son dos, serrait la taille svelte de Marie; un tablier en taffetas noir était attaché devant elle; enfin sur sa tête était un petit bonnet qui se rapprochait plus du costume villageois que le reste de sa toilette, mais qui, posé sur ses cheveux noirs avec une certaine coquetterie, semblait ajouter encore aux grâces de sa figure.

Après cela, faut-il s'étonner que Pierre soit éperdument amoureux de Marie? Pierre qui a vingt ans, et dont le cœur connaît l'amour pour la première fois. Bien différent en cela de nos jeunes gens d'aujourd'hui, qui, à vingt ans, sont déjà tellement blasés sur toutes les passions, qu'il ne leur reste plus qu'à se suicider, dans l'espérance d'éprouver une sensation nouvelle. Pauvres hommes que ceux-là!... qui prennent l'abus des jouissances pour la jouissance même, l'énervement qui s'ensuit pour un spleen incurable, et leur épuisement pour une parfaite connaissance du monde!... Mais, après tout, laissons-les se tuer de tels êtres sont peu regrettables, et quand ils seront bien convaincus que le ridicule et le mépris sont les seuls souvenirs qu'ils laissent après eux, ils remettront bien vite leurs pistolets dans leurs poches.

Pierre n'avait pu voir Marie sans éprouver pour elle la passion la plus vive; cette passion, qu'il n'osait encore déclarer à celle qui l'avait fait naître, se décelait dans chacune de ses actions, dans chacun de ses regards, lorsqu'il était près de Marie; loin d'elle il se taisait si l'on parlait d'un sujet qui n'eût point de rapport à l'objet de sa tendresse; mais il s'animait et devenait tout de feu si l'on prononçait le nom de Marie. Aussi ses sentiments n'étaient un secret pour personne, excepté peut-être pour celle qui les inspirait. Mais une femme ignore-t-elle jamais l'amour qu'elle inspire? Non : la plus innocente, la plus simple s'aperçoit du pouvoir de ses charmes, quelquefois même avant que celui qu'elle a subjugué se soit avoué sa défaite.

Pierre méritait bien d'être aimé; chaque fille des environs était d'accord pour le trouver le plus beau garçon à quatre lieues à la ronde. Puis ce n'était pas un sot, et il était bien gai, bien aimable, avant d'être amoureux; c'était un bon enfant, dansant bien, tirant adroitement de l'arc et fort adroit au fusil, toujours avant d'être amoureux de Marie, car ce diable d'amour l'avait beaucoup attristé; mais il n'en était pas moins resté un bon sujet, grand travailleur, et ayant appris fort vite à lire et à écrire sous le professeur Martineau; enfin Pierre n'était pas un parti que l'on pût dédaigner, et bien des jeunes filles de l'endroit, en commençant par mademoiselle Hélène, auraient voulu être courtisées par lui. Pourquoi donc la charmante Marie aurait-elle été insensible à l'amour de Pierre?

Pourquoi!... pourquoi! Eh, mon Dieu! je ne sais plus dans quelle pièce j'ai entendu dire : Est-ce qu'il y a des *pourquoi* en amour? J'ai trouvé cette réflexion parfaitement juste, et je la mets ici. D'ailleurs, nous avons encore dans la vie une foule de choses auxquelles il serait difficile de trouver des pourquoi.

Marie est entrée dans la salle, et sur-le-champ elle court près de Petit-Jean qui pleure et crie en même temps, quoique le professeur ne cesse de lui dire :

— C'est ta faute, petit; si tu avais bien fait comme je t'ai montré, tu n'aurais pas reçu du canif dans le doigt, ni la surcoupe de ta plume dans l'œil... En suivant mon exemple, il est impossible de se blesser.

Marie n'avait pas lu les Fables de La Fontaine, et pourtant elle pensa qu'il fallait mieux essayer de soulager le petit garçon que de lui faire de la morale.

Elle commença par regarder dans l'œil du marmiton, puis avec le bout de son doigt enleva légèrement ce qui gênait sa vue; ensuite elle entortilla de linge le doigt blessé, et le petit garçon se remit à sourire, et se sauva à la cuisine en disant :

— Je ne pourrai pas écrire de huit jours au moins. — Le petit drôle!... dit M. Martineau, il est enchanté maintenant de s'être coupé le doigt... Il est même possible qu'il l'ait fait exprès. Mais c'est affaire à vous, mademoiselle Marie; comme vous avez parfaitement pansé le blessé!...

— Elle serait bonne sœur du pot, dit Gaspard en se versant à boire.

Pierre ne dit rien; mais il s'est levé, et s'est doucement approché de la jeune fille, qui n'a pas encore eu l'air de faire attention à lui. Cependant, après avoir fait un gracieux sourire au professeur et à Gaspard, Marie se tourne enfin du côté de Pierre, et lui dit :

— Bonsoir, monsieur Pierre.

— Bonsoir, mademoiselle.

— Eh bien, n'avez-vous pas tiré à la conscription, aujourd'hui?

— Oui, mademoiselle.

— Êtes-vous tombé au sort?

— Non... j'ai eu un numéro... qui n'est pas appelé.

— Tant mieux, j'en suis bien aise pour vous.

Ces mots ont été dit sans effusion, sans attendrissement, et du ton dont on dit à quelqu'un : Vous vous portez bien, j'en suis charmé.

Pierre a senti cela, car un amoureux analyse tout ce qui vient de la personne qu'il aime. Ses regards, ses mouvements, ses moindres paroles, et souvent aussi son silence; il y a toujours quelque chose à observer pour celui qui aime avec passion; c'est pour cela qu'un amoureux ne s'ennuie jamais : loin de sa belle, il vit de souvenirs; près d'elle il étudie, il épie ce qui échappe aux yeux indifférents.

Le front de Pierre est devenu soucieux; il ne se sent plus le courage de continuer la conversation, il va se rasseoir près d'une table, d'un air boudeur, et Marie ne semble pas s'en apercevoir; ce qui augmente encore l'humour du jeune paysan.

M. Martineau s'occupe de resserrer dans ses poches les plumes et le canif; la jeune fille va et vient dans la salle, essuyant, rangeant, et parfois fredonnant un refrain de chanson; et tout cela était gracieux; chacun des mouvements de Marie avait de la gentillesse, chaque chose qu'elle faisait semblait mieux faite que si tout autre l'eût accomplie; peut-être est-ce parce qu'elle était jolie que cela produisait cet effet-là.

Pierre, tout en ayant l'air de regarder à ses pieds, ne perdait pas de vue la jeune fille. Gaspard ne s'occupait que de boire. Cependant, comme Marie est venue ranger sur la table à laquelle il est assis, il lève les yeux sur elle, et lui dit :

— Diable!... comme t'es faraude, Marie! des tabliers en soie!... c'est un fameux genre, tout de même!... Qui donc qui t'a donné ça?

Marie fait une petite moue en répondant :

— Est-il étonnant, ce Gaspard! on ne peut pas avoir la moindre chose sans qu'il le trouve extraordinaire!... parce que j'ai un tablier de taffetas noir...

— Ah, dame! c'est que... c'est pas trop l'uniforme d'une fille d'auberge.

Le rouge monte au visage de la jeune fille, qui répond avec dépit :

— Fille d'auberge!... Il me semble qu'on ne me regarde pas comme une servante ici... M. Gobinard m'appelle sa fille...

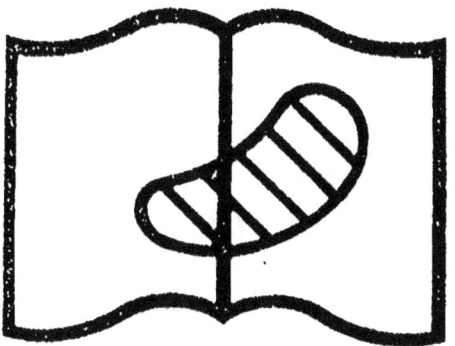

Foliotation partiellement illisible

mais vous n'avez jamais que des méchancetés à me dire, Gaspard !

— Allons, allons, ne te fâche pas, Marie ; écoute donc, si je te parle comme ça, c'est par intérêt pour toi... Je t'ai vue assez petite pour être sans façon avec toi... ; ça t'offusque peut-être aussi que je te tutoie ; mais j'en suis ben fâché, c'est une habitude dont il me serait difficile de me défaire.

— Je ne vous ai jamais dit que... je trouvais cela mauvais.

— C'est ben heureux !... Mais queuquefois, vois-tu, tu fais un tantinet trop la fière... tu te donnes des airs de princesse... Moi, j'aime pas ça... on doit être tout rond... on doit être toujours soi-même... pas un jour blanc et un autre puce... et toujours bonne enfant ; je ne connais que ça.

— Mais qu'est-ce que vous avez donc à me chercher querelle, Gaspard ? est-ce que je vous dis quelque chose, moi ?... et tout cela parce que j'ai un tablier de taffetas ; est-ce que cela vous regarde ? Il me semble qu'il n'y a pas de mal à se mettre à la mode...

— Oh !... à la mode... Ah ben ! je savais pas que les paysannes devaient se mettre à la mode... Viens donc boire, Pierre.

— Les paysannes... les paysannes... Apparemment que madame de Stainville ne trouve pas que j'ai l'air d'une paysanne, car c'est elle qui m'a donné ce tablier-là, et qui me donne toujours mille choses de Paris, et qui me dit que si j'étais mise comme une demoiselle, je serais très-bien. Et puis ces messieurs de Paris, qui viennent souvent chez madame de Stainville, et qui trouvent toujours ce pays charmant, m'ont dit que j'avais tout ce qu'il fallait pour faire une... une femme du monde... ou ben encore que je ferais une petite lingère très... très... attendez donc... très-confortable, c'est ça, voilà le mot ; et ça doit vouloir dire jolie, j'en suis sûre.

Pierre ne peut s'empêcher de frapper avec colère son poing sur la table, en s'écriant :

— Oh ! ces gens de Paris !... c'est si vrai tout ce qu'ils disent ; ils ne mentent jamais, ceux-là..., parce qu'ils parlent avec élégance... avec des mots que nous ne connaissons pas au village.

— *Ergo!* dit M. Martineau, qui a fini de ranger ses plumes, je n'ai pas tort de conseiller aux habitants de la campagne de s'instruire, car alors ils seront en état de répondre aux citadins, et d'apprécier la véracité de leurs paroles. *Studia adolescentiam alunt, senectutem oblectant!*

— Ah ben! si vous nous parlez chinois, à présent, père Martineau, dit Gaspard, comment donc voulez-vous que je nous entendions?

Pierre, fâché de s'être laissé aller à un mouvement de colère, s'est levé et se rapproche de Marie qui est en train de mettre le couvert pour le souper. Il rôde quelques moments autour d'elle sans rien lui dire; enfin il choisit un moment où elle passe contre lui, et, la retenant par sa robe, lui dit bien bas :

— Mamselle Marie... ce que j'ai dit tout à l'heure... ce n'était pas pour vous fâcher...; certainement, je suis bien de l'avis de ceux qui disent que vous êtes jolie...; et d'ailleurs, qui donc pourrait penser le contraire?... Ah bon! si quelqu'un s'avisait de ne pas vous trouver la plus gentille de tous les alentours, il aurait affaire à moi!

La jeune fille sourit en répondant :

— Je ne suis pas fâchée, Pierre. Oh! je ne vous en veux pas du tout, je vous l'assure... pas du tout!

Elle l'a appelé Pierre sans y ajouter *monsieur*, et elle lui a fait un gracieux sourire : c'était plus qu'il n'en fallait pour transporter de joie le pauvre paysan. Son visage n'est déjà plus le même, ses yeux brillent de plaisir, son front s'est éclairci, le bonheur anime tous ses traits, et il jette son chapeau en l'air en s'écriant :

— J'ai faim, j'ai soif, à présent!... j'ai eu un bon numéro!... je ne pars pas... faut nous réjouir!... Gaspard, je te paye tout ce que tu voudras!...

Gaspard se contente de relever la tête pour regarder Pierre, qui saute et gambade dans la salle, et il murmure entre ses dents : Il paraît que le vent a changé, et v'là l'amour qui est au beau.

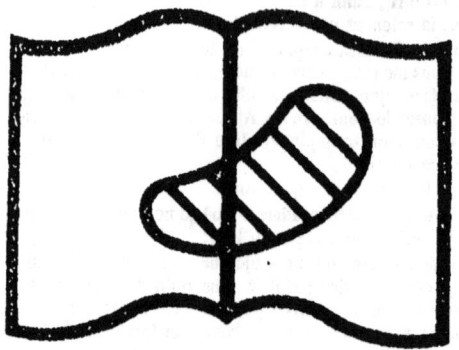

Foliotation partiellement illisible

CHAPITRE V

LE SOUPER.

— A table! à table! s'écrie maître Gobinard en entrant dans la salle suivi de Petit-Jean, qui porte un grand plat dont le fumet chatouille agréablement l'odorat de la compagnie.

— *Recté dicis*, dit le professeur en respirant de toute la force de ses voies nasales et comme s'il eût voulu accaparer pour lui seul le parfum qui s'exhalait de la poularde à la Marengo.

— Vous me direz des nouvelles de ce plat, dit l'aubergiste; je n'y ai mis ni espagnole, ni truffes... parce que je n'en avais pas, mais je crois qu'il sera encore assez bien troussé!...

— *Nemo dat quid non habet!* Nous allons lui livrer une terrible bataille!...

Et M. Martineau a déjà été prendre place à la table. L'aubergiste va à Pierre en lui disant :

— Vous allez souper avec nous, Pierre... aujourd'hui doit être un jour de fête pour vous... il faut le célébrer...

— Oh! bien volontiers, monsieur Gobinard, répond le jeune paysan, dont le front est radieux depuis que Marie lui a fait un doux sourire. J'accepte votre invitation... mais à condition que je payerai une bouteille de votre vieux... du meilleur!

— Tout ce que tu voudras, Pierre... je ne suis pas homme à refuser cela... Allons, à table !

Chacun est allé s'asseoir devant le souper. Gaspard, seul, est resté à la place qu'il occupe à l'autre bout de la salle. Mais l'aubergiste se tourne vers lui en s'écriant :

— Eh ben ! Gaspard, est-ce que tu ne viens pas manger un morceau avec nous ?

— Ah! dame !... c'est que moi je ne payons rien !...

— Eh ben! qu'est-ce qu'on te demande ?... Est-ce que la vieille bouteille offerte par Pierre te fait peur ?

— Oh! les bouteilles ne me font pas peur, à moi ?

— Viens donc alors.

— J'y vas... et je mangerai et je boirai tout aussi ben que si je payais queuque chose ; je ne boude pas à table, moi !

Pierre n'a pas manqué de se placer à côté de Marie. Maître Gobinard est au milieu de la table en face du professeur.

Gaspard se place au bout, et Petit-Jean près de lui ; car à la campagne et dans une auberge, les maîtres et les domestiques mangent ensemble : c'est aux champs que l'on retrouve un peu d'égalité. Il est vrai qu'aux champs les maîtres sont souvent aussi rustres que leurs valets : voilà ce qui rapproche les états et comble les distances.

Une omelette et une salade accompagnaient la poularde. Le professeur promène des regards caressants sur chaque plat, tout en attachant un coin de sa serviette à une boutonnière de son habit. Maître Gobinard sert avec cette satisfaction de l'homme qui attend des compliments.

— Parfait !... c'est parfait ! dit M. Martineau en se pâmant sur son assiette.

— Oui, c'est pas mal fricassé ! dit Gaspard.

— Fricassé ! réplique l'aubergiste en souriant d'un air digne, va donc à la Roche-Guyon me trouver quelqu'un qui en fasse autant ! et pourtant c'est un gros bourg bien habité... où il y a des gens riches... et où il vient souvent du monde de Paris pour voir le château qu'est bâti sur un rocher.

— C'est un séjour fort curieux, dit le professeur ; ce rocher fut, dit-on, le séjour de ces petits tyrans... dans le temps de la féodalité. La tour qui le surmonte est d'une construction fort ancienne ; la tradition en fait même un ouvrage des Romains... Je vous redemanderai un peu de cette délicieuse volaille, maître Gobinard... c'est parfait !... Mais on sait combien de monuments du moyen âge ont été attribués aux Romains, quoique ce fût apocryphe.

— Allons ! le v'là enfoncé dans ses Romains et son moyen âge ! je ne pourrons pu l'en tirer ! dit Gaspard en se penchant vers Pierre, qui est à sa gauche. Mais celui-ci n'entend rien, ne voit rien que Marie, dont son genou frôle le genou, et qui n'a pas reculé le sien. Pierre n'est plus sur la terre, il est dans le séjour céleste, il n'y a point parmi les anges de joies plus pures que celles d'un premier amour qui obtient une première faveur.

— Les amoureux sont sourds! se dit Gaspard, c'est drôle!... Moi, j'ai jamais été bête comme ça!

— A propos, dit maître Gobinard, quand son appétit est un peu calmé, savez-vous que Jacques Leroux a été rencontré dans le bois avec la femme de Blanchard?... Oh! oh!... ce pauvre Blanchard... il a voulu avoir une jolie femme, mais je crois qu'il en tient!... il en porte!...

— Est-ce qu'on ne peut pas aller dans le bois innocemment? dit Gaspard.

— Ah!... oui... laisse-nous donc... sa femme a des yeux qui...

— Toutes les femmes ont des yeux... Mais vous, père Gobinard, vous voyez des cornards partout!...

— Dieu merci, je n'en ai jamais vu chez moi quand ma femme vivait!... et celle-là aussi était jolie... je m'en flatte.

— Tu, tu, tu... r'lututu, r'lututu...

— Qu'est-ce que tu chantes là, Gaspard?

— Ah! c'est rien... c'est un air que j'ai appris à Paris.

— Pour en revenir au château de la Roche, dit le professeur après avoir nettoyé parfaitement son assiette, le premier seigneur de ce lieu était un nommé Hugues, vicomte de Mantes. Cet Hugues était de la maison des comtes de Meulan; il eut pour fils Hilledoin, qui fut père de Guyon... lequel laissa son nom à la seigneurie... J'accepterai volontiers un peu d'omelette... Mon ami Pierre, je vous demanderai à boire...

— On te demande à boire, Pierre, dit Gaspard en poussant le jeune paysan. Celui-ci, sortant de son extase amoureuse, s'empresse de saisir une carafe et emplit d'eau le verre que le professeur lui tendait tout en regardant l'omelette. Mais quand M. Martineau a porté son verre à ses lèvres, il s'arrête tout à coup en faisant la grimace, et Gaspard part d'un éclat de rire.

— Mon cher Pierre!... vous voulez donc me noyer? s'écrie le professeur en arrosant la salle avec le contenu de son verre. J'aime beaucoup l'eau... mais elle m'est contraire... si j'avais bu tout cela, j'aurais été fort indisposé.

— Ah! pardon... excusez-moi, monsieur Martineau, répond Pierre avec embarras, c'est que je pensais... je ne voyais pas...

— Oui... oui, je comprends... vous vous êtes trompé... cela ut arriver à tout le monde... *Errare humanum est.*

— Pour réparer cela, dit l'aubergiste, je vais aller chercher deux vieilles bouteilles au lieu d'une... sous les fagots... Eh! oh!... vous m'en direz des nouvelles!

Maître Gobinard prend une lumière et quitte la table. Marie mangeait de fort bon appétit, tout en écoutant les gros soupirs et les compliments de Pierre, qui n'était occupé que d'elle. Gaspard buvait, et achevait son omelette. Mais le professeur Martineau, qui n'avait plus un fétu sur son assiette, et ne voyait plus rien dans les plats, ne voulant pas demeurer oisif, juge convenable de reprendre la parole, et comme il n'y a que Petit-Jean qui paraisse disposé à l'écouter, c'est au marmiton que l'ex-maître d'école s'adresse ;

— Je te disais donc, Petit-Jean, que Guyon, fils d'Hilledoin, laissa son nom à la seigneurie, qui l'a toujours porté depuis, et l'a transmis au village qui fut bâti autour de ses murs. Alors la demeure seigneuriale ne consistait qu'en cette tour antique... dont je t'ai parlé tout à l'heure...

— De quoi? dit Petit-Jean tout en rongeant un os.

Le professeur va son train sans répondre à cette interruption. —Quelques habitations plus considérables s'élevèrent avec le temps au bas du rocher; mais, dans les moments de danger, les habitants se réfugiaient dans la tour. Cette tour garantissait Paris des attaques des Normands et des Anglais; telle était la Roche-Guyon au onzième siècle... Tu comprends combien il était important pour les faibles monarques qui régnaient alors à Paris d'avoir des vassaux fidèles...

Petit-Jean, qui a la bouche pleine, se borne à faire un signe de tête fort douteux. Le professeur s'en contente et reprend :

— Je vois avec plaisir, Petit-Jean, que tu profites de ce que je te dis ; et puisque tu es sage, je vais te conter toute l'histoire de Guy, premier seigneur de la Roche, qui fut assassiné dans son château par son beau-père...

— Ah ben!... nous en aurons pour queuque temps! murmure Gaspard en ricanant.

— Ce n'est point à vous que je m'adresse! dit le professeur avec dignité, mais à cet enfant qui m'écoute et profite. Suis-moi, Petit-Jean : Guy Ier était un preux chevalier, mais il avait un serouge traître et cauteleux... (serouge signifiait alors beau-père). Il advint qu'un dimanche au soir, le serouge de Guy arriva dans une église avec grand nombre de gens à lui, armés de hauberts sous leurs vêtements et attendant le moment de se jeter sur le seigneur de la Roche, quand il arriverait. Le pauvre Guy ne se doutait de rien... et, après avoir pris sa réfection, il venait de s'endormir. Le serouge saisit ce moment, il s'approcha de lui...

— Ah ! je la connais, celle-là !... je la connais ! s'écrie Petit-Jean en interrompant M. Martineau. Il s'approche du seigneur qui dort... et il lui prend ses bottes de sept lieues... Pardi ! on me l'a déjà contée !...

— Oh ! oh !... v'là l'autre qui croit qu'on lui conte le *Petit Poucet !* s'écrie Gaspard en riant, tandis que le professeur, mortifié d'avoir déployé inutilement son érudition, éloigne sa chaise de celle de son élève en murmurant :

— Décidément, tu ne seras bon qu'à tourner des sauces, toi.

Le retour de maitre Gobinard et la vue de deux bouteilles couvertes d'une respectable poussière remet bientôt tout le monde en belle humeur. L'aubergiste verse, et cette fois Pierre tend son verre et prend part aux libations des convives. Le vin est bon ; il rend le professeur encore plus affectueux, l'aubergiste plus bavard, Gaspard plus gai, Pierre plus hardi, et Marie même paraît plus tendre.

Maitre Gobinard se remet à passer en revue toutes les personnes des alentours ; il n'épargne ni la paysanne, ni la dame ; il fait des commentaires sur les moindres événements, sur les plus légers propos, et finit par affirmer qu'il n'y a pas une femme fidèle dans les environs. Pendant qu'il parle, Gaspard boit, et le professeur Martineau répète entre ses dents l'épitre de Boileau. Quant à Pierre, les yeux fixés sur Marie, il lui dit de temps à autre :

— Que vous êtes donc jolie, mamselle !... Mon Dieu !... que vous avez une figure... qui me plaît !

Et Marie se contente de sourire : car une femme peut toujours sourire à un compliment, cela ne la compromet pas ; et celui qui lui fait la cour est libre de prendre cela pour une espérance.

Le souper s'est prolongé jusqu'à près de dix heures, et c'est tard pour la campagne. Comme les bouteilles sont vides, et qu'on ne parle pas d'en aller chercher d'autres, le professeur Martineau pense à retourner à son hameau. Maitre Gobinard se rappelle qu'il a pour le lendemain matin un pâté à confectionner, et que par conséquent il ne lui reste que peu d'heures pour dormir. Il se lève ; chacun en fait autant ; on se dit bonsoir et on se dispose à regagner son gîte.

Pierre aussi a dit bonsoir à Marie, et sa voix émue voudrait ajouter quelque chose à ce simple adieu, mais déjà la jeune fille a saisi son bougeoir, elle a salué chacun et va regagner sa chambre ; il faut s'éloigner. Gaspard a pris le bras du jeune paysan, car tous deux demeurent à Véthouil, et vont cheminer ensemble, tandis que M. Martineau est obligé de regagner tout seul son modeste village ; mais il s'en console en répétant tout haut ses vers favoris ; et pendant assez longtemps, quoique se tournant le dos, Gaspard et Pierre entendent encore le professeur s'écrier :

Oui, Lamoignon, je fuis les chagrins de la ville...

Le temps était superbe. Quoiqu'il fût près de dix heures, il faisait encore un air tiède comme vers la fin de la soirée. Au village, après une journée brûlante, on aime souvent à veiller tard, dans l'espoir de respirer un peu de fraîcheur. Tous les habitants de la campagne ne se couchent pas avec le soleil : c'est surtout le soir que l'on se repose, que l'on jase, que l'on joue bien sur l'herbe. Les jeunes filles alors aiment à causer entre elles ou à comploter quelques niches qu'elles préparent à leurs amoureux.

Devant plusieurs maisonnettes, des paysannes causaient et jouaient encore ; quelques-unes dansaient en rond, ne s'interrompant que pour rire aux éclats ou courir l'une après l'autre.

Pierre et Gaspard viennent de passer devant un groupe de paysannes, et ils ne se sont pas arrêtés, quoiqu'on leur ait crié :

— Bonsoir, Gaspard ! bonsoir, Pierre !

Ils se sont contentés de répondre : bonsoir ! en passant leur chemin, parce qu'alors Pierre est en train de parler de Marie, et que Gaspard lui conseille d'en finir et de se déclarer.

Mais une jeune fille s'est détachée du groupe ; elle se met à courir comme si une autre la poursuivait, et après avoir décrit quelques détours et traversé le chemin, elle vient se jeter dans Pierre, après lequel elle s'accroche comme pour s'empêcher de tomber.

C'est mademoiselle Hélène qui a reconnu le beau conscrit, quoique la lune n'éclaire qu'à demi la campagne ; mais il y a des gens que l'on reconnaît toujours, alors même que l'on n'y voit pas. Ceux-là on les devine plutôt qu'on ne les aperçoit.

Hélène pousse un cri en saisissant le bras de Pierre.

— Ah!... mon Dieu! j'ai manqué de tomber... Tiens! c'est vous, monsieur Pierre?

— Eh oui, sans doute, c'est nous, répond Gaspard; pardi, tu le vois ben que c'est nous! quoique tu fasses l'étonnée... et que tu viennes te jeter exprès dans not' chemin.

— C'est Jacqueline qui me poursuivait... et je me sauvais, et en courant j'ai manqué de tomber... Monsieur Pierre, venez donc un brin courir avec nous.

— Oh! non, pas ce soir, dit Pierre. Il est tard... Il faut que je rentre...

— Qu'est-ce qui vous presse donc?... Votre oncle est encore à boire au cabaret...

— C'est égal... j'ai à travailler de bonne heure demain...

— Voyons, Hélène, laisse-nous tranquilles, dit Gaspard; tu vois ben que Pierre n'a pas envie d'aller courir dans les champs larirette avec toi... ainsi, laisse-nous en paix...

— Est-ce que je vous parle, à vous! répond la jeune fille avec humeur; et, quittant à regret le bras de Pierre, elle fait quelques pas en s'éloignant; mais bientôt elle s'arrête en poussant un cri d'effroi et appelant Pierre à son secours.

Ses accents étaient déchirants, elle semblait si effrayée, que le jeune paysan s'empresse de quitter son compagnon pour voler près d'elle.

— Qu'avez-vous, mamselle Hélène? que vous est-il arrivé? demande Pierre à la grosse fille qui est arrêtée contre une haie.

— Ah! monsieur Pierre... ah!... je suis perdue... ah! je suis ben sûre que c'en est une... Oh! je la sens... oh! là là... oh! moi qui en ai si peur!...

— Peur de quoi?... Qu'est-ce qui vous effraie?

— Ah! c'est que j'ai... oh! oui... oh! c'en est une... je la sens qui court!... oh! je vous en prie, monsieur Pierre, ôtez-la-moi!... ou je suis capable de mourir de peur...

— Que je vous ôte quoi?...

— Une araignée qui m'est entrée dans le dos... oh! je suis sûre que c'en est une... Tenez, tenez... fourrez vot' main par là... par en haut... Oh! je vous en prie, monsieur Pierre, ôtez-la-moi,... fourrez vot' main... n'ayez pas peur.

Pierre, sans trop comprendre comment une araignée a pu se glisser sous le fichu de la jeune fille, ne veut pas cependant refuser de lui rendre service; elle lui a présenté son épaule découverte, et il glisse obligeamment sa main tout du long. Pierre ne trouvait rien que des formes charnues et fortement accusées; il voulait retirer sa main; mais Hélène qui semblait toute tremblante, lui disait :

— Cherchez encore... ne vous lassez pas, je vous assure que j'ai une araignée qui me court dans le dos... fourrez vot' main... fourrez plus avant... n'ayez pas peur...

Il y avait quelque temps que ce manége durait, lorsque Gaspard, qui s'était approché, s'écrie :

— Dis donc, Hélène, fallait tout de suite dire à Pierre de te chatouiller le gras des reins, ç'aurait été plus tôt fait !

Ces paroles mettent fin à la recherche de l'araignée. Mademoiselle Hélène se sauve en pestant contre Gaspard et les deux paysans, après avoir ri de la grosse fille, continuent leur route, puis rentrent chacun chez eux.

CHAPITRE VI

DÉCLARATION D'AMOUR AU VILLAGE.

Le lendemain du souper chez maître Gobinard, Pierre, qui a rêvé toute la nuit à Marie; Pierre, qui voit encore la jolie fille du Tourne-Bride lui souriant et se laissant frôler le genou par le sien, ne se sent pas disposé à travailler au moulin de son oncle; il faut qu'il revoie Marie, qu'il lui parle, qu'il lui déclare enfin toute sa tendresse et lui dise que c'est elle qu'il veut épouser. Il y a trop longtemps qu'il hésite à faire cet aveu, Gaspard lui a dit encore que sa timidité était ridicule; Pierre se sent plus de courage; d'ailleurs la soirée de la veille lui a donné de l'espérance, et il ne tremblera plus près de Marie.

Le jeune paysan se dirige dans la matinée vers le Tourne-Bride, mais il voudrait trouver Marie seule, car ce n'est jamais devant témoin que se fait une déclaration d'amour, et surtout lorsqu'on n'a pas l'habitude d'en faire. Pierre rôde autour de l'auberge, il aperçoit celle qu'il aime occupée à ranger dans la salle où ils ont soupé la veille, mais l'aubergiste est là aussi, et puis dans cette salle il peut à chaque instant venir du monde. Pierre n'entre pas, il guette toujours ; enfin, Marie va au jardin, c'est là ce qu'il espérait. Le jardin qui s'étend derrière la maison est grand et touffu ; là, du moins, on peut être à l'abri des regards curieux. Le jeune paysan s'introduit dans le jardin par une petite porte qui donne sur la campagne et que dans la journée on ne ferme jamais.

Pierre s'avance doucement, il voudrait s'approcher d'elle sans qu'elle l'aperçût. Au milieu du jardin est une espèce de petit bassin, ou plutôt de mare, dans laquelle on lave quelquefois le linge. Marie est accroupie sur le bord de cette mare et elle rince dans l'eau quelques fichus de couleur. Pierre s'approche, il est derrière Marie, il la considère depuis longtemps sans que la jeune fille se doute encore que le beau conscrit est si près d'elle.

Mais Pierre se rappelle qu'il n'est pas venu rien que pour regarder Marie, il fait encore quelques pas, la jeune fille pousse un cri.

— Ah ! mon Dieu !... comment ! vous êtes là, monsieur Pierre ?
— Oui, mamselle... il y a déjà longtemps que je vous regarde !
— Et pourquoi donc que vous ne disiez rien ?...
— Pourquoi ?... ah dame ! c'est que j'ai tout plein de choses à vous dire !...
— Et c'est pour cela que vous ne parlez pas ?...
— Ah ! mamselle... c'est que... quand on a tant à dire... on ne sait par où commencer... on n'ose pas... de peur de s'embrouiller...
— Il est certain qu'en ne disant rien on ne s'embrouille pas !
— C'est juste, mamselle !...
— Mon Dieu ! qu'il est bête ! se dit Marie en se remettant à rincer son linge ; et pourtant elle jugeait mal Pierre ; le pauvre garçon n'était pas bête, il ne manquait même pas de moyens, mais alors l'amour, la timidité engourdissaient toutes ses facultés et lui ôtaient presque toute son intelligence. Lorsque nous voyons dans le monde des gens de beaucoup d'esprit ne plus savoir se conduire quand ils sont amoureux, nous ne devons pas nous étonner qu'un simple villageois puisse, en pareille circonstance, avoir l'air d'un imbécile.

Pierre est descendu tout au bord de la mare à côté de Marie ;

il s'amuse à lancer de petites pierres dans l'eau et leur fait faire des ricochets. Cela dure cinq minutes environ. Au bout de ce temps, une de ces pierres, lancée avec trop de force, envoie de l'eau plein la figure de Marie.

— Mon Dieu!.. voilà une jolie invention que vous avez là! s'écria la jeune fille en s'essuyant le visage.

— Ah! pardon, mamselle... je ne voulais pas vous en jeter... C'est sans le faire exprès... mais ça se séchera!...

— En attendant, je suis toute mouillée!... Est-ce que vous n'êtes venu ici que pour jeter des cailloux dans notre bassin?

— Oh! si fait!.. puisque j'ai tout plein de choses à vous dire...

— Eh bien, dites-les donc, vos choses... qu'est-ce qui vous en empêche?...

— Oh! personne... c'est moi-même que je m'en empêche... parce que j'ai le cœur si.. j'ai là, comme ça, queuque chose qui m'étouffe...

— Est-ce que vous avez trop déjeuné?

— Non... ce n'est pas ça... Oh! depuis quelque temps je ne mange guère... je n'ai plus d'appétit... enfin... c'est que... je suis amoureux, mamselle... là... voilà le grand mot.

— Ah! vous êtes amoureux, monsieur Pierre?

— Oui, mamselle, et d'une fameuse force; allez!...

— Ah! vous êtes amoureux... et de qui donc, monsieur Pierre?

— De qui... vous me demandez de qui, mamselle... Mon Dieu! est-ce que je pourrais l'être d'une autre que de vous?... .

Pierre a dit ces mots avec tant d'âme, qu'en cet instant il ne doit plus avoir l'air bête, et si la jeune fille le regardait, elle serait touchée de l'expression de son regard. Mais Marie est alors tout occupée à rattraper un de ses fichus qui lui est échappé des mains, et la crainte qu'elle a de le perdre l'empêche de prêter beaucoup d'attention à ce que dit Pierre.

Le jeune paysan, après avoir déclaré son amour, attend avec anxiété qu'on lui réponde. Marie, qui a plongé son bras jusqu'à l'épaule dans le bassin, retire enfin son fichu et s'écrie :

— Le voilà!... c'est bien heureux!... c'est que je ne voudrais pas le perdre, c'est mon plus joli!... et cette mare fait l'entonnoir au milieu.

Le pauvre Pierre demeure triste et interdit. Il a déclaré sa flamme et on ne lui a pas même répondu une parole; il ne sait qu'augurer de la conduite de Marie; il la regarde, mais il n'ose plus ajouter un mot. Enfin, au bout de quelques minutes, Marie tournant les yeux de son côté, se met à éclater de rire.

— Ah!... mon Dieu! monsieur Pierre, que vous avez l'air drôle!...

— Drôle!... j'ai l'air drôle... Quoi, mamselle, est-ce là tout ce que vous avez à me dire, lorsque je vous déclare, moi, que je vous adore... que je vous aime comme un fou!... que vous êtes la seule fille que je veuille épouser?...

— Ah!... comment vous m'aimez... pour tout de bon?...

— Marie!... est-ce qu'il peut y avoir deux manières de vous aimer?... Oh! moi, je n'en connais qu'une... Marie, n'êtes-vous pas satisfaite que je vous préfère à toutes vos compagnes? je vous jure n'en jamais aimer d'autre que vous!...

— Mon Dieu! monsieur Pierre... si vous voulez m'aimer... vous en êtes bien le maître... je ne peux pas vous en empêcher!... mais tous les garçons en disent autant... Moi, il y en a déjà tout plein qui m'ont dit qu'ils m'aimaient!... ça m'a fait rire, et voilà tout!

— Oh! moi, Marie, c'est bien réellement que je vous aime, et d'ailleurs, mon seul espoir, mon unique désir, c'est de devenir votre mari... Dites-moi que vous m'aimez aussi, mamselle Marie, dites-moi que vous voulez bien être ma femme, et je vas sur-le-champ demander le consentement de mon oncle. Il ne me refusera pas, j'en suis certain d'avance... M. Gobinard, votre père adoptif, est votre seul parent... Il ne sera pas fâché non plus de vous voir bien établie... Oh! Marie! répondez... N'est-ce pas que vous voulez être ma femme?...

Et Pierre, qui vient enfin de surmonter toute timidité, a pris la main de Marie et la serre doucement dans les siennes. Mais la jeune fille la retire bientôt en lui disant :

— Non, monsieur Pierre, non... je ne veux pas être votre femme.

Le pauvre garçon reste stupéfait, immobile, il regarde Marie en tremblant, il espère s'être trompé et balbutie d'une voix que les sanglots étouffent déjà :

— Vous ne voulez pas être ma femme... Est-ce bien possible?... Comment! mamselle... Est-ce que vous ne m'aimez pas?...

— Dame, monsieur Pierre, j'ai de l'amitié pour vous... comme j'en ai pour toutes nos connaissances... mais je ne veux pas vous épouser.

— Marie!... Marie!... Ah! ne me refusez pas... je vous aime tant, moi! et qui donc vous rendra plus heureuse que moi?... qui donc vous aimera autant?... Marie... C'est pour me faire endêver ce que vous dites là... n'est-ce pas?... Vous n'aimez pas un autre garçon dans le pays... Ainsi vous voulez bien être ma femme?

— Mais est-il entêté donc!... Quand je n'aimerais pas un autre garçon, ce n'est pas une raison pour que je vous aime et que je veuille de vous. Encore une fois, je ne veux pas vous épouser... Je ne suis pas du tout tentée de me marier au village, pour m'établir au village et passer toute ma vie au village!... Je veux aller à la ville, moi... On m'a dit que j'avais tout ce qu'il fallait pour y briller...

— Ah! Marie!... c'est bien vilain ce que vous dites là... Mais ceux qui vous ont dit cela se sont moqués de vous.

— Pourquoi donc cela?... Est-ce qu'il n'y a pas bien des filles de la campagne qui font fortune à Paris?

— Oui... en cessant d'être honnêtes... Est-ce donc comme cela que vous voulez faire?

— Oh! je crois qu'on peut bien aller à la ville et rester honnête tout de même!... je ne suis pas si sotte que de me laisser attraper par de belles paroles... Mais, mon Dieu! on veut nous faire un croquemitaine de ce Paris. Il semblerait, à vous entendre, que c'est une caverne... qu'on n'y peut faire un pas sans tomber dans queuque chose... C'est vous qui dites ça!... mais celles qui ont été à Paris disent, au contraire, que c'est un endroit ben joli, ben beau!... où l'on s'amuse depuis le matin jusqu'au soir... et puis la nuit encore...

Le pauvre Pierre est atterré, il a écouté la jeune fille sans l'interrompre, ses yeux se sont attachés sur les siens; il n'a pas perdu une de ses paroles, car il voudrait voir dans le fond du cœur de Marie, comme il voit sur son visage. Enfin, lorsqu'elle a tout dit, Pierre se rapproche d'elle, et, l'œil humide, la voix tremblante, lui dit d'un ton suppliant :

— Oh! tout cela n'est pas vrai... tout cela ne peut pas être...

Ce serait trop affreux de ne pas m'aimer... de refuser d'être ma femme... après m'avoir laissé espérer... que j'étais payé de retour...

— Comment, monsieur Pierre, est-ce que je vous ai jamais dit un mot?... Est-ce que je vous ai jamais fait une promesse?... par exemple!... cela n'est pas bien de dire ça...

— Des mots... des promesses!... non, sans doute, non, mamselle, vous ne m'en avez pas donné... je n'ai pas le droit de dire ça... Mais en amour... est-ce qu'il n'y a pas mille choses qui valent des paroles? Est-ce qu'il n'y a pas cent manières de s'entendre entre garçon et fille?... Encore hier, mamselle... hier au soir... que j'étais à vous regarder tendrement et que vous m'avez souri... oh! dame! comme une fille qui veut tourner la tête à un homme, et puis que je soupirais... et que vous aviez l'air d'en être bien aise... et puis qu'à table j'avais mon genou tout contre le vôtre... et que vous ne m'avez pas repoussé le mien... et puis encore que je vous ai plus d'une fois pressé la main, et que vous m'avez laissé faire... Est-ce que ce ne sont pas des preuves d'amour tout ça? est-ce que ça ne vaut pas ben des paroles... des promesses?... Ah! mamselle! c'est ben vilain de se jouer ainsi du monde... et vous ne savez pas... oh! non, vous ne saurez jamais tout le mal que vous m'avez fait.

Marie ne répond pas, mais elle continue de laver son linge. Quelques minutes s'écoulent encore, pendant lesquelles Pierre reste toujours à la même place, comprimant avec peine ses sanglots, et espérant toujours que la jeune fille lui répondra quelque chose, ou daignera du moins tourner ses yeux vers lui.

Fatigué d'attendre en vain, Pierre fait quelques pas autour du bassin, puis, revenant près de Marie, lui dit ton plus ferme et avec un air plus résolu :

— Marie... Est-ce bien là votre dernière volonté!... Vous ne voulez pas être ma femme?...

— Eh! non... non!... je ne le veux pas!... Combien faut-il vous le dire de fois?...

— Il suffit... oh! ne craignez pas que je vous ennuie encore avec mon amour... avec mes soupirs... Non, non!... Oh! j'ai du cœur aussi, et puisque vous ne voulez pas de moi, mamselle... je sais maintenant ce qui me reste à faire. Adieu.

Pierre a dit ces mots d'une façon si énergique, avec un accent si profond, si vrai, que Marie en est toute troublée; elle relève doucement la tête, et peut-être va-t-elle adresser à Pierre quelques mots d'espérance, mais le jeune paysan est déjà loin, il a quitté le jardin de l'auberge, et il s'éloigne du Tourne-Bride à grands pas.

CHAPITRE VII

GRANDE SOIRÉE. — UN DÉPART.

Deux jours étaient écoulés depuis cette conversation, et Pierre n'avait pas reparu au Tourne-Bride. Marie pensait-elle à lui?... désirait-elle son retour?... qui pourrait le deviner?... qui sait ce qu'une femme pense, puisque souvent elle-même serait fort embarrassée pour le dire.

On était au milieu de la journée. Tout à coup le bruit d'une voiture se fait entendre; cela vient du côté de Paris; les habitants de l'auberge sont déjà sur la porte, ils regardent au loin; c'est une calèche élégante qui s'avance vers le Tourne-Bride.

— C'est la voiture de madame de Stainville! s'écrie bientôt maître Gobinard, c'est elle avec de la société!

— Ah! quel plaisir! s'écrie Marie, nous allons voir du monde de Paris!

La calèche approche et s'arrête en effet devant la porte de l'auberge dont les habitants s'empressent d'aller recevoir les voyageurs.

La première personne qui descend de voiture est un jeune homme en redingote de velours, pantalon écru, chapeau gris, cheveux blonds bouclés et séparés avec infiniment de soin: figure assez régulière, de beaux traits; mais un grand air de suffisance et une affectation de bon ton qui dénotent toujours une extrême petitesse de pensée.

C'est M. Daulay, jeune homme de vingt-huit ans, qui veut être gentilhomme parce que son père a été jadis fermier général et a mangé tout son bien avec des actrices, façon de vivre extrêmement noble, en effet, mais n'a laissé au jeune Daulay qu'un fort modeste héritage que celui-ci a lestement dissipé en voulant faire le marquis et ne fréquentant que des gens au-dessus de lui ; enfin, M. Daulay n'ayant plus que des dettes, mais ne voulant pas renoncer à la vie de grand seigneur qu'il s'était faite, a trouvé le moyen d'aller encore dans le grand monde, ou du moins dans le monde riche, sans être désormais l'amphitryon de personne. Pour cela, Daulay s'attache maintenant à courtiser ces dames qui ont passé la quarantaine et qui sont bien aises que l'on voie encore folâtrer autour d'elles quelques jeunes gens à la mode. Ne s'adressant naturellement qu'aux dames qui ont de la fortune, Daulay s'est fait le Sigisbée de toutes les riches douairières ; tour à tour empressé, complaisant, officieux, c'est lui qui parfois porte le petit chien de madame la comtesse, ou fait jouer le chat de madame la baronne ; a-t-on besoin d'un cavalier pour aller à un concert, à une soirée, Daulay est toujours prêt, toujours aux ordres de ces dames : c'est lui qui fait les commissions délicates, qui arrange les affaires difficiles ; mais aussi pour prix de ses complaisances, on le consulte sur la couleur d'une étoffe, sur la forme d'un chapeau, sur la façon d'une robe ; et enfin, ce qu' est plus positif, un l'emmène l'été à la la campagne, et l'hiver il n'y a point de réunion sans lui.

Voilà le rôle que jouait M. Daulay près de madame de Stainville. Cette dame était veuve, elle avait quarante-huit ans et vingt mille livres de rentes ; de plus, une très-jolie maison de campagne aux environs de la Roche-Guyon. Madame de Stainville avait été fort jolie et fort sensible ; elle n'était plus aussi jolie, mais elle était toujours aussi sensible. Après avoir été encensée, adulée, adorée, il est bien cruel pour une femme de ne plus être que respectée ; chez les femmes coquettes, c'est un terrible passage que celui des amours à la froide raison, que le départ successif des regards tendres et intéressés, que remplacent de paisibles hommages bien calmes, bien indifférents. Le cœur d'une femme a toujours besoin d'être occupé ; et quand l'amour maternel n'est pas là pour tenir lieu d'autres amours, comment voulez-vous qu'on vive, qu'on respire, qu'on sente battre son cœur !

Il y a des femmes qui ne veulent jamais vieillir ; après tout, c'est une résolution comme une autre. Il y a même un certain courage à combattre sans cesse contre les attaques du temps. Ordinairement, pour ne point vieillir, les dames ne connaissent qu'un moyen, c'est d'aimer toujours; comment voulez-vous que l'on soit vieille lorsqu'on a encore une passion dans le cœur? Les dames qui ont de la fortune peuvent se permettre ces fantaisies, elles trouvent toujours un être complaisant qui répond à leurs œillades; il n'y a que les pauvres rentières qui doivent redouter les passions malheureuses; et puis, lorsqu'une femme a été à la mode, lorsqu'elle a été citée pour sa beauté et ses conquêtes, on l'aime encore longtemps rien que pour sa réputation.

Madame de Stainville a donc accueilli les soins empressés de M. Daulay. Il est devenu son chevalier, son complaisant, la chronique assure même qu'il est encore autre chose, et que le jeune homme a toutes les charges de la place dont il a envié les bénéfices; mais on ne hasarde là-dessus que des conjectures, car entre gens bien appris tout se passe suivant les usages reçus, et jamais rien ne blesse les convenances; d'ailleurs madame de Stainville a trouvé un excellent moyen pour embarrasser la médisance : c'est d'avoir toujours près d'elle plusieurs cavaliers, ce qui fait beaucoup moins jaser que si elle n'en avait qu'un, et il faut vivre tout à fait dans son intimité pour savoir auquel elle donne la préférence.

La seconde personne qui descend de la calèche est un homme à peu près du même âge que M. Daulay, c'est aussi un fashionable et un joli garçon; mais il n'est pas besoin de l'examiner longtemps pour juger qu'il y a entre lui et Daulay une grande différence d'humeur et de caractère.

Celui-ci est mis avec élégance; mais aucun apprêt, aucune roideur ne gêne sa tournure leste, franche et hardie; il y a dans ses mouvements, dans ses manières comme dans son langage, une grâce et un abandon qui contrastent avec la prétention et les façons composées de M. Daulay. C'est un brun, au front haut, au teint légèrement basané, ses grands yeux noirs sont à la fois hardis et doux, moqueurs et gais, ses traits ont de la noblesse, son front du génie, et le désordre de sa coiffure annonce qu'il passe fort peu de temps devant une glace. Ce jeune homme est le comte d'Aubigny, que dans le monde on appelle roué, mauvais sujet, parce qu'il n'a jamais caché ses passions ni cherché à déguiser ses défauts. Grand amateur du beau sexe, bon vivant, aimant le jeu, les chevaux, la chasse, aimant le plaisir enfin, mais en ayant quelquefois outré la dose : tel était Alfred d'Aubigny, qui possédait une belle fortune qu'au milieu de ses folies il avait pourtant l'esprit de conserver.

Un troisième personnage vient de descendre de la calèche : celui-ci n'a point sauté lestement à terre comme les deux premiers; son pied a longtemps cherché un point d'appui, et ce n'est qu'après l'avoir trouvé que le reste de son corps s'est décidé à toucher la terre.

Vous devinez déjà que ce n'est point un jeune homme qui vient de descendre en troisième. En effet, M. Bellepêche, c'est le nom de ce personnage, est un homme qui a bien la cinquantaine. Il est grand, gros, épais, et ne semble pas se bouger facilement. Une mise très-soignée, une perruque châtain fort bien faite et des souliers de daim gris cendré, annoncent un homme qui a soin de sa personne. Une figure un peu rouge, de gros yeux clairs, un nez au vent, une bouche bête, et des favoris parfaitement teints en noir, ne donnent pas une idée bien avantageuse des capacités de ce personnage, et en l'écoutant parler on ne change pas d'opinion, quoique depuis qu'il a fait un voyage en Suisse, M. Bellepêche ramène toujours ce sujet dans la conversation, afin de prouver qu'il a voyagé en observateur et avec fruit; du reste, ce monsieur est garçon, son revenu est médiocre, mais lorsqu'il était jeune, on lui a tant dit qu'il était bel homme, qu'il se croit toujours sur le point de trouver une femme qui fera sa fortune en devenant amoureuse de lui.

Ces messieurs sont descendus; tandis que le comte d'Aubigny entre déjà dans l'auberge, Daulay et M. Bellepêche restent près de la voiture pour aider madame de Stainville à mettre pied à terre. Vous savez déjà que cette dame a quarante-huit ans et qu'elle a été fort jolie; ajoutez à cela que sa toilette est toujours du meilleur goût, que sa tournure est élégante, ses manières gracieuses, et ne soyez point surpris si cette dame a constamment des cavaliers à sa suite. L'élégance conserve longtemps son empire, comme je vous le disais tout à l'heure : dans une femme à la mode on courtise encore sa réputation, lorsque sa beauté n'est plus que de l'art, on veut être distingué par elle, parce que ses jugements ont fait longtemps l'opinion de la foule; enfin c'est une fleur rare qui est fanée, mais dont on désire beaucoup obtenir de la graine.

— Allons, morbleu! monsieur l'aubergiste, une bouteille de votre meilleur vin... du champagne, si vous en avez... et grand feu à la cuisine pour préparer notre déjeuner... Moi, j'ai une faim de chasseur... Ah! voilà la jolie fille de l'année dernière, je la reconnais... elle est, ma foi, encore mieux cette année...

C'était le comte d'Aubigny qui venait d'entrer dans l'auberge et s'adressait alors à Marie. Celle-ci rougit de plaisir et fait une petite révérence en murmurant :

— Vous êtes bien bon, monsieur!

Maître Gobinard ne sait plus où il en est : il court du comte à la voiture, puis revient dans la salle, donne des coups de serviette sur les tables, et s'écrie :

— Monsieur le comte... certainement... car je me rappelle que... J'ai l'honneur de saluer monsieur le comte de... de... Je ne sais plus le nom de monsieur le comte...

— Ne vous inquiétez pas de cela, maître Gobinard, et pensez plutôt à notre déjeuner... dîner... le nom n'y fait rien; à la campagne, on mange quand on a faim.

— Ah! quelle chaleur étouffante!... c'est donc ici que nous nous arrêtons? dit M. Daulay en entrant dans la salle. Il est bientôt suivi de madame de Stainville, à laquelle M. Bellepêche donne la main.

— Bonjour, mes bons amis, dit l'élégante Parisienne en saluant avec affabilité les habitants de l'auberge. Eh bien! comment se porte-t-on à Vétheuil... et le commerce, les affaires? monsieur Gobinard, êtes-vous toujours content?

— Madame est bien bonne... moi, je ne me plains pas... on ne fait pas fortune... mais on boulotte!...

— Ah! voilà ma jolie Marie... viens donc m'embrasser, ma belle... Quelle charmante fille!... J'ai là, dans un carton, quelque chose pour toi... un bonnet qui te rendra encore plus séduisante.

— Oh! madame a vraiment trop de bonté... de penser à moi! dit Marie en saluant et baissant les yeux.

— Oui, s'écrie maître Gobinard en roulant son bonnet de coton dans ses doigts, madame a vraiment trop de bonté... beaucoup trop...

— Est-ce que vous ne mariez pas cette jolie enfant, monsieur Gobinard? Je gage bien que les amoureux ne manquent pas...

— Oh! madame, vous avez certainement trop de... Non, ils ne manquent pas... mais Marie n'est pas pressée de se marier.

— Et elle a bien raison! dit d'Aubigny en se jetant sur une chaise. Quelle manie de vouloir marier une jolie fille, dès qu'elle est en âge de plaire... Laissez-la donc jouir un peu de cet heureux temps... avant de l'enterrer dans un ménage, avec un lourdaud paysan, qui lui fera bien vite une trôlée d'enfants qu'il faudra qu'elle allaite... qu'elle habille, qu'elle débarbouille... Pauvre jeune femme!... Soyez donc coquette en soignant votre marmite et donnant la bouillie à vos marmots!... Le mariage... au village au moins, est le tombeau de la beauté.

— Ah! monsieur le comte!... que dites-vous là... dit M. Bellepêche en s'essuyant le visage avec son mouchoir.

— Ma foi, je dis ce que je pense... c'est assez mon habitude...

— Et les mœurs... et les principes... et...

— Ah! j'aime beaucoup ce vieux garçon qui vient nous vanter le mariage... et pourquoi donc n'en faites-vous pas usage, si vous trouvez la chose si bonne?

M. Bellepêche, qui a fait une grimace très-prononcée en s'entendant appeler vieux garçon, rajuste les bouts de son col en répondant :

— Monsieur le comte... il me semble que j'ai bien le temps... un homme n'est pas une demoiselle; et d'ailleurs j'ai fait là-dessus des remarques... que j'ai même poussées très-loin... et...

— Et... dans ce moment, mon cher monsieur Bellepêche, il me semble qu'il vaut beaucoup mieux nous occuper de dîner que de votre opinion sur le mariage... N'est-ce pas aussi l'avis de madame de Stainville?

— Moi!... eh! mon Dieu, d'Aubigny, vous savez bien que je veux tout ce qu'on veut!...

— Comment! Est-ce que vraiment nous dînons ici? dit M. Daulay en regardant avec dédain la grande salle du Tourne-Bride.

— C'est le comte qui le veut, répond madame de Stainville.

— Et il me semble que j'ai raison. Nous n'avons rien pris depuis notre départ de Paris.., et il y a déjà longtemps que nous roulons. La maison de madame est à une bonne lieue d'ici. Mais quand nous allons arriver là... y trouverons-nous un repas tout prêt?... Pas du tout. Nous serons reçus par un vieux jardinier qui nous présentera un bouquet, et sa femme qui nous offrira peut-être des cerises... pensez-vous que ce soit bien restaurant? La femme de chambre et le cocher seront obligés d'aller aux provisions !... mais avant qu'ils soient revenus, nous serons morts d'inanition. J'ai donc pensé qu'il était beaucoup plus sage de faire halte ici et de nous y restaurer, afin d'arriver chez madame en état d'attendre les événements.

— Je me range à l'avis de monsieur le comte, dit M. Bellepêche; c'est très-sagement raisonner !... Je me souviens, lorsque je voyageais en Suisse, que je voulus aussi faire un repas préparatoire. J'étais sur le haut d'une montagne... qu'on nommait... une très-haute montagn enfin... J'entrai dans un chalet .. Les chalets sont fort singulièrement bâtis... on y fait du fromage avec des herbes... Je crois que ce sont des simples qu'on cueille... en botanisant... il y a de ces simples qui ont beaucoup de vertu !...

— Allons, maître Gobinard, à vos fourneaux, et tout ce que vous aurez de mieux ! dit le comte en frappant sur l'épaule de l'aubergiste et laissant M. Bellepêche au milieu de son discours; voici le cas de nous montrer votre savoir-faire.

— Monsieur le comte... j'ose espérer que... Petit-Jean... suis-moi... appelle la grosse Catherine... Je n'aurai pas trop d'un aide... Toi, Marie, reste pour obéir aux moindres ordres de madame et de ces messieurs.

Marie ne demande pas mieux que de rester avec le beau monde qui vient de Paris, car les messieurs lui disent qu'elle est gentille. Madame de Stainville daigne lui donner quelques petites tapes sur les joues, et la moindre faveur, le plus simple compliment de la part de gens du grand monde faisaient bien plus de plaisir à la jeune fille que les éloges de ses compagnes et les phrases naïves des paysans.

Pendant que Marie va, vient et tourne autour de madame de Stainville, qui vient de s'asseoir dans le seul fauteuil qui soit dans l'auberge, M. Bellepêche continue de s'essuyer le visage, le comte d'Aubygny suit en souriant tous les mouvements de la jeune fille, et M. Daulay, qui s'est promené de long en large dans la salle, s'arrête enfin près de madame de Stainville.

— C'est vraiment fort drôle de dîner à l'auberge!... enfin à la campagne... et puisque vous avez tant d'appétit... mais je crains que nous ne fassions un bien mauvais repas ici...

— Et c'est cela qui vous inquiète le plus? dit le comte en souriant...

— Non, pas pour moi, je vous assure, mais pour madame de Stainville... dont la santé délicate ne peut pas supporter toutes les cuisines !...

— Rassurez-vous, mon cher Daulay, dit la dame en minaudant, vous avez trop mauvaise opinion de cette maison. Le maître a été, je crois, maître d'hôtel chez un ministre, et il n'est pas aussi ignorant que vous le pensez... C'est lui que l'on envoie chercher dans toutes les maisons des environs lorsqu'on a du monde à traiter.

— C'est différent... du reste, moi je suis facile à contenter... je mange si peu !...

— C'est comme moi, dit M. Bellepêche; on croirait, parce que je suis grand et... parfaitement proportionné, que je dois manger beaucoup... eh bien ! il n'en est rien... je consomme fort peu ; mais, par exemple, je tiens à ce que ce soit bon... j'ai même poussé cela fort loin... et chez moi je ne veux que des plats choisis...

— Eh bien ! ma petite Marie, dit madame de Stainville en prenant la main de la jeune fille, depuis l'année dernière il n'y a pas eu de changement dans ta situation... tu n'as rien appris... rien su touchant tes parents !...

— Oh ! non, madame, je n'en sais pas davantage ! répond Marie en poussant un soupir. Puis, au bout d'un moment, n'ayant plus l'air de penser à ce qu'on vient de lui dire, elle s'écrie :

— Madame, je vais dans le jardin vous cueillir un beau bouquet.

— Va... va, mon enfant.

Marie a quitté la salle, et le comte, qui l'a suivie des yeux, dit alors :

— Que signifie ce que vous venez de demander à cette jeune fille?... Est-ce que sa naissance est un mystère?

— Vraiment, oui; la petite Marie est une enfant trouvée, recueillie jadis par la femme de Gobinard, et on n'a jamais su qui étaient ses parents. Voilà du moins ce que j'ai entendu dire...

— C'est quelque enfant de l'amour !... dit Daulay.

— Oui, dit Bellepêche en époussetant ses souliers, c'est le fruit illicite de quelque commerce clandestin... Quelque servante aura caché sa grossesse aux yeux de ses maîtres...; comme cela se pratique trop souvent!... Les mœurs sont tellement relâchées!... puis on expose son enfant à la charité publique... Si j'étais maire d'une commune je ferais fouetter tout cela!...

— Qu'est-ce que vous feriez fouetter, monsieur Bellepêche? dit le comte.

— Les filles qui feraient des enfants en dehors du *matrimonium*.

— Diable!... cela ne propagerait pas la population. Mais je crois que vous vous contenteriez de les fouetter vous-même. Ah! ah! ah!

— D'Aubigny, vous allez commencer vos folies!...

— Parbleu, belle dame, nous sommes à la campagne... je pense qu'il sera permis d'y rire un peu... et M. Bellepêche m'en donne toujours envie quand je le vois affecter une si grande sévérité de mœurs...

— Monsieur le comte, je n'affecte rien... j'ai des principes... et je les ai même poussés assez loin...

— Je ne sais pas quels sont vos principes!... je vous avoue, mon cher monsieur, que je crois peu à la vertu et à l'austérité de ces gens qui s'offensent d'un mot leste et veulent toujours se mettre en avant comme modèles de bonne conduite; j'ai reconnu que ces airs pudibonds et ces manières sévères cachaient les goûts les plus libertins, quelquefois même les vices les plus honteux...

— Monsieur le comte!...

— Oh! ce n'est pas pour vous offenser que je dis cela; je ne vous crois que des goûts fort naturels... Je vous ai vu plusieurs fois à Paris, le soir, suivant de fort près de petites grisettes qui sortaient de leur magasin... Il n'y a aucun mal à cela...

— Monsieur le comte, ce n'était pas moi... Vous vous êtes trompé... je n'ai jamais suivi de grisettes.

— Moi j'en ai suivi beaucoup, et j'espère bien en suivre encore... Mais revenons à cette jeune Marie; savez-vous bien, messieurs, que tout ceci la rend plus intéressante : une jeune fille... déjà fort jolie... et qui ne connaît pas ses parents... mais c'est une héroïne de roman que cette petite!...

— Je vous ai dit ce que c'était, reprend M. Bellepêche, je

gage avoir deviné... enfant de quelque servante... la servante trompée par son amant... celui-ci refusant la paternité !...

— Ma foi, dit à son tour Daulay, je ne vois rien de bien curieux dans tout cela ! et je vous assure que je m'inquiète fort peu que mademoiselle Marie ait ou non une famille !...

Comme Daulay achève de parler, la jeune fille revient tenant à sa main un gros bouquet. L'empressement qu'elle avait mis à cueillir des fleurs avait encore ajouté à l'éclat de son teint, et il eût été difficile de ne pas être frappé de sa gentillesse.

M. Bellepêche fait un mouvement de tête en disant :

— Très-beau sang !... superbe santé !

Le comte chante à demi-voix :

Le joli péché, le joli péché d'amourettes!

Enfin M. Daulay, qui a jeté un regard sur Marie, daigne murmurer aussi :

— Au fait, elle est gentille.

Marie va offrir son bouquet à madame de Stainville, qui le prend et embrasse la jeune fille en lui disant :

— J'ai apporté de Paris des étoffes délicieuses... je te donnerai une robe avec laquelle tu éclipseras toutes tes compagnes...

— Ah ! madame... que vous êtes bonne !...

— Voilà comme on gâte ces petites villageoises ! murmure Bellepêche ; madame de Stainville a trop de générosité.

— On ne vous reproche pas cela, à vous, vieux garçon ! dit le comte en allant frapper sur l'épaule de M. Bellepêche ; je crois que de votre vie vous n'avez offert aux dames qu'une prise de tabac... encore était-ce à celles qui n'en usaient pas.

— Monsieur le comte, c'est que pour plaire je n'ai jamais eu besoin de faire de cadeaux !

— Parfaitement répondu ; mais soyez persuadé, mon cher monsieur, que cela n'aurait pas nui !... Les manières généreuses vont fort bien avec la galanterie... Un amant parcimonieux ressemble beaucoup trop à un mari, et les femmes veulent trouver de la différence. Dites-moi, jolie Marie, met-on notre couvert ?...

— Ah ! mon Dieu, monsieur le comte... c'est vrai... et moi qui ne pensais pas... Où madame veut-elle dîner ?... est-ce dans cette salle ?... est-ce en haut ?...

— Demande à ces messieurs, Marie.

— Il sera plus convenable de dîner dans une chambre où nous serons seuls, dit Daulay.

— Eh! pourquoi donc cela? s'écrie le comte... pourquoi nous retirer dans un cabinet à papier à bouquets, où nous ne verrons rien et serons gênés? qui nous empêche de rester dans cette salle?... c'est plus gai... nous avons de l'air... et nous pouvons jouir du jardin...

Daulay n'ose pas insister, et déjà Marie commence à mettre le couvert, lorsque Gaspard tourne le bouton de la porte vitrée, et entre dans la salle avec ses gros sabots, un bonnet de coton à raies bleues sur la tête et tenant une grosse botte d'herbes sous son bras.

La vue de la brillante société qui est au Tourne-Bride ne semble nullement intimider le paysan; il se contente de porter la main à son bonnet en disant:

— Salut, la compagnie... Marie, apporte-moi un demi-setier de piqueton... j'ai le gosier sec comme not' four.

La société de Paris se regarde. Madame de Stainville a eu presque un mouvement d'effroi; M. Bellepêche ouvre ses yeux comme s'il voyait un phénomène; Daulay prend un air de dédain; le comte seul sourit en considérant le paysan qui vient d'entrer.

Gaspard est allé s'asseoir devant une table, et au bout d'un moment, voyant que Marie ne s'occupe pas de le servir, il frappe sur la table avec son poing en disant:

— Ah ça, Marie, est-ce que tu as fait murer tes oreilles depuis hier... ou ben si tu deviens trop grande dame pour me servir?

— Mon Dieu!... J'y vais, Gaspard... mais vous voyez bien qu'en ce moment je suis occupée...

— Pardi! il ne faut pas tant de simagrées pour me servir un demi-setier; tu mettras ton couvert après!

— Et pourquoi donc quitterait-on ce que l'on fait pour nous? dit Daulay en jetant sur Gaspard un regard méprisant. Jeune fille, c'est nous que vous devez servir avant tout... je pense que pour cet homme vous ne manquerez pas à ce que vous devez à madame de Stainville!...

Marie reste interdite et ne sait plus ce qu'elle doit faire. Gaspard commence à fixer Daulay en disant:

— Cet homme... cet homme... C'est-i de moi que vous parlez?...

Daulay ne juge pas convenable de répondre, il se retourne et va s'appuyer sur la chaise de madame de Stainville; mais Gaspard continue :

— Eh, dites donc!... l'homme au chapeau gris... c'est à vous que je parle... c'est qu'il faut pas avoir un air de me mépriser, voyez-vous... parce que j'ai des sabots et que je porte sous mon bras de l'herbe pour mes lapins, ça ne m'empêche pas d'être bon là tout de même... et d'en valoir un autre... et peut-être deux autres comme vous!...

— Cela devient vraiment insoutenable! dit Daulay en s'adressant toujours à madame de Stainville et en tournant le dos à Gaspard... Voilà à quoi l'on s'expose en voulant dîner dans une salle d'auberge!

— Marie! dit madame de Stainville, ne mets pas notre couvert ici... qu'on nous trouve une chambre... un cabinet... où nous soyons seuls enfin... va, va, ma petite...

Marie ne demande pas mieux que de quitter ce qu'elle fait, elle sort aussitôt de la salle en courant. Mais Gaspard se lève à son tour et s'approche de Daulay en continuant de lui parler.

— C'est que, voyez-vous, quoiqu'on soit un paysan, on sait se faire respecter... et on ne se laisse pas insulter... et faut pas avoir un air et m'appeler cet homme... qu'est-ce que ça veut dire, cet homme?... cet homme est Gaspard, laboureur... qui ne doit rien à personne... je ne sais pas si vous pouvez en dire autant... avec vos cheveux en devidoir.

Daulay s'éloignait toujours de Gaspard en lui tournant le dos. Le comte d'Aubigny semblait beaucoup s'amuser de cette scène, qu'il regardait sans bouger de sa chaise. M. Bellepêche pense qu'avec quelques mots il mettra fin à tout cela, et, se levant, il s'avance lourdement et va poser devant le paysan, qui marchait presque sur les talons de Daulay.

— Homme des champs... de quoi vous plaignez-vous?... Est-ce que nous vous empêchons de boire?... nous venons dans cette auberge... où nous aurions pu ne pas nous arrêter... mais M. le comte a un grand appétit... l'air plus vif de la campagne... ça se conçoit... quand je voyageais en Suisse... sur les hautes montagnes... pas en voiture alors, il y a beaucoup trop de neige... mais on a des guides... je ne conçois pas comment ils s'y retrouvent... ils ont aussi des chiens !...

— Ah ça ! quoi donc que vous me chantez là depuis une heure, dit Gaspard en toisant M. Bellepêche, avec votre neige et vos chiens !... vous avez encore une drôle de boule, vous !

M. Bellepêche se pince les lèvres et d'Aubigny part d'un éclat de rire; en ce moment Gobinard entre dans la salle en s'écriant :

— Comment ! on n'a pas fait monter madame de Stainville et sa société... mais à quoi pense donc Marie?... Ma belle chambre d'en haut est disposée pour vous recevoir... si vous vouliez me suivre...

— Oh ! tout de suite, monsieur Gobinard, dit madame de Stainville en se levant; car, en vérité, il n'y a pas moyen de rester dans cette salle... Venez, messieurs... venez, je vous en prie....

Daulay ne se fait pas attendre; il court, prend la main de la dame et monte avec elle. Bellepêche les suit et le comte en fait autant en disant :

— C'est dommage !... la société de M. Gaspard m'amusait beaucoup, moi !

— Voyez-vous ça !... s'écrie Gaspard en les regardant aller... puis, s'adressant à Gobinard, il lui dit :

— Ah çà ! v'là une heure que je demande à boire... est-ce qu'on ne peut plus être servi chez toi parce que tu reçois du monde de Paris?... Alors je vas m'en aller...

— Mais non... non... reste donc... Petit-Jean, viens donner du vin... Mais tu vois bien, Gaspard, que je suis dans un coup de feu... ce sont des gens qui s'y connaissent, je voudrais me distinguer...

— Je ne sais pas s'ils s'y connaissent, mais je sais qu'ils ont un air impertinent que je n'aime guère...

— Allons ! tu te fâches tout de suite, toi... tiens, voilà du vin...

— Ta madame de Stainville me fait l'effet d'une vieille chatte qui traîne toujours cinq ou six matous à ses trousses.

— Veux-tu te taire... mauvaise langue... Eh, eh !... il est certain... je crois bien que l'un de ces trois messieurs est son amant...

— Et peut-être ben tous les trois, va ! ces ci-devant jeunes femmes, quand ça s'y met !... c'est pis que les jeunes... En tout cas, j'ai joliment relevé son blondin, qui avait l'air de me mépriser.

— Je te prie, Gaspard, de ne point dire de gros mots aux gens de la ville qui viennent se restaurer chez moi... tu me ferais beaucoup de tort.

— Pourquoi qu'i' m'appelle *cet homme?*

— En voilà assez... Je monte là-haut voir s'ils ne manquent de rien... Ah! mon Dieu! et ce père Martineau qui n'a pas l'esprit de venir quand on aurait besoin de lui.

— Quoi que t'en veux donc faire du maître d'écriture?... Est-ce que ta belle société veut apprendre à tailler des plumes?...

— Mais non... non... c'est moi qui... pour un plat que je fais très-bien certainement... Mais Martineau sait *le Cuisinier royal* par cœur... et cela aide quelquefois... Si tu le vois passer, fais-lui signe d'entrer... Je monte près de ma société.

Maître Gobinard quitte Gaspard, et, après avoir donné un coup d'œil à ses fourneaux, monte à son premier étage et entre dans une pièce assez propre dans laquelle était un lit à baldaquin avec des rideaux en indienne. C'était dans cette chambre que l'on avait mis le couvert et que madame de Stainville était avec sa société.

— Cette pièce convient-elle à madame et à ces messieurs? dit l'aubergiste en saluant profondément.

— Nous y serons toujours mieux que dans votre salle, dit Daulay, où l'on est exposé aux injures de vos ivrognes... Si ce n'avait été par respect pour madame... j'aurais jeté ce drôle dehors!...

— Je crois que vous auriez eu quelque peine! dit le comte.

— Vous vous seriez compromis, dit Bellepêche, et il ne faut jamais se compromettre... D'ailleurs les paysans sont très-méchants!

— Celui-ci n'est vraiment pas méchant, dit Gobinard, mais c'est une brute... Il dit tout ce qui lui vient à la tête.

— Je ne le crois pas si brute que vous le faites, reprend le comte. Mais dites-nous, maître Gobinard, que faites-vous de ce beau lit à baldaquin?... C'est donc ici votre chambre à coucher?... ou bien est-ce seulement pour l'agrément des voyageurs?...

— Monsieur le comte, cette pièce étant la plus belle de la maison, je n'y couche pas... je la réserve en effet pour les voyageurs... mais encore ne la donnerais-je pas à tout le monde... surtout depuis que j'ai eu l'honneur de coucher ici une duchesse!...

— Une duchesse! dit madame de Stainville.

— Oui, madame... oui, une vraie duchesse... Attendez donc... c'était la duchesse de... un nom étranger... la duchesse de Valousky... C'est cela même.

— La duchesse de Valousky! dit madame de Stainville, mais je l'ai beaucoup connue autrefois... C'était une femme charmante... fort à la mode... pétillante d'esprit... Elle devait écrire ses mémoires.

— C'est une femme fort riche, à ce que je crois? dit Daulay.

— Oui... c'est-à-dire elle l'était peu autrefois ; mais un héritage qu'elle a fait il y a une quinzaine d'années l'a rendue extrêmement riche; c'est alors qu'elle a pris le goût des voyages... Maintenant elle court sans cesse... tantôt en Angleterre, tantôt en Italie... en Russie; elle passe rarement deux années dans le même pays... Mais il y a fort longtemps qu'elle n'est revenue en France. Elle m'écrivit dans les premiers temps de ses voyages; moi, je suis si paresseuse pour répondre qu'elle se sera fâchée... Voilà fort longtemps que je n'ai eu de ses nouvelles. Et vous êtes certain, monsieur Gobinard, que madame la duchesse de Valousky a logé dans votre auberge?

— Très-certain, madame... A cette époque, il est vrai que j'étais absent... J'étais à la Guadeloupe pour recueillir un héritage, et c'est ma femme... défunte mon épouse, qui a eu l'honneur de recevoir cette grande dame... Son nom est parfaitement inscrit sur mes registres... La duchesse de Valousky... Elle est même restée cinq ou six jours ici... Elle se trouvait, m'a dit ma femme, un peu indisposée, et coucha dans cette chambre... dans ce même lit à baldaquin que vous voyez... Du reste la duchesse laissa des marques de son passage... Elle paya fort généreusement... et fit même un cadeau à feu mon épouse... Elle lui donna dix écus et une bonbonnière en bergamote.

— Peste! voilà qui est fort généreux! dit le comte.

— Et combien y a-t-il de temps de cela, monsieur Gobinard?

— Madame... il y a... dix-sept ans... dix-sept ans et demi approchant.

— A cette époque je ne possédais pas encore ma maison de

campagne dans les environs, sans quoi il est probable que la duchesse de Valousky serait venue m'y voir.

— Ce qu'il y a de certain, dit d'Aubigny, c'est qu'une duchesse a logé ici, et que par conséquent nous ne pouvons pas nous y trouver mal. Allons, maître Gobinard, faites-nous servir, et traitez-nous aussi bien que jadis votre femme traita la duchesse.

— Monsieur le comte, certainement... Holà! Petit-Jean... le potage... Allons, Marie... servez... surveillez... prévenez les désirs de la société...

Maître Gobinard redescend à sa cuisine, enchanté de traiter du beau monde, mais désolé de ne point voir arriver le professeur Martineau, parce qu'en ce moment il voudrait consulter le *Cuisinier royal.*

Gaspard était resté seul dans la grande salle, il buvait son *piqueton*, sifflait de temps à autre, puis regardait sur la route à travers une fenêtre près de laquelle il était placé.

— Il ne viendra pas! dit l'aubergiste en entrant dans la salle; c'est comme un fait exprès... parce que j'ai oublié les filets de sole à la chevalière... C'est un plat délicieux et très-fin; je voulais en régaler ma société... Je les ferai au gratin, mais c'est plus commun!

— Père Gobinard, dit Gaspard, donnez-moi donc pour deux sous de pain et de fromage... je sens l'estomac qui me tire... Le piqueton creuse à la longue...

— Eh! mon Dieu! Gaspard!... tu me demandes du fromage quand j'ai perdu ma recette de soles à la chevalière... Tu ferais bien mieux d'aller me chercher le professeur Martineau...

— Est-ce que je sais où il est, moi, votre professeur?... D'ailleurs, c'est pour voir Pierre que je suis venu ici... Voilà trois jours que je ne l'ai pas seulement aperçu... j'ai pensé qu'ici je le rencontrerais... Est-ce que vous ne l'avez pas vu, vous autres, depuis trois jours?...

— Je les tiens! je les tiens! s'écrie Gobinard en se frappant le front. Vous levez vos filets... vous ôtez la peau... vous piquez une rosette sur le milieu de vos filets... marinade au vin... écrevisses... sauce poivrade... C'est cela !...

Et l'aubergiste retourne à sa cuisine en sautant de joie, tandis que Gaspard se dit :

— En voilà-t-il des embarras pour faire une fricassée! et il ne m'a pas donné mon fromage, à moi !... Il ne sait plus ce qu'il fait !... Ah ! v'là Marie, c'est ben heureux !

Marie descendait un moment, après avoir laissé la société en train de goûter aux ragoûts de maître Gobinard, elle allait presser le service, lorsque Gaspard l'appelle :

— Marie, donne-moi du pain et du fromage...

La jeune fille fait un mouvement d'humeur, et répond :

— Est-ce que j'ai le temps, moi... Vous savez bien que je sers là-haut... que madame de Stainville peut demander quelque chose... Appelez Petit-Jean...

— Marie ! reprend Gaspard d'une voix forte, et d'un ton qui fait presque trembler la jeune fille, il faut prendre le temps de me servir quand je te demande quelque chose... et ne pas me répondre d'un air impertinent... Ça n'irait pas avec moi, petite... prends-y garde !... je pourrais t'en faire repentir !...

Marie ne souffle plus mot, elle court au buffet, y prend ce que Gaspard demande, et s'empresse de le lui porter, puis elle attend s'il veut encore quelque chose.

— C'est bien, dit le paysan, va-t'en maintenant servir tes beaux messieurs... J'avais aussi faim qu'eux, vois-tu... Et quoique je ne prenne que du pain et du fromage, mon estomac crie comme si je mangeais des ortolans !

Marie ne demande pas mieux que de s'en aller ; et elle va quitter la salle, lorsque l'on ouvre la porte qui donne sur la route, et Pierre entre dans l'auberge.

Mais le jeune paysan a sur la tête un chapeau de feutre, sur son dos un sac de cuir, le sac du soldat qui annonce sur-le-champ quel est le but du voyage ; à sa main il tient un gros bâton, et ses beaux traits, l'expression de ses yeux ont en ce moment quelque chose de si triste et de si résigné, que le cœur se serre rien qu'en le regardant.

Marie s'est arrêtée, frappée de l'aspect de Pierre, Gaspard a levé les yeux, et, les fixant sur celui qui vient d'entrer, ne songe plus ni à boire ni à manger ?

Pierre fait quelques pas vers la jeune fille, et lui dit avec un accent de profonde tristesse :

— Mamselle Marie... je viens vous faire mes adieux.

— Vos adieux, monsieur Pierre... Comment !... qu'est-ce que cela veut dire ?... Est-ce que vous partez ?...

— Oui, mamselle... oui... je pars... sur-le-champ... Je quitte le pays... pour longtemps, pour toujours peut-être... Enfin je me suis fait soldat...

— Soldat!... Vous êtes soldat, monsieur Pierre?... Mais vous aviez eu un bon numéro, vous n'étiez pas tombé à la conscription.

— C'est vrai, mamselle... D'abord, j'en avais été bien content... car je croyais que je pourrais rester dans le pays... que j'y serais heureux... mais je me trompais... vous ne m'aimez pas, mamselle Marie... Vous avez refusé d'être ma femme... alors j'ai senti que je n'avais plus qu'un parti à prendre... c'était de partir... de m'éloigner de vous... près de qui je serais mort de chagrin... parce que... enfin... tout en ne m'aimant pas, vous finirez par en aimer un autre... et je n'aurais pu voir cela sans mourir. Je n'avais rien qui m'obligeât à rester dans mon village... Plus de mère, plus de père à soigner..., à soutenir... Mon oncle se passera bien de moi... Je me suis engagé... c'est-à-dire que j'ai pris la place de Claudin... Ce pauvre garçon! il a une mère qui le chérit! une amoureuse que son départ désolait... Il valait bien mieux que ce fût moi qui partît... moi, dont le départ ne désolera personne... Je me suis offert pour remplacer Claudin; on m'a accepté et je pars... Je vais rejoindre mes nouveaux camarades... Adieu donc, mamselle... Je ne vous demande pas de penser quelquefois à moi... je sais ben que ce n'est pas dans vos habitudes! mais moi, je viens vous dire que je penserai toujours à vous!...

Pierre a cessé de parler, et Marie reste en silence devant lui; elle tient ses yeux baissés vers la terre; mais elle est émue, on s'en aperçoit aux mouvements précipités de son sein. Pierre la regarde; il fait encore un pas vers elle, il semble solliciter une faveur; un baiser sans doute qu'il voudrait obtenir avant de partir, et qu'il n'ose ni demander, ni se permettre de prendre.

Tout à coup des pas se font entendre; on entend la voix de maître Gobinard. L'aubergiste appelle à grands cris Marie; il arrive bientôt lui-même dans la salle en s'écriant.

— Marie!... Marie!... Eh bien, que faites-vous donc ici?... Il y a deux heures que je vous appelle... Madame de Stainville a demandé des cornichons, et vous n'allez pas lui en porter!... A quoi pensez-vous?... faire attendre ma grande société quand elle désire des cornichons!...

— Ah! mon Dieu!... vous avez raison, monsieur Gobinard,

4.

répond la jeune fille en reprenant son air dégagé, j'avais oublié tout le monde qui est là-haut... Ah! j'y cours bien vite... Adieu monsieur Pierre, bon voyage... je m'en vais porter les cornichons à madame de Stainville... Ah! mon Dieu! que c'est drôle... avoir oublié tout le monde qui est là-haut!...

Et la jeune fille s'élance vers la porte du fond, puis remonte lestement l'escalier, sans plus songer à celui qui vient de s'engager, de se faire soldat, de se jeter dans une nouvelle carrière, et tout cela parce qu'elle ne l'aime pas.

M. Gobinard a jeté un coup d'œil dans la salle en s'écriant :
— M. Martineau n'est pas venu?... Enfin, n'importe, ce sera bon... je suis persuadé que ce sera excellent!...

Et l'aubergiste va retourner à sa cuisine, sans même avoir remarqué Pierre qui est toujours là, et qui est resté stupéfait, désolé, de la manière brusque dont Marie vient de le quitter. Cependant le jeune paysan arrête maître Gobinard en lui tendant la main, et lui dit en cherchant à retenir les larmes qui roulent dans ses yeux :

— Adieu, monsieur Gobinard... Je pars... je me suis engagé... je suis soldat!...

— Bah!... pas possible! s'écrie l'aubergiste en serrant la main de Pierre, comment, tu nous quittes, mon garçon?... Petit-Jean, veille bien aux fourneaux... C'est que, vois-tu, aujourd'hui mon ami, je fais des filets de sole à la chevalière... J'ai là-haut une grande société. Madame de Stainville et des messieurs de sa compagnie... des comtes, des marquis. Comment! tu pars, mon pauvre Pierre?... Moi qui croyais que... Après tout, si c'est ton idée... Ah! mon Dieu! et mon coulis qui n'est pas versé, et qui doit achever de couronner... de colorer mon plat... Petit-Jean ne saura pas le mettre!... Où diable ai-je la tête!... Adieu, Pierre, bonne chance, mon garçon...

Et maître Gobinard retourne à sa cuisine après avoir secoué la main du jeune homme. Pierre est accablé de l'indifférence qu'on lui témoigne ; il passe le revers de sa main sur ses yeux, et sort brusquement de l'auberge. Mais il n'a pas fait dix pas sur la route qu'il se sent saisi, enlacé dans les bras de quelqu'un.

C'est Gaspard qui a tout écouté, tout regardé avec ce sentiment d'un homme qui ne peut en croire ni ses yeux, ni ses oreilles, et qui, ayant vu partir Pierre, a quitté le Tourne-Bride presque aussitôt que lui pour courir sur ses pas.

— Eh quoi, Pierre !... c'est pas une frime !... c'est pour tout de bon que tu t'es engagé ? dit Gaspard en étreignant le jeune conscrit dans ses bras.

— Oui, Gaspard... c'est bien vrai... je me suis fait soldat !...

— Tu t'es fait soldat !... parce qu'une fille ne t'aimait pas... ne voulait pas de toi... ou en faisait le semblant... Tu t'es fait soldat... Quoi, Pierre, tu as pu faire une bêtise comme ça... et sans rien me dire, sans consulter personne ?...

— On aurait voulu m'empêcher de partir... et moi je voulais m'éloigner...

— Mais je te dis que ça n'a pas le sens commun... Allons, viens donc avec moi chez le maire... chez l'adjoint... chez le préfet, si c'est nécessaire ; je leur dirai que t'as fait un coup de tête par amour. On déchirera ton engagement, et il ne sera pas question de tout ça.

— Non, Gaspard, cela ne se fait pas ainsi. D'ailleurs, je veux être soldat... Je ne pouvais pas rester au village, puisque Marie ne veut pas de moi !...

— Mais elle en aurait voulu de toi, la petite sournoise... Elle aurait été trop heureuse de t'épouser... Elle !... refuser Pierre !... refuser celui que toutes les filles des environs auraient préféré !... Ah ! elle s'en repentira !... C'est une coquette... va !... Ce qu'elle a fait là lui portera malheur !...

— Oh ! non, Gaspard... je désire au contraire, qu'elle soit heureuse... car enfin... elle n'était pas obligée de m'aimer...

— Et toi, tu ne devais pas t'engager, parce qu'elle te tenait rigueur... Faut-il se désespérer quand une fille gentille nous rebute !... Eh ! mon Dieu ! il n'en manque pas de jolies filles, et les cruelles sont les plus rares... Vois si ta Marie mérite qu'on se désole de son indifférence... Tu viens lui faire tes adieux... et elle te laisse là pour des cornichons... et à c't' heure elle ne pense déjà plus à toi !... Ah ! mon pauvre Pierre, t'as fait une sottise !

— Il est inutile de revenir sur le passé... je suis soldat, maintenant. Adieu, Gaspard...

— Et où vas-tu comme ça ?

— A Givet rejoindre mon corps...

— Ah! sapredié!... si je m'attendais à ça... ça m'a tout de suite donné un coup!...

— Mon pauvre Gaspard... tu m'aimes, toi... tu es le seul dans le pays qui pensera quelquefois à Pierre!...

— Le seul!... dit une voix qui partait de derrière une haie, le seul... Oh! non, vraiment, il ne sera pas le seul...

Les deux hommes se retournent; ils aperçoivent une jeune paysanne qui sort du sentier et vient à eux. C'était Hélène, qui pleurait de toutes ses forces, car elle avait appris que Pierre s'était fait soldat.

— Oh! monsieur Pierre, c'est bien vilain de vous en aller ainsi... de nous quitter... Nous autres... nous vous aimons ben... hi hi hi!... Je vous aurais ben épousé, moi, si vous aviez voulu!...

— Merci, Hélène, merci, dit Pierre en pressant la main de la grosse fille, mais je ne pouvais pas rester au village... J'ai préféré m'engager. Quelque jour, peut-être, vous me reverrez... Adieu, Hélène.

— Ah! embrassez-moi au moins, monsieur Pierre... Oh! encore... et sur l'autre joue donc... Ah! ben, et moi que je vous embrasse... et de tout mon cœur... hi hi hi... Plus fort que ça donc... Et à mon tour à c't' heure.

Hélène ne finissait pas de se faire embrasser. Mais Gaspard la prend par la taille, et la retire des bras de Pierre, en lui disant :

— Je crois que tu l'as assez embrassé comme ça... à moins que tu ne veuilles lui manger les joues... Va, Hélène, va... Pierre se rappellera qu'il a ici des amis.

La grosse paysanne pousse un profond soupir, saute encore au cou de Pierre, et se décide enfin à s'éloigner. Alors le jeune soldat et Gaspard se remettent en route, mais ils marchent en silence, car l'un et l'autre sont trop affectés pour pouvoir causer.

Après avoir fait ainsi près d'une demi-lieue, Pierre s'arrête; on était alors à l'embranchement d'une autre route.

— Ne viens pas plus loin; dit Pierre en se tournant vers Gaspard, il faudrait toujours nous quitter... et pour toi, Gaspard, le chemin paraîtra plus long lorsque tu seras seul... Adieu... adieu... Donne-moi la main et quittons-nous.

Gaspard n'a pas la force de répondre, il ne voudrait pas pleurer; il fait ce qu'il peut pour retenir ses larmes; il prend la

nain de Pierre, et la presse dans les siennes en balbutiant :
— Eh ben... adieu... puisque... sacredié... c'est-i bête!... Si tu as besoin de moi... faut m'écrire... entends-tu... Je ne sais pas lire... mais c'est égal... je saurai bien te faire réponse... Allons... je m'en vas... Adieu!... Oh! je ne t'oublierai pas... moi.

Pierre ouvre ses bras à son ami, l'embrasse avec effusion, puis s'éloigne à grands pas. Alors Gaspard n'a plus la force de retenir ses larmes, et il retourne au village en disant entre ses dents :

— Ah! Marie!... Marie!... c'est toi qui es la cause du départ de Pierre!... S'engager parce qu'une fille ne veut pas de lui... Ah, sapredié! c'est-i bête, c'est-i bête!...

CHAPITRE VIII

LES FILETS DE SOIE. — UNE PROPOSITION.

Laissons Pierre poursuivre sa route et se rendre à son corps, étouffant avec peine les sanglots qui l'oppressent et se disant pour ranimer son courage :

— Je suis homme... et je suis soldat! si je pleurais, que penserait-on de moi!

Mais son courage ne tenait pas toujours contre ses peines, et quelquefois il s'enfonçait sous un bois touffu, il s'arrêtait derrière une vieille masure pour y donner un libre cours à ses larmes. On ne quitte pas impunément le lieu de sa naissance et l'objet de son choix; avant de s'étourdir sur ses chagrins, il faut éprouver encore bien des moments de faiblesse; et puis, enfin, parce qu'on est homme, est-ce qu'il n'est plus permis d'écouter son cœur?

Laissons le jeune paysan faire l'apprentissage du soldat et s'habituer à la vie de caserne, aux plaisirs, aux flâneries du tourlourou. Revenons près de Marie, la jolie fille du Tourne-Bride, Marie, dont les beaux yeux semblent devoir faire tant de conquêtes, et qui a déjà oublié le mal que ses rigueurs ont fait à

Pierre, qu'elle a quitté pour porter des cornichons à madame de Stainville.

La gaieté commençait à gagner la belle société qui se trouvait réunie au Tourne-Bride. Le comte d'Aubigny avait demandé les meilleurs vins, M. Bellepêche devenait à table d'une humeur très-joviale, Daulay lui-même, perdant un peu de son air prétentieux, était plus aimable en devenant plus naturel. Madame de Stainville savait soutenir la conversation sur le ton d'une gaieté convenable, et après avoir goûté de deux plats qu'on leur avait servis, Daulay s'écria :

— Ma foi, je commence à croire que l'on peut dîner dans une auberge de village.

— Ces messieurs ne sont donc pas mécontents? dit Marie en plaçant des cornichons sur la table.

— Jusqu'à présent tout ceci est convenable, dit M. Bellepêche.

— Et la jeune fille qui nous sert est surtout charmante! dit le comte en entourant de son bras la taille de Marie.

— Eh bien! monsieur le comte... que faites-vous donc? dit madame de Stainville en prenant un air demi-sévère.

— Ma foi! madame, rien que de bien naturel, il me semble... Je dis que cette jolie enfant est déplacée ici... c'est trop d'attraits pour un village... Si elle veut, moi, je l'enlève!...

— Oh! fi, fi! d'Aubigny! dire de telles choses à ma petite Marie!

— Ah! madame, je sais bien que c'est pour s'amuser que monsieur me dit cela, répond Marie en rougissant.

— Mais il serait capable de le faire comme il le dit! murmure Bellepêche en jetant un regard en coulisse sur la jeune fille.

— Oh! du reste, je suis tranquille pour Marie, reprend madame de Stainville en souriant avec malice; d'Aubigny ne sera pas ici sans occupation... ce n'est pas que pour être avec nous qu'il nous a accompagnés à la campagne...

— Comment... comment... le comte a quelque passion par ici! dit Daulay. Oh! contez-nous donc cela...

— D'honneur, j'ignore ce que madame veut dire, répond le comte en cherchant toujours à attraper la main de Marie.

— Vous ignorez!... eh bien, moi, je n'ignore pas... Ne croyez pas, après tout, mon cher d'Aubigny, que ce soit un reproche que je vous adresse... nous n'avons jamais eu la prétention de penser que l'attrait de notre société suffirait pour attirer à notre modeste campagne l'homme le plus à la mode de Paris;... mais nous sommes encore heureux qu'un voisinage agréable nous procure le plaisir de vous posséder.

— Un voisinage! dit le comte en continuant de jouer avec la main de Marie. En vérité, belle dame, je n'y suis pas du tout.

— Et si je vous disais qu'à un quart de lieue de chez moi est la campagne de madame Darmentière... me comprendriez-vous?...

Le comte sourit, et Daulay s'écria :

— Madame Darmentière!... Oh! je comprends à présent. Madame d'Armentière, fort jolie femme... veuve depuis deux ans... On la dit encore affligée de la perte de son mari, qu'elle aimait beaucoup; mais si le comte entreprend de la consoler!... Ah! vous êtes amoureux de madame Darmentière?... Eh bien, vous la verrez à la campagne de madame, elle y vient souvent!...

— Oh! d'Aubigny le sait bien.

Marie, sans trop savoir pourquoi, retire vivement sa main qui était dans celle du comte, et va se placer à l'autre bout de la chambre.

— Si cela peut vous faire plaisir, répondit le comte, je veux bien être amoureux de cette dame, mais je vous ferai seulement observer que je la connais à peine ; je ne l'ai vue que deux fois dans le monde!...

— N'est-ce pas assez pour devenir amoureux?... oh! je m'y connais, mon cher d'Aubigny, dit madame de Stainville, ce n'est pas moi que l'on trompera !

— Ah çà, il me semble que nous ne mangeons plus, dit M. Bellepêche en s'essuyant la bouche. Petite, est-ce qu'on n'a plus rien à nous offrir?

— Oh! pardonnez-moi, monsieur. Je sais que l'on vous prépare quelque chose... M. Gobinard a dit qu'il voulait se surpasser.

— Eh bien, qu'il arrive donc!

— Le voici, monsieur.

Maître Gobinard arrivait en effet avec un plat monté avec beaucoup de recherche et qu'il pose avec dignité sur la table.

— Qu'est-ce que cela, mon cher Gobinard? dit madame de Stainville.

— Filets de sole à la chevalière! répond l'aubergiste avec un sérieux comique.

— Oh! mais alors nous sommes ici comme chez Véfour, chez Grignon! dit le comte. Maître Gobinard, jusqu'à présent tout était fort bon.

— J'ose me flatter, monsieur le comte, que ceci ne vous déplaira pas, et vous donnera bonne opinion de mes talents.

Après avoir dit ces mots, Gobinard porte la main à son bonnet de coton, et s'éloigne comme un homme parfaitement content de lui, et qui par modestie ne veut pas assister à son triomphe.

Marie est restée, elle tourne autour de la table, elle épie dans les regards des convives si l'on a besoin d'elle. Le comte a tiré devant lui les filets de sole, il en sert à chacun, puis se sert lui-même; on attaque de tous côtés le plat que maître Gobinard vient d'apporter avec tant de cérémonie.

M. Bellepêche commence à faire une grimace; Daulay s'arrête après avoir une seconde fois porté à sa bouche des filets de sole; madame de Stainville en fait autant, et le comte repousse son assiette, en s'écriant:

— Que diable nous fait-on manger là?...

— Ce n'est pas bon, dit Bellepêche.

— Pas bon, dit Daulay, vous êtes bien honnête... c'est-à-dire que c'est détestable?

— Ah! mon Dieu! si nous étions empoisonnés! dit madame de Stainville qui tremble déjà.

— Oh! madame, n'ayez donc pas peur! s'écrie Marie; M. Gobinard a pu se tromper... en voulant faire trop bon... il aura mal réussi!... mais certainement il n'y a rien là-dedans qui puisse vous faire du mal.

— Nous plaisantons, ma belle enfant, dit le comte; voyons, nous avons peut-être mal goûté, après tout... il y a des choses auxquelles il faut s'habituer.

Et le comte porte de nouveau sa fourchette à sa bouche, mais il ne continue pas et se met à rire, en disant:

— Il n'y a pas moyen!... je ne sais pas où maître Gobinard a eu la recette de ceci... mais je ne lui conseille pas d'en faire souvent s'il veut attirer ici les voyageurs... Ah! ah! ce pauvre M. Bellepêche, quelle grimace il a faite!... Allons, un verre de

champagne, et en route; je crois que nous nous en tiendrons-là...
qu'en pense la société?
— Oh! je ne mange plus rien! dit madame de Stainville.
— Ni moi, dit Daulay, et j'en reviens à ma première opinion
sur les aubergistes de village.
— Que diable a-t-il pu mettre là-dedans? dit M. Bellepêche;
j'ai mangé quelquefois des ragoûts... mais jamais de ce goût...
A Venise, j'ai voulu goûter d'un mets italien... les Italiens ne
sont pas forts sur la cuisine... c'est comme les Turcs, qui fument toujours... même en dînant... ce que c'est que l'habitude!... Je connaissais un Suisse qui fumait en dormant... un
jour il se brûla... non, c'était la nuit.
— Si nous partions, dit le comte en quittant la table. Chacun
l'imite, et M. Bellepêche ne continue pas son histoire. Marie
s'était retirée dans un coin de la chambre; la jeune fille était
affligée du peu de succès que venait d'obtenir le dernier plat
de maître Gobinard.
— Eh bien! belle enfant, vous semblez toute triste maintenant, dit le comte en allant cajoler Marie. Mais en vérité, si
votre chef de cuisine a manqué son dernier plat, il n'y a pas là
de quoi vous rendre sérieuse... et vos beaux yeux suffisent pour
attirer ici les voyageurs! Je reviendrai vous voir, petite Marie.
Oh! certainement, je reviendrai! car vous êtes charmante, adorable! et je vous aime déjà à la folie!...
Et profitant d'un moment où la société descend l'escalier, le
comte embrassa à plusieurs reprises la jolie fille; celle-ci se
laisse faire sans penser même à opposer de la résistance, car
Marie croyait que le beau monsieur lui faisait beaucoup d'honneur.

Maître Gobinard était dans sa salle en bas, il attendait le passage de la société, croyant recevoir des compliments pour ses
filets de sole.

Mais chacun passe sans lui adresser un seul mot; on semble,
au contraire, avoir l'air mécontent. L'aubergiste n'y tient plus,
et, après avoir reçu du comte le montant de sa carte, il ne peut
s'empêcher de lui dire :
— Je pense que mon dernier plat aura aussi obtenu les suffrages de la société?...
— Votre dernier plat! dit d'Aubigny en souriant, ah! mon
cher hôte... pour votre honneur... je vous conseille de ne jamais

le recommencer... Il n'y avait pas moyen de le manger... c'était une médecine...

— Une médecine !... mes filets à la chevalière !... murmure Gobinard en laissant retomber ses bras comme un homme atterré.

— C'est dommage ! dit madame de Stainville, car Gobinard avait bien commencé; mais enfin, il fera mieux une autre fois !...

— C'était pitoyable !... détestable !... s'écrie Daulay en prenant la main de la dame pour la conduire à sa calèche. Il y avait de quoi nous empoisonner.

— C'est-à-dire, ajouta M. Bellepêche en s'arrêtant devant l'aubergiste, que je crains fort d'en être indisposé... il me semble que cela me travaille déjà !... et aller en voiture, maintenant... je vais être fort embarrassé !...

La compagnie sort de l'auberge et monte dans la calèche qui est attelée. Marie seule a suivi tout le monde; elle fait encore la révérence, que déjà la voiture n'a plus laissé sur la route qu'un nuage de poussière... Alors la jeune fille pousse un long soupir et se décide à rentrer dans la maison en se disant :

— Quand reviendront-ils à présent?

Mais dans l'auberge une scène nouvelle se prépare : maître Gobinard, qui est d'abord resté comme frappé de la foudre en écoutant les reproches qu'on lui adresse, vient de sortir de sa léthargie et se promène à grands pas dans la salle en s'écriant :

— Ah! c'est trop fort !... un plat que j'ai si bien soigné... un plat dont j'étais si fier !... ce n'est pas possible !... rien n'était brûlé, pourtant... je l'avais encore goûté avant qu'on ne le colorât avec mon coulis réduit... voyons encore !

Et l'aubergiste remonte l'escalier quatre à quatre; il arrive dans la chambre où la compagnie a diné. Le plat de filets est encore sur la table, Gobinard en prend une grosse cuillerée, et l'avale avec confiance, mais bientôt il fronce le sourcil, se frappe le front et se laisse aller sur une chaise en murmurant :

— Détestable !... ils avaient raison... Je suis perdu, déshonoré !

Et le malheureux cuisinier s'arrache son bonnet de coton et le foule à ses pieds; il essaye aussi de s'arracher les cheveux, mais n'en trouvant pas, il prend le parti de remettre son bonnet sur sa tête, et, s'emparant du plat, cause de son désespoir, descend à sa cuisine où il appelle tout son monde.

— Mario, avez-vous mis quelque chose dans ce mets avant de le servir?

— Moi! monsieur, vous savez bien que je ne me permettrais jamais cela.

— C'est vrai, mon enfant... je vous sais une fille respectueuse pour tout ce qui sort de mes fourneaux... et puis vous n'avez point de goût pour la cuisine. Est-ce vous, grosse Catherine?

La grosse Catherine était une fille que l'on employait au gros ouvrage quand on avait besoin d'aide. Elle jure n'avoir pas approché des casseroles.

— Et toi, Petit-Jean? dit maître Gobinard en s'adressant à son marmiton.

— Moi, répond le petit élève en se grattant l'oreille, j'ai mis ce que vous m'avez dit... le coulis... le réduit... pour donner de la couleur... vous avez même trouvé la couleur superbe...

— C'est vrai... mais où as-tu pris ce réduit?...

— Pardi... là... tenez, dans ce pot...

Le marmiton va chercher un pot qu'il apporte à son maître; celui-ci trempe son doigt, goûte, puis laisse tomber le pot en s'écriant :

— Ah! misérable! tu t'es trompé... au lieu de coulis, tu as mis de la mélasse!... Ah! je ne m'étonne plus si cela avait un goût de médecine!...

— De la mélasse!... répond Petit-Jean en ouvrant de grands yeux.

— Eh oui!... cuistre!... de la mélasse!...

— Est-ce que cela les rendra malades? demande Marie.

— Non!... mais je n'en suis pas moins perdu de réputation!... un plat exquis est devenu détestable, grâce à ce drôle qui y introduit de la mélasse!... Petit-Jean, je t'ordonne de courir après la calèche de madame de Stainville, je t'ordonne de la rattraper, et dès que tu en seras proche, de lui crier : Madame! c'était de la mélasse... c'est ma faute, c'est moi qui me suis trompé... Va, polisson! va, et rattrape la calèche, ou ne rentre plus chez moi!

Petit-Jean, qui n'a jamais vu son maître dans une telle colère, se hâte de sortir, et court de toutes ses forces sur la route que la calèche a suivie, en criant

— C'était de la mélasse!... mais ça ne vous rendra pas malades, c'est moi qui me suis trompé de pot.

Petit-Jean a disparu. M. Gobinard s'est laissé aller sur une chaise; après toutes les secousses qu'il vient d'éprouver, l'aubergiste a besoin de repos. Mais de temps à autre il frappe de son poing une table qui est auprès de lui, et murmure:

— De la mélasse!... voyez pourtant à quoi tiennent les réputations !... je vais peut-être passer pour un gargotier dans l'esprit de ces gens de Paris!... c'est désespérant! c'est à s'arracher les cheveux !...

Marie s'est approchée de l'aubergiste, elle essaye de le consoler; mais il la repousse brusquement, en lui disant:

— Laisse-moi, Marie, laisse-moi..., tu ne sais pas ce que c'est qu'une réputation à conserver... tu ne sais pas ce qu'il faut de travail, de temps pour l'acquérir!... Va te reposer... va te coucher... mais laisse-moi.

La jeune fille obéit; d'ailleurs, elle ne sera pas fâchée d'être seule dans sa chambre pour y rêver tout à son aise. Vous croyez peut-être qu'elle va penser à ce pauvre Pierre, qui s'est fait soldat parce qu'elle n'a pas répondu à son amour... oh! vous vous trompez... est-ce qu'une femme s'occupe de l'homme qui pleure pour elle? Non, vraiment; celui qui trouble son âme, qui lui revient sans cesse à l'esprit, celui auquel elle pense toujours, c'est le mauvais sujet qui veut la séduire, c'est le libertin qui la lutine et lui ravit des baisers que l'amoureux timide n'ose même pas demander! il est vrai que cet homme-là est beaucoup plus gai que celui qui soupire et pleure, et les femmes aiment surtout qu'on les fasse rire.

Marie s'est donc éloignée. Gobinard est resté seul dans la salle, où il continue de gémir en donnant de temps à autre un gros coup de poing sur la table, car lorsqu'on est en colère, il semble que l'on se soulage en se faisant du mal.

Il y a assez longtemps que l'aubergiste est seul, lorsqu'on ouvre la porte d'entrée. C'est Gaspard qui, après avoir fait la conduite à Pierre, est revenu tristement au village, et, suivant son habitude, s'arrête au Tourne-Bride.

Gobinard ne se dérange pas, il a reconnu Gaspard; il se contente de taper encore avec son poing, en murmurant : Quel malheur!..

Gaspard s'approche alors de l'aubergiste, et, poussant un gros soupir, répète avec lui :

— Oh ! oui, c'en est un malheur !... Qui aurait pensé ça ?

— Personne ! s'écrie Gobinard, personne n'aurait pu deviner cela !... on ne peut pas s'attendre à de tels événements !

— C'est bien vrai !... mais dame !... dans la vie... il arrive des choses qu'on ne prévoyait guère !...

— Quant à moi, je déclare que c'est une tuile qui vient de me tomber sur la tête !... j'en suis encore tout abasourdi !

— Bah ! t'as pris la chose à cœur donc ?... eh ben, à la bonne heure... j'aime mieux ça... et au fait... ce pauvre garçon, tu dois l'aimer, tu l'as vu si jeune...

— L'aimer ! après ce qu'il a fait !... le petit misérable... s'il n'a pas rattrapé la calèche, je le chasse... c'est décidé !

— Tu le chasses... la calèche... De qui diable parles-tu donc ?

— Eh ! morbleu, de Petit-Jean, qui a mis de la mélasse dans mes filets de sole !...

— Des filets de sole !... dit Gaspard en allant s'asseoir dans un coin, et c'est pour cela que tu te désespères !...

— Il me semble qu'il y a de quoi !...

— Moi, je croyais que tu pensais à Pierre... à ce pauvre garçon qui vient de partir, qui s'est fait soldat !... parce que ta mamselle Marie n'a pas voulu l'épouser... je croyais que c'était plus intéressant que tes fricassées...

— Mes fricassées font ma gloire, à moi... tu ne comprends pas cela, toi, Gaspard ; tu ne sais pas qu'avec une sauce... un ragoût nouveau on peut aller à la postérité !...

— Et quoi que t'y feras à la postérité... des tourtes ?...

— Taisez-vous, Gaspard, où je vais vous dire comme le professeur Martineau, vous êtes un *stupidus !*... Certainement j'aimais Pierre... c'est un bon garçon... mais puisqu'il a voulu se faire soldat... que puis-je à cela ?... Pourtant j'avoue que cela m'étonne qu'il ait été rebuté par Marie... je croyais que les jeunes gens s'aimaient... et je ne me serais pas opposé à leur bonheur.

— Pardi ! je crois ben ! Pierre était un assez bon parti pour Marie !

— Et elle l'a refusé... c'est singulier... De la mélasse... au lieu de réduit !... cela ne pouvait jamais aller !... ce pauvre Pierre !... oui, c'était un fort bon garçon... Mais s'il n'a pas rattrapé la calèche, je l'assomme de coups... je l'éreinte... je le dévisage!... Et tu dis qu'il s'est fait soldat... on peut parvenir... mais se tromper de pot! c'est impardonnable!

— Vieille bourrique!... murmure Gaspard en haussant les épaules, cela n'a d'amitié que pour ses casseroles!

En ce moment on ouvre encore la porte de la route; l'aubergiste lève vivement la tête, espérant voir revenir Petit-Jean; mais, au lieu du petit marmiton c'est le maître d'écriture Martineau qui entre dans la salle. Gobinard lui tend la main en poussant un profond gémissement.

— Qu'y a-t-il?... que vous est-il arrivé? demande le professeur en secouant la main qu'on lui présente. Jérusalem est-elle détruite?... le feu du ciel est-il tombé sur vos fourneaux?... je vois dans vos regards l'abomination de la désolation!

— C'est vrai qu'il est laid à faire peur quand il se désole! dit Gaspard à demi-voix.

— Ce qui m'est arrivé, monsieur Martineau... une société superbe de Paris... Madame de Stainville!... des comtes! une voiture!... de ces gens qui prennent du plus cher, et payent sans compter...

— Je n'entrevois pas encore ce qu'il y a de désolant dans tout cela...

— Ah! mon cher Martineau, je suis un misérable!... un gargotier!... je les ai tous empoisonnés!

— Empoisonnés!... s'écrie le professeur en faisant un saut en arrière. Ah! mon Dieu!... et je gage que c'est avec des champignons... vous aurez accommodé la fausse oronge, l'agaric vénéneux!... Je vous avais prévenu que vous aviez trop de confiance dans votre savoir.

— Eh non!... ce n'est pas cela... c'est avec de la mélasse que ce drôle de Petit-Jean a glissée dans un plat qui devait être exquis, délicieux... des filets de sole à la chevalière!...

— De la mélasse!... ce n'est pas mortel... beaucoup de personnes en font usage en guise de sucre... Étant enfant j'en achetais souvent des cornets que je suçotais en étudiant mon rudiment... mais avec des filets de sole... cela s'harmonise peu... le *Cuisinier royal* n'emploie jamais de mélasse... Après tout, ce n'est qu'une erreur... *Errare humanum est!*

— Si vous aviez été ici, monsieur Martineau, tout cela ne serait pas arrivé... aidé de vos conseils, je n'aurais pas quitté mes fourneaux; mais je vous ai en vain cherché, fait demander...

— Je donnais une leçon de cursive à un jeune menuisier qui aura une fort belle main... et je venais pour en donner une autre à mon élève Petit-Jean.

— Votre élève Petit-Jean recevra tout à l'heure une leçon avec le bout de mes souliers, s'il n'a pas rattrapé la calèche.

— La colère n'est bonne à rien, mon cher Gobinard, et elle nous descend au niveau des bêtes féroces... Il faut savoir *comprimere iras*... J'ai très-chaud, je prendrais volontiers un verre de vin...

L'aubergiste se lève, va chercher du vin, et pose une bouteille devant le professeur, puis se rassoit d'un air aussi triste; alors Gaspard se lève à son tour, prend un verre sur une table, et, allant près de Martineau, s'empare de la bouteille, se verse à plein bord, boit d'un trait et va reprendre sa place.

Le professeur a ouvert de grands yeux et regarde faire Gaspard. Puis il s'écrie:

— Il paraît que la bouteille est pour nous deux!...

S'empressant à son tour de se verser, il présente ensuite un verre à l'aubergiste en lui disant:

— Croyez-moi, faites comme nous!... *Bonum vinum lætificat*...

Mais l'aubergiste secoue la tête et murmure:

— Il faut que je sache d'abord si mon polisson a rattrapé la voiture!

Le professeur, voyant que ses instances sont inutiles, se décide à boire seul; ensuite, comme Gobinard et Gaspard sont retombés dans un profond silence, M. Martineau tire de sa poche un paquet de plumes et un canif, et, pour utiliser son temps, se met à tailler des plumes en se disant à lui-même:

— Une... deux sur le ventre... Crac!... sur le dos... Cric!... ça y est!

Il y a fort longtemps que le professeur taille ses plumes, qu'il essaye ensuite sur du papier, après avoir tiré d'une autre poche une petite écritoire portative, car un maître d'écriture a toujours sur lui ce qu'il faut pour professer. Les deux voisins gardent le même silence, Gaspard ne se dérange que pour venir à la bouteille se verser et boire; alors le professeur s'empresse toujours de l'imiter. Mais, après une troisième visite du paysan, la bouteille s'est trouvée vide, et M. Martineau dit entre ses dents:

— Ce rustre a été beaucoup plus vite que moi!...

Tout à coup maître Gobinard, sortant de ses réflexions, relève la tête, se frappe le front et le ventre, regarde M. Martineau, et se met à rire en disant :

— Eh! eh! ce serait une fort bonne affaire!

Le maître d'écriture regarde l'aubergiste d'un air inquiet en se disant :

— Est-ce que la mélasse lui fait perdre la tête?

— Mon cher monsieur Martineau, reprend l'aubergiste, il vient de me pousser une idée...

— Cela n'est pas impossible... Quelle est-elle?

— D'abord, savez-vous que Pierre, le neveu du meunier, s'est engagé comme soldat, et a quitté le village ce matin?

— Je l'ai appris dans mes courses, et j'en ai été affligé ; ce jeune homme avait de grandes dispositions, et possédait déjà une fort belle main... Mais dans une caserne, il va oublier tout cela... à moins que son major n'ait l'esprit de l'employer aux écritures...

— Il n'est pas question de la main de Pierre ; écoutez-moi, monsieur Martineau. J'avais toujours pensé que ce garçon aimait Marie... ma fille adoptive... Comme Pierre est un bel homme, je pensais aussi que Marie ne le voyait pas d'un mauvais œil... Enfin je croyais que la chose se terminerait par leur mariage...

— Comme la vigne avec l'ormeau : *Vites ulmis adjungere!*

— Pas du tout!... Il paraît que Marie n'aimait pas Pierre, que le jeune homme s'en est fâché, et que c'est pour cela qu'il a pris le mousquet. Si bien donc que ma jolie Marie est libre... et que... Eh! eh!... je pense que je pourrions... Eh! eh!...

— Vous marier tous deux ensemble... Je vous saisis!

— Non!... ce n'est pas ça du tout!... Moi, épouser celle dont je me regarde comme le père!... fi donc!... Et d'ailleurs, avant de mourir ma femme me l'a bien défendu... Non... j'ai une autre idée... Mon cher M. Martineau, vous êtes garçon... vous avez cinquante ans... mais vous n'en paraissez guère que quarante-neuf... Si vous voulez je vous donne ma petite Marie ; alors nous demeurerons ensemble, alors lorsqu'il m'arrivera de belles sociétés, vous serez là... et je vous consulterai comme le *Cuisinier royal* que vous savez par cœur ; alors tout marchera bien ici, et il n'arrivera plus d'accidents comme aujourd'hui... Voilà ma proposition, qu'en pensez-vous?...

Le maître d'écriture pose à plusieurs reprises sa main sur son front. Il paraît réfléchir profondément ; mais bientôt prenant un air digne, il répond :

— Maître Gobinard, votre proposition ne me convient pas du tout. Vous m'offrez votre petite Marie pour femme... Mais, mon cher monsieur, qu'est-ce que c'est que votre petite Marie?... je n'en sais rien, ni vous non plus... Un enfant abandonné par sa mère... Une mère inconnue... que l'on n'a jamais revue... quelque drôlesse qui est peut-être maintenant dans un hôpital !.. Et vous voulez que moi, Martineau, je m'allie à... je ne sais quoi ?...

— Je ne sais quoi !... je ne sais quoi ! Et après tout, est-ce que vous êtes un pacha... un millionnaire, vous ?... Parce que vous donnez des leçons d'écriture à six sous le cachet, faut-il faire tant d'embarras ?

— Maître Gobinard, je sais ce que je suis... Ma naissance est claire comme deux et deux font quatre. Ma famille était honorable. J'ai eu un oncle professeur de rhétorique, et un cousin proviseur dans un lycée... Sans un concours de circonstances malheureuses, j'aurais occupé moi-même quelque poste éminent... mais j'y renonce pas... Je dois un jour être distingué... ça ne peut pas me manquer, et je n'épouserai qu'une femme de mon rang... que je pourrai présenter dans le monde.

— Et moi je dis que ma petite Marie était un cadeau pour un maître d'école.

— Maître d'école !... je ne le suis plus, monsieur ; d'ailleurs, c'est maître ès arts qu'il faut dire... Gardez votre cadeau, je n'en veux pas !...

— Eh ! mon Dieu !... ne vous échauffez pas tant ! dit Gaspard en allant se mettre entre les deux hommes, dont les yeux devenaient très-brillants. Vous prenez là une peine ben inutile !... Vous, père Martineau, qui refusez Marie, est-ce que vous croyez vraiment qu'elle aurait voulu vous épouser ?... qu'après avoir refusé un joli garçon comme Pierre, elle aurait accepté un vieux cantaloup de vot' espèce ?... Il faut que Gobinard ait encore ses soles dans la tête pour vous avoir proposé ça...

— C'est juste, dit l'aubergiste, Gaspard a raison ; Marie n'aurait jamais consenti à épouser le maître d'école.

— Et moi je vous répète que je ne voudrais pas d'elle, reprend

Martineau, parce que je tiens avant tout à la naissance... à la considération.

La dispute allait s'échauffer de nouveau, lorsqu'on entend gratter à la porte. Il était nuit depuis quelque temps, et l'aubergiste crie :

— Qui est-ce qui est là?... Entrez... Tournez le bouton.

On n'entre pas, mais le bruit continue ; Gaspard qui est le plus près de la porte va l'ouvrir ; il aperçoit Petit-Jean blotti contre la porte de l'auberge. Le pauvre marmiton n'osait pas entrer ; il était dans un état pitoyable : couvert d'une crotte épaisse et noire depuis les pieds jusqu'à la tête, il répandait une odeur nauséabonde.

— C'est le marmiton, dit Gaspard.

— Petit-Jean! dit l'aubergiste, eh bien! pourquoi n'entre-t-il pas? Entre donc, drôle... viens me dire si tu as bien rempli ta commission.

L'enfant se décide à entrer dans la salle. A l'aspect du petit bonhomme, dont le costume blanc était devenu noir, et dont la figure semblait cachée par un masque d'arlequin, Gaspard et le maître d'écriture ne peuvent garder leur sérieux ; maître Gobinard lui-même sent s'évanouir sa colère. Cependant, il dit d'un ton sévère :

— D'où viens-tu polisson,... c'est-à-dire d'où sors-tu pour être dans cet état... allons, parle?

— Je viens d'oùsque vous m'avez envoyé, not' maître... j'étais sorti en courant pour rattraper la calèche... elle avait beaucoup d'avance sur moi ; mais, comme je cours ben, je l'aurais peut-être rattrapée... même je la voyais déjà à l'endroit où la route tourne... vous savez, contre la grosse borne... où il y a des noyers....

— Mais achève donc, imbécile!

— Je criais de toutes mes forces: C'était de la mélasse!... cocher! arrêtez... je me suis trompé de pot! Mais, bah! la voiture allait toujours. Moi qui la regardais en courant, ça fait que je ne regardais pas à mes pieds... V'là que tout d'un coup je me sens picoter la jambe... j'étais au milieu d'un tas de canards et d'oies qui se promenaient sur la route... Il paraît qu'en courant j'avais écrasé deux ou trois petits canards... V'là un paysan qui me poursuit avec un bâton, en me disant que j'allais lui payer ses canards... Je cours pus fort... il allait m'atteindre ; je me jette dans un côté de la route... Oh! alors je ne peux pas courir du tout... je m'étais enfoncé dans un bourbier devant l'étable à Mathieu... j'en avais jusqu'au menton, et, en voulant me retirer de là, je m'enfonçais toujours... Si on ne m'avait pas tendu une perche, j'y serais encore... et puis, quand je suis sorti de là, l'autre m'a bâtonné à cause des canards... V'là comme j'ai fait ma commission!... not' maître!

— C'est gentil! dit l'aubergiste, tu as fait de jolies choses aujourd'hui; misérable, tu mériterais...

— N'allez-vous pas encore gronder c't enfant? dit Gaspard; il me semble qu'il a reçu son compte, et qu'en v'là ben assez pour un méchant plat de poisson!

— En effet, dit le professeur, si Petit-Jean a mal fait, il a été puni... Je vous conseille de l'envoyer se laver, et bien vite... car il est tombé dans des choses... équivoques... Moi, monsieur Gobinard, je me charge d'aller demain jusqu'à la demeure de madame de Stainville : j'apprends à écrire à son jardinier... il veut être en état de mettre des étiquettes sur ses oignons de tulipe. Alors je tâcherai de voir la maîtresse de la maison, et je lui dirai combien vous êtes innocent de la faute commise à votre cuisine.

L'aubergiste est tellement touché de la proposition du professeur, qu'il tire son mouchoir et le passe sur ses yeux en répondant :

— Monsieur Martineau... une telle preuve d'amitié... vous auriez la complaisance... Petit-Jean, je te pardonne!... Va te laver... vas-y tout de suite. Monsieur Martineau, votre main... qu'il n'y ait plus l'ombre d'un ressentiment entre nous.

— Tout est oublié, monsieur Gobinard.

— Alors, dit Gaspard, i' faut boire une bonne bouteille là-dessus pour sécher tout ça!

— C'est trop juste, dit l'aubergiste, et je vais vous donner du vieux.

La bouteille est apportée et vidée en deux tournées ; on en cherche une seconde, qui est traitée aussi lestement ; puis enfin une troisième, tant on a à cœur de prouver que l'on est réconcilié. Alors M. Martineau et l'aubergiste se donnent de nouveau une poignée de main, et se quittent très-bons amis.

Gaspard retourne à sa maisonnette, et le professeur, dont les jambes sont un peu chancelantes par suite des fréquentes ra-

sades qu'il vient de boire, reprend le chemin de son hameau en
se disant :

— Le vin de maître Gobinard est fort bon... mais épouser sa
fille adoptive... une femme qui n'a pas de nom... c'est impossible... je dois garder mon rang... ma position sociale... Quelque
jour on saura qu'il y a un homme de mérite, un savant à Chantemerle... village habité jadis par Boileau...

<blockquote>O Lamoignon, je fuis les chagrins de la ville!</blockquote>

Une... deux... crac... Tenez votre plume avec trois doigts...

<blockquote>Et contre eux la campagne est mon unique... chose...</blockquote>

C'est singulier, ma mémoire s'embrouille un peu !

Heureusement pour le professeur que du Tourne-Bride à sa
demeure il n'y avait ni ornières ni voitures dans le chemin.

CHAPITRE IX

VIE DE CAMPAGNE.

Il s'est écoulé du temps depuis l'aventure des filets de sole, et
personne de chez madame de Stainville n'est revenu au Tourne-
Bride. Cependant M. Martineau a tenu la promesse qu'il avait
faite à l'aubergiste; il est allé à la maison de campagne de la
dame, il a donné sa leçon d'écriture au jardinier, puis a demandé à voir madame de Stainville; mais une petite maîtresse
sur le retour est rarement visible; il faut savoir prendre son
temps, et le maître d'écriture venait ordinairement à l'heure où
madame faisait sa toilette : occupation d'une trop grande importance pour la quitter, surtout quand ce n'était que M. Martineau
qui se présentait.

La femme de chambre répondait toujours au professeur :

— Madame n'est pas visible maintenant. Et Martineau se disait : C'est donc une comète que cette femme-là ? Ennuyé de
recevoir sans cesse la même réponse, il renonça au projet de
voir madame de Stainville; mais il raconta au jardinier toute

l'histoire des filets de soie et le pria de la rapporter à sa maîtresse quand elle serait visible.

Chaque jour qui s'écoulait sans lui ramener le beau monde augmentait la tristesse de Gobinard. Il passait une partie de ses journées devant sa porte, regardant sur la route qui menait à la demeure de madame de Stainville; au moindre nuage de poussière, il s'écriait :

« Les voilà... ce sont eux... c'est la calèche... »

Mais la poussière faisait bientôt place à une voiture de foin ou à l'âne d'une laitière : alors Gobinard rentrait chez lui de mauvaise humeur, il bougonnait tout le monde et faisait des yeux terribles à Petit-Jean.

Marie semblait partager l'impatience de son père adoptif; elle aussi regardait souvent sur la route, elle aussi était moins gaie; mais chez la jeune fille il y avait du dépit, de l'amour-propre froissé; ces messieurs qui lui avaient tant répété qu'elle était jolie, ce comte d'Aubigny surtout, qui l'avait embrassée sans même lui laisser le temps de se défendre, avaient donc entièrement oublié la jeune fille du Tourne-Bride!

Depuis que Pierre avait quitté le pays, Gaspard continuait d'entrer presque tous les soirs chez maître Gobinard; mais le paysan n'adressait plus la parole à Marie; s'il se trouvait devant elle, ses regards sévères et scrutateurs imposaient à la jeune fille, qui baissait aussitôt les yeux; Gaspard, après l'avoir regardée quelque temps, s'éloignait d'elle sans lui dire un seul mot.

Pendant qu'au Tourne-Bride on pensait chaque jour à madame de Stainville et à sa société, celle-ci s'efforçait de rendre le séjour de sa campagne agréable à ses hôtes.

La maison que possédait madame de Stainville, près de la Roche-Guyon, offrait tout ce qui fait trouver du charme à la campagne. Jolie pelouse entourée de fleurs, petit bois bien touffu, grotte sombre, bassin, labyrinthe, rien ne manquait au jardin, qui était assez étendu pour qu'on pût y être seul, et pas assez pour s'y perdre. La maison n'était pas grande, mais son aspect avait de l'élégance, et dans l'intérieur on trouvait tout ce qui fait passer le temps aux gens de la ville qui n'aiment pas la campagne pour elle-même : piano, billard, jeux de toute espèce, crayons et pinceaux pour le peintre, bibliothèque pour le poëte, fusils et chiens pour le chasseur, lignes et filets pour la pêche, et salle à manger pour tout le monde; enfin, chez madame de Stainville régnait la plus entière liberté, chacun pouvait y suivre son goût, y prendre le plaisir qui lui convenait. La maîtresse du logis voulait qu'on se plût chez elle, et se conduisait en conséquence; elle savait que plus on laisse de liberté aux gens, et moins ils en abusent.

Il y avait pourtant quelqu'un qui devait être là pour donner le bras à madame de Stainville lorsqu'elle désirait se promener dans son bois ou s'égarer dans son labyrinthe; M. Daulay comprenait le regard de madame lorsqu'elle disait : « La promenade doit être charmante ce matin... Il doit faire bien bon dans le jardin... à l'ombre!...

Alors il s'avançait d'un air empressé, il réclamait l'avantage d'être le cavalier de la maîtresse du logis, avantage qui lui était rarement disputé; mais lorsqu'on était dans le jardin, Daulay évitait les allées solitaires, les sentiers touffus; il trouvait toujours quelque prétexte pour se diriger vers les endroits où il savait trouver du monde. Madame de Stainville poussait un soupir en murmurant :

— C'est cruel!... on ne peut jamais jouir d'un moment de solitude... Je ne sais pas comment vous faites votre compte, Daulay, mais vous me menez toujours près des personnes qui sont dans le jardin... Nous retrouvons continuellement M. Bellepêche... ou le comte... et lorsqu'ils sont absents, c'est près de mon jardinier ou de sa femme que vous me conduisez... On ne peut jamais causer... intimement!

— Belle dame! croyez bien que le hasard seul... Vous ne pouvez douter du charme que je goûte dans un doux tête-à-tête... Ce n'est pas ma faute si la société nous poursuit.

Et, tout en disant cela, Daulay, qui avait entendu un chien japper à sa gauche, dirigeait sa compagne de ce côté, bien certain que le chien annonçait une visite.

Il y avait dans les environs de la Roche-Guyon quelques maisons de campagne dont les habitants venaient rendre visite à madame de Stainville. C'étaient de bons bourgeois campagnards qui passaient toute l'année dans leur propriété; les uns avaient entièrement oublié les modes et les manières de Paris, les autres n'y avaient jamais été; presque tous ces gens-là mettaient leur plus grand bonheur à parler de leurs plants d'asperges ou de leurs beaux pêchers; à dire combien ils avaient

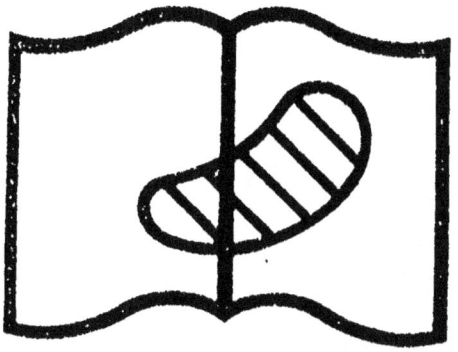

Foliotation partiellement illisible

récolté d'abricots, et le nombre de pots de confitures qu'ils en avaient tirés. Mais à la campagne, on est fort indulgent sur le choix de la société; pourvu que les personnes soient à peu près présentables, on s'en contente, et on y passe des journées près de gens avec lesquels à Paris on ne voudrait pas causer un quart d'heure.

M. Daulay, qui craignait surtout de rester en tête-à-tête avec madame de Stainville, lui conseillait souvent d'inviter ses voisins à venir la voir; car la compagnie de M. Bellepêche et du comte d'Aubigny n'était pas suffisante pour garantir le jeune Sigisbée des entretiens *intimes*. M. Bellepêche se levait tard; il était fort longtemps à sa toilette, et quand il descendait, c'était pour déjeuner; il remontait ensuite dans sa chambre pour desserrer la boucle de son pantalon et les cordons de son gilet; cette opération terminée, il se regardait de nouveau dans une glace, se mirait de face, de profil, essayait même de voir son dos, puis redescendait, bien persuadé qu'il était toujours le plus bel homme de France et de Navarre.

Alors M. Bellepêche se rendait au salon; il parcourait les journaux, les brochures, en ayant soin de s'asseoir toujours vis-à-vis d'une glace, de manière à pouvoir admirer son torse ou sa figure, toutes les fois qu'il tournait un feuillet. Après une heure de lecture, le célibataire allait faire une promenade dans le jardin; mais il marchait à pas comptés, dans la crainte de s'échauffer : s'arrêtant dès qu'il croyait se sentir en sueur quelque part, il tirait son mouchoir, s'essuyait, s'éventait, s'asseyait, et très-souvent s'endormait pendant deux ou trois heures. Au réveil, se sentant plus léger, plus leste, parce que la digestion de son dîner était faite, M. Bellepêche remontait dans sa chambre, et là il resserrait les cordons de son gilet et la boucle de son pantalon. Puis il se mirait encore, se trouvait mince, svelte, et descendait au salon en faisant petit ventre. Au dîner, il s'abandonnait à son appétit, qui était toujours bon; il mangeait beaucoup et longtemps, goûtait de tous les plats, et au dessert tâtait de tous les fruits. Après le dîner, on retournait au salon, mais là M. Bellepêche s'apercevait qu'il ne respirait plus avec autant de facilité; aussitôt après avoir pris le café, il remontait à sa chambre, relâchait la boucle de son pantalon, puis redescendait au salon, en se donnant de l'air avec son mouchoir. C'était à cette époque de la journée que M. Bellepêche s'appliquait à faire l'aimable, et qu'il s'entortillait dans ses histoires arrivées en Suisse, et dont la fin était entièrement étrangère au commencement. Cela durait jusqu'au moment où on se souhaitait le bonsoir. M. Bellepêche retournait alors dans sa chambre, et là il commençait par lâcher tous les boutons de son pantalon et de son gilet; mais cette fois c'était pour se mettre complétement à son aise. Les jours suivants, c'était exactement la même conduite.

Passons au comte d'Aubigny. Madame de Stainville avait deviné qu'un motif étranger aux plaisirs de la campagne l'avait conduit chez elle; il n'était pas probable, en effet, que l'homme le plus à la mode, le plus recherché, le plus aimé des belles, serait venu passer son temps chez une petite-maîtresse de quarante-huit ans, dont aucun motif ne le forçait à être le complaisant, si quelques raisons secrètes ne l'avaient attiré là.

Mais à Paris, dans une réunion nombreuse, le comte avait rencontré une femme dont la beauté, la tournure noble et décente l'avaient frappé. C'était madame Darmentière, jeune veuve qui regrettait beaucoup le mari qu'elle avait perdu, et allait fort peu dans le monde, où elle portait toujours un air de réserve, un front sérieux qui donnait à sa beauté quelque chose de sévère et faisait souvent expirer sur le bout des lèvres les galanteries qu'on aurait voulu lui adresser.

D'Aubigny avait remarqué madame Darmentière (une femme qui regrette sincèrement son mari doit nécessairement être remarquée); il s'était approché d'elle, avait essayé de causer, de faire connaissance; on lui avait répondu avec politesse, mais avec froideur; et le comte, qui était trop adroit pour s'imposer brusquement à quelqu'un, avait senti qu'il faudrait du temps pour se lier avec la belle veuve.

Mais bientôt le hasard lui fait découvrir que madame Darmentière vient d'acheter une maison de campagne près de la Roche-Guyon, c'est aussi dans ses environs que madame de Stainville possède une propriété; d'Aubigny y a déjà été plusieurs fois, mais il n'y passait que quelques jours. Il s'empresse alors d'aller demander à madame de Stainville si elle voit à la campagne une nommée madame Darmentière; on lui répond que pendant l'été on a fort souvent le plaisir de la recevoir, parce que la belle veuve, qui va peu dans le grand monde, et que l'on voit rarement à Paris dans les réunions, se livre davantage à la campagne, où l'on vit en dehors de toute cérémonie, et qu'elle n'y fuit pas la société de ses voisins.

Ces renseignements avaient suffi pour donner à d'Aubigny le plus grand désir de retourner à la campagne de madame de Stainville, et c'est pourquoi nous l'avons vu arriver en calèche avec MM. Daulay et Bellepêche.

Dès le lendemain de son arrivée, le comte va se promener dans les environs et cherche la propriété de madame Darmentière; il n'a pas de peine à la trouver, aux champs on connaît ses voisins, et il serait difficile de s'y cacher, car les paysans sont généralement curieux.

D'Aubigny s'approche de la maison qu'on lui a indiquée; elle est petite, mais jolie; une grille placée devant, et formant une cour plantée d'arbres, permet de voir dans une partie des jardins. D'Aubigny s'arrête, regarde; il voudrait apercevoir madame Darmentière; il reste longtemps immobile devant la maison. Au bout de quelque temps un jardinier sort et vient à lui :

— Est-ce que monsieur demande quelqu'un ?

— Est-ce qu'il n'est pas permis de regarder ce jardin ?...

— Pardonnez-moi, monsieur.

— Vous avez des fleurs superbes !

— Monsieur est bien honnête.

— Cette maison n'appartient-elle pas à madame Darmentière?

— Oui, monsieur.

— Et..... elle y est maintenant ?

— Non, monsieur, madame n'est pas encore arrivée de Paris ; mais nous l'attendons, elle ne doit pas tarder à venir.

Le comte s'éloigne en disant : « Que les amoureux sont stupides !... je restais là, planté devant cette grille... j'y serais peut-être encore, si ce brave homme ne m'avait dit que sa maîtresse est à Paris... Après tout... n'ai-je pas le temps de voir cette dame !... je n'en suis certainement pas amoureux... à peine si je la connais... elle est fort bien... mais il y en a mille plus jolies... je n'ai presque pas causé avec elle... à peine si elle m'a répondu quelques mots... il me serait difficile d'affirmer si elle a de l'esprit... Elle doit en avoir... ses yeux en promettent... mais les yeux d'une femme promettent tant de choses !... Les femmes les moins spirituelles savent quelquefois donner à leurs regards beaucoup d'expression... on y est trompé bien souvent. »

D'Aubigny est obligé de se contenter encore de la société qui vient chez madame de Stainville; mais le temps lui semble long au milieu de ces bourgeois campagnards, dont les femmes et les filles ne savent faire que de gauches révérences. Daulay fait ce qu'il peut pour s'attacher aux pas du comte : c'est un moyen de ne pas rester seul avec la tendre Stainville, qui voudrait toujours se promener dans les allées sombres et solitaires. M. Bellepêche, quand il a convenablement desserré ou relâché la boucle de son pantalon, cherche aussi le comte pour lui parler de ses voyages en Suisse; mais tout cela paraît fort monotone à d'Aubigny, qui serait déjà retourné à Paris si chaque jour il n'avait l'espoir de voir arriver madame Darmentière. Quelquefois il a l'idée d'aller au Tourne-Bride lutiner la petite Marie; mais il y a cinq quarts de lieue pour arriver à l'auberge où est la jolie fille, et, pendant qu'il irait là, une autre femme, moins jolie peut-être, mais dont la conquête serait bien plus flatteuse, peut venir faire visite à madame de Stainville.

L'intérieur de la maison de campagne commençait à devenir assez triste. Madame de Stainville boudait Daulay, parce qu'il ne la menait ni dans le labyrinthe ni dans la grotte; Daulay avait de l'ennui d'être sans cesse obligé de promener une petite-maîtresse de quarante-huit ans, dont la sensibilité devenait très-exigeante. Bellepêche, après s'être miré dans toutes les glaces de la maison, et avoir marché en rentrant sur son ventre, aurait voulu que quelque femme fût là pour prendre garde à lui. Enfin, d'Aubigny, qui ne voyait pas arriver madame Darmentière, était fort maussade, et ne prenait pas la moindre peine pour être aimable.

Mais ainsi qu'un rayon de soleil dissipe les nuages et fait oublier une triste journée, ainsi il ne faut souvent dans une société qu'une personne de plus pour y ramener la gaieté, les plaisirs et le bonheur.

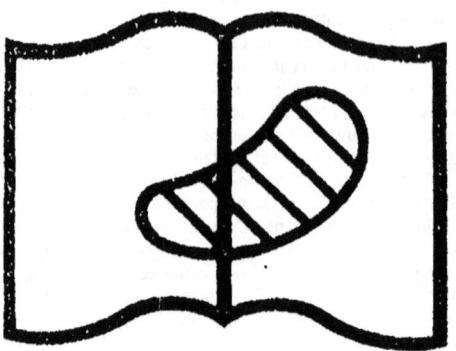

Foliotation partiellement illisible

CHAPITRE X

MADAME DARMENTIÈRE.

Une après-midi, on était encore au salon, indécis sur ce qu'on ferait dans la journée. Madame de Stainville penchait pour la promenade : Daulay trouvait qu'il faisait trop chaud ; M. Bellepêche était de l'avis de Daulay, et le comte, à demi couché sur un divan, ne daignait pas même donner son avis.

Tout à coup la porte s'ouvre, une dame entre et va embrasser madame de Stainville ; mais ce n'est plus une lourde et empesée bourgeoise des environs, c'est une dame élégante, qui se présente avec aisance, avec grâce, dont la taille un peu élevée est parfaitement prise, dont la figure belle, mais sérieuse, a cependant un charme indéfinissable, et dont la toilette, sans être coquette, annonce une recherche qui fait honneur à son goût ; enfin, c'est madame Darmentière.

Il faut voir quel changement son arrivée opère dans le salon. En une seconde d'Aubigny a quitté le divan ; il s'est levé et se tient respectueusement contre le piano, attendant qu'un regard tombe de son côté ; Daulay se ranime, son air ennuyé et ennuyeux est remplacé par un sourire ; M. Bellepêche se redresse, rentre son ventre et prend une pose très-confortable : enfin, madame de Stainville va gracieusement au-devant de la nouvelle venue.

— C'est vous, ma chère madame Darmentière !... Ah ! il y a bien longtemps que l'on vous désire ici !

— Je ne suis arrivée à ma campagne que d'hier, et, vous le voyez, ma première visite est pour vous.

— Vous êtes bien gentille... Mais pourtant je veux vous gronder de rester si longtemps à Paris... Voilà quinze jours que nous sommes arrivés, nous ; permettez que je vous présente trois messieurs qui ont bien voulu me tenir fidèle compagnie... M. le comte d'Aubigny.

— J'ai eu l'avantage de voir madame à Paris... répond le comte en saluant.

— En effet, monsieur, je me le rappelle... chez madame de Clarence.

— Voici M. Daulay, continue madame de Stainville. Oh! mais, vous avez déjà fait connaissance avec lui l'été dernier.

— Et ce sera un grand bonheur pour moi de la renouveler, dit Daulay en s'inclinant.

Ce compliment, auquel madame Darmentière ne répond que par un salut, fait faire une légère moue à la tendre Stainville, qui se remet bien vite et reprend :

— Enfin voici M. Bellepêche, que vous avez, je crois, vu chez moi à Paris.

Madame Darmentière salue encore d'un air qui veut dire qu'elle ne se le rappelle pas, et Bellepêche prend la parole.

— Je n'affirmerai pas avoir eu le plaisir de voir déjà madame ; sa figure ne m'aurait pas échappé... madame a quelque chose d'helvétique dans la taille.... Quand je fus en Suisse, j'admirais la taille des femmes.... avec un petit corset, c'est charmant ! Et cela court sur les montagnes les plus hautes... où il y a de la neige... qui ne fond pas même l'été. C'est fort dangereux, sans un bâton ferré !...

— Que pensez-vous de moi, qui vis ici avec trois hommes? reprend madame de Stainville en minaudant.

— C'est moins dangereux, je crois, que si vous n'étiez qu'avec un seul.

— Mais votre arrivée va ranimer ces messieurs, ils commençaient à devenir un peu maussades !...

— Ah ! madame... voilà qui est méchant, dit Daulay.

— Madame de Stainville nous en veut aujourd'hui parce que nous ne voulions pas nous promener, dit Bellepêche ; mais la chaleur est si forte... ce n'est pas ici comme en Suisse, où il y a un air vif, même dans la canicule... J'ai monté sur le Righy, en août, avec un guide... C'était un paysan indigène... il portait une singulière culotte !...

— Enfin, vous voilà, reprend madame de Stainville, qui ne semble pas curieuse de savoir quelle culotte portait le guide de M. Bellepêche. J'espère que nous vous verrons souvent... Vous nous donnerez tous les jours où vous serez libre.

— Libre !... mais je le suis entièrement ici ; vous êtes la seule personne des environs que je voie.... Il m'était bien venu quelques voisins, quelques dames du pays ; mais ces gens-là m'ennuyaient; je ne leur ai pas rendu leur visite; ils ne sont pas revenus, et c'est ce que je voulais. Je préfère la solitude à la société des sots!

— Alors si vous ne venez pas nous voir, nous saurons à quoi nous en tenir.

— Vous me verrez tout autant que vous le voudrez... Je suis si près de cette maison... en un quart d'heure on est chez moi...

— Un quart d'heure! dit d'Aubigny : j'aurais cru qu'il y avait beaucoup plus de chemin.

— Est-ce que vous connaissez la maison de madame, comte?

— On me l'a montrée, comme je me promenais dans les environs.

— Mais alors, monsieur, on ne vous a pas montré un chemin de traverse qui conduit chez moi, et abrége de beaucoup la distance.

— Si j'étais votre cavalier, madame, reprend le comte, je ne voudrais pas prendre ce chemin-là.

— Quand je le disais, s'écrie madame de Stainville; ils vont redevenir aimables... Mais voyons, que ferons-nous pour vous amuser aujourd'hui? J'aurais bien proposé une promenade... mais puisqu'il fait si chaud...

— Je crois qu'il y a de l'air, maintenant, dit d'Aubigny en s'approchant d'une fenêtre.

— Oui, dit Daulay, le temps est rafraîchi.

— En allant doucement on peut se promener, ajoute M. Bellepêche.

— Eh bien, messieurs, puisque maintenant vous pouvez supporter la promenade, partons... Madame Darmentière est-elle de cet avis?

— Oh! volontiers. J'aime surtout à faire de longues courses!... on découvre des sites, des points de vue nouveaux... Je suis très-bonne marcheuse, moi.

— La promenade est aussi fort agréable en calèche, dit Bellepêche qui déjà craint de se fatiguer.

— En calèche... y pensez-vous! répond madame de Stainville; c'est bon quand on veut rester sur une grande route, mais si l'on a envie de parcourir les bois et les champs, il faut se résoudre à aller à pied. Allons, messieurs, la main aux dames.

Le comte a déjà offert son bras à madame Darmentière, et Daulay, obligé de prendre celui de la personne qu'il promène tous les jours, s'écrie :

— Surtout, restons tous ensemble... pour causer... c'est bien plus gai de ne pas se perdre, de rire, de...

Une douleur assez vive au bras empêche le jeune homme de continuer, sa compagne venait de le pincer très-fortement pour lui apprendre à moins aimer la société.

Le comte et madame Darmentière marchent devant; Bellepêche, qui n'a point de dame sous le bras, va de l'un à l'autre couple, en faisant des remarques sur les points de vue qui se présentent et ramenant toujours la conversation sur la Suisse, qu'il est fier d'avoir visitée. On écoute peu ce que dit ce monsieur, car d'Aubigny, qui veut plaire à la jolie femme dont il tient le bras, fait en sorte d'être aimable, et est déjà parvenu plusieurs fois à faire rire madame Darmentière. Chez le second couple, au contraire, c'est la dame qui fait les frais de la conversation : elle semble gronder son cavalier de ce qu'il la fait marcher trop vite et du désir qu'il témoigne d'être toujours tout près de la jolie voisine. Daulay s'excuse et ralentit le pas; mais au bout d'un moment il tire plus vivement le bras de sa compagne, en adressant la parole aux personnes qui sont devant lui.

La promenade se prolonge assez longtemps; elle n'a été agréable que pour le comte et madame Darmentière, car le couple qui les suivait a passé presque tout son temps à se quereller; et Bellepêche, qui a continuellement fait le manége d'un petit chien, en allant de l'un à l'autre, sans que l'on ait fait attention à ses récits de voyages, est le premier à faire remarquer que l'heure du diner approche et qu'il faut songer au retour.

— Il me semblait que nous ne faisions que commencer notre promenade, dit d'Aubigny en jetant un tendre regard sur la personne qui lui donne le bras.

— C'est que vous êtes un marcheur infatigable!.... dit Bellepêche, moi aussi, j'ai beaucoup marché dans les montagnes, en Suisse...

— Nous sommes aux ordres de ces dames, dit Daulay, qui est parvenu à faire avancer sa compagne près de la société.

— Je suis un peu fatiguée, dit madame de Stainville, ce M. Daulay me fait aller si vite.... Ne pourrions-nous nous reposer un moment avant de retourner chez moi ?

— Très-volontiers ! dit madame Darmentière en quittant aussitôt le bras de son cavalier. Tenez, cet endroit me semble joli.... De la vue, de l'ombre, du gazon... voilà un salon champêtre tout trouvé.

La société s'assied sur l'herbe. Madame Darmen ière va se mettre à côté de madame de Stainville ; le gros Bellepêche est le plus long à se placer, encore ne se décide-t-il à s'asseoir qu'après avoir secrètement lâché la boucle de son pantalon.

— Combien j'aime la campagne ! dit madame Darmentière en promenant autour d'elle des regards satisfaits. Que l'on est bien ici !... quel beau site ! quel air pur !... Ah ! dites-moi si le plus beau salon de Paris vaut ce gazon émaillé de fleurs... ces arbres majestueux qui nous ombragent, et surtout cette douce liberté que nous goûtons ici ?...

— Oui !... j'aime beaucoup la campagne aussi, dit madame de Stainville, et pourtant elle me porte à la rêverie, à la mélancolie.

Un long soupir accompagne ces paroles.

— Il y a des rêveries bien douces, dit d'Aubigny, et dans lesquelles on se complaît longtemps ! Ce sont presque toujours celles qui précèdent ou suivent un nouvel amour...

— Il y a d'anciens sentiments qui nous font rêver plus que ne le ferait un nouveau ! dit madame Darmentière en détournant la tête d'un air attristé... mais vous, messieurs, vous ne comprenez pas cela !... vous ne placez le bonheur que dans le changement. Aussi vos rêveries se composent d'espérances, et presque jamais de souvenirs.

— Il faudrait ne pas vous connaître pour penser ainsi, murmure d'Aubigny à voix basse. La jolie femme n'a pas l'air d'avoir entendu. Bellepêche risque d'étendre ses jambes sur l'herbe, en disant :

— Il a fait considérablement chaud aujourd'hui !

— Oui, la campagne a beaucoup de charme.

— Certainement dit à son tour Daulay, c'est dommage que l'on y éprouve souvent des privations ; par exemple, en ce moment j'ai une soif ardente, et j'avoue que je donnerais je ne sais quoi pour un verre de bière ou de limonade... mais cherchez donc un café par ici !...

— A défaut de café, monsieur, on trouve quelquefois des sources où l'on peut se rafraîchir...

— Voulez-vous que nous allions tous deux en chercher une ? dit avec empressement madame de Stainville.

— Non, je vous remercie, répond Daulay, qui ne se soucie pas de s'é........rer seul avec son amie. Vous êtes fatiguée... et puis ... ...as de sources dans ce pays-ci !... Mais j'aperçois un pay..n qui vient de ce côté avec un panier à son bras... il a peut-être là-dedans des fruits, du raisin... Me permettez-vous de l'appeler, mesdames ?

— Certainement, et nous goûterons volontiers à ses fruits, s'ils sont bons.

— Holà ! hé ! l'homme... par ici !

Le paysan était Gaspard qui retournait à Vétheuil, suivi de son âne chargé d'herbes, tandis que lui portait dans un panier des prunes et du raisin qu'il venait de cueillir dans une petite pièce de terre qui composait tout son bien. Il a entendu les voix qui l'appellent, et, se détournant de son chemin, il fait faire halte à son âne, s'avance sous les arbres et s'approche de la société en disant :

— C'est-i moi que vous appelez ?

— Sans doute. Avez-vous des fruits dans ce panier ?

— J'ai queuques prunes et du raisin.

— Voulez-vous nous en vendre ?

— Pourquoi pas, à vous ou à d'autres, quoi que ça me fait, pourvu que je vende ?...

Et Gaspard, ôtant les feuilles dont son panier est recouvert présente ses fruits à la société.

— Ah ! quelle horreur ! dit Daulay, des prunes de Monsieur !... fi donc ! Est-ce que je mange de cela ?...

— Pourquoi donc que vous n'en mangeriez pas ? répond Gaspard, est-ce que vous croyez que mes prunes sont venues pour des chiens ?...

— Mon ami, tâchez d'abord d'avoir un ton plus poli et de faire attention à qui vous parlez... vous n'êtes pas en ce moment avec vos pareils.

— Je ne suis pas avec mes pareils ?... Ah ben ! en v'là une

bonne à c't'heure... Est-ce que vous n'avez pas un nez, une bouche et des oreilles comme moi?... est-ce que vous pensez que je suis une grenouille, par hasard?

— Ah, mon Dieu! mais je reconnais ce rustro, dit à demi-voix Daulay, c'est celui que nous avons déjà rencontré au Tourne-Bride...

— Oh! je vous reconnais ben aussi, moi, dit Gaspard qui avait entendu ce que le petit-maître n'avait prononcé qu'à demi-voix; c'est vous qui, l'autre jour, m'avez appelé *cet homme!* Oh!... je vous ai ben remis tout de suite... mais je n'ai pas de rancune, allez, et je vous vendrai des prunes tout de même qu'à un autre!

Gaspard ajoute en lui-même : — Tu les payeras double, par exemple.

— En effet, dit à son tour d'Aubigny, c'est maître Gaspard que nous avons le plaisir de retrouver.

— Gaspard, comme vous dites... oh! je ne changeons pas de nom, nous autres!... c'est pas comme les gens de Paris, qui en ont souvent un pour chaque quartier!

— Toujours plaisant et caustique, maître Gaspard!...

— Allons, mesdames... voici le panier... voulez-vous vous risquer?

— Très-volontiers, dit madame Darmentière; d'ailleurs à la campagne il ne faut pas être difficile... Mais elles sont très-bonnes ces prunes!...

— Pardi! j'crois ben, dit Gaspard, c'est de la reine-claude violette.

— Alors il fallait donc me le dire, reprend Daulay, au lieu de me parler de chiens et de grenouille...

— Pourquoi avez-vous l'air de ravaler ma marchandise?

— Diable! il me paraît qu'il ne faut rien vous dire, à vous autre paysans! Voyons donc ces prunes...

— Je vous préviens qu'elle vaut six liards la pièce, parce qu'il n'y en a plus... la prune s'en va!... et celle-ci est la dernière...

— Est-ce que ça ne me fera pas de mal à l'estomac, vos reines-claudes violettes? demande Bellepêche en regardant Gaspard.

— I'm' semble que vous n'avez pas l'air trop poumonique! répond le paysan d'un air moqueur.

La société commence à s'amuser des saillies et de la brusque franchise de Gaspard, qui n'est pas plus embarrassé au milieu de gens du grand monde que s'il était au cabaret.

— Voyons le raisin maintenant, dit le comte.

— Ah, dame! le raisin n'est pas comme la prune, il commence, lui... c'est pas encore tout miel, mais c'est déjà bon, tout de même...

— Oh! non, ce n'est pas tout miel! dit Daulay qui vient de goûter une grappe; si c'est avec cela qu'on fait du vin par ici, cela doit être excellent pour accommoder une salade!

— Oh! vous avez encore mangé queuque chose de plus mauvais que ça! répond Gaspard d'un air goguenard.

— Non, certes, dit Daulay, je n'ai jamais rien pris qui m'ait fait faire la grimace à ce point...

— Bah! bah!... cherchez bon...

— Ah çà, mais il est tout à fait plaisant, ce paysan, qui veut m'apprendre ce que j'ai fait...

— Et moi je vous dis que vous avez fait une ben autre grimace quand on vous a servi au Tourne-Bride des soles avec de la mélasse... et que vous avez eu peur d'être empoisonné!...

— Ma foi, ce brave homme a raison, dit d'Aubigny, et je suis de son avis... Ce raisin, tout vert qu'il est, est encore préférable aux filets de sole de maître Gobinard. Ah çà, mais comment savez-vous cette aventure?...

— Oh! pardi! c'est tout simple, puisque j'étais au Tourne-Bride pendant que vous dîniez... Je vous ai entendu en sortant faire vos compliments à Gobinard, qui se serait arraché les cheveux s'il en avait eu. Enfin, j'ai appris comme ça toute l'affaire... C'était son marmiton qu'avait pris un pot pour un autre... de la mélasse pour du bouillon... du coulis, du réduit!... est-ce que je sais, moi!... si ben qu'on a envoyé le petit courir après votre calèche, pour vous apprendre ça, et que le marmiton, au lieu de rattraper votre voiture, s'est laissé tomber dans un bourbier, et est revenu tout couvert de vilaines ordures, sauf votre respect, et puis que le père Martineau, le professeur d'écriture, s'était chargé de vous apprendre la chose, et qu'il s'est contenté de la dire au jardinier de madame, qui, à ce que je vois, ne l'avait pas redite à sa maîtresse, et v'là toute l'histoire.

La compagnie a écouté avec attention le récit de Gaspard, et M. Bellepêche s'écrie :

— Voyez, cependant, à quoi tient notre existence!... Si ce petit marmiton avait aussi bien pris de l'eau de javelle, nous eussions été tous empoisonnés!...

— Voilà ce que c'est que de manger chez un traiteur de village!

— A propos, dit le comte, et la jolie Marie... la petite brune aux yeux si brillants, est-elle toujours au Tourne-Bride?

— Tiens, sans doute!... et où donc voudriez-vous qu'elle fût?... Mais, dites donc, j'ai pas le temps de rester là?... j'ai de l'ouvrage encore... Prenez-vous mon raisin?

— Non... il est trop vert!

— Alors payez-moi mes prunes, et que ça finisse... Je ne veux pas passer ma journée comme vous à me coucher sur le dos... C'est bon pour les gens de Paris, ça.

— Vous croyez donc que les gens de Paris passent tout leur temps à se reposer?

— Ah! dame, je sais bon qu'il y en a aussi qui travaillent, qui font des ouvrages avec des plumes, de l'encre... un tas de grimoire, où je ne connais goutte! et dont je me passe ben! quoique le père Martineau dise que je suis un âne... Mais les ânes gagnent leur vie tout de même... Qui est-ce qui paye de vous tous?...

— Tenez, l'ami, voilà pour vous, dit d'Aubigny en présentant une pièce de cinq francs au paysan. Celui-ci la prend en s'écriant :

— Ah ben, à la bonne heure!... vous n'êtes pas trop dur, vous!... Quand on est bon enfant avec moi, je le suis tout de même!... Si vous voulez mon âne pour vos dames, pour vous en revenir, je vas vous le prêter, et vous ne me donnerez rien de plus pour ça.

— Ces dames veulent-elles accepter la monture qu'on leur offre?

— Non, pas moi, dit madame de Stainville, quand je suis sur un âne j'ai trop peur qu'il se couche!...

— Oh! le mien n'aura pas envie de se coucher avec vous! je vous en réponds! dit Gaspard.

— Moi je préfère aller à pied, dit madame Darmentière.

— A votre aise : alors je m'en vas; salut, la compagnie!

Gaspard porte la main à son bonnet, puis retourne à son âne, qu'il pousse devant lui, et avec lequel il continue son chemin.

— Ce rustre n'est pas sot! dit d'Aubigny en regardant le paysan s'éloigner.

— Je le trouve très-grossier! dit Daulay, et sans la présence de ces dames, je lui aurais donné une leçon de politesse.

— Je crois que vous auriez eu fort à faire, et que vous y auriez perdu vos peines.

— Quelle est donc cette jolie Marie, dont monsieur vient de demander des nouvelles? dit d'un air indifférent madame Darmentière.

— C'est une jeune fille fort gentille, répond madame de Stainville, elle est servante au Tourne-Bride, et en vérité elle méritait mieux... Elle a une figure tout à fait aimable... et puis c'est un enfant qui a été abandonné, et dont l'aubergiste a pris soin..... Elle n'a jamais connu ses parents, tout cela la rend intéressante... Si j'y avais songé, j'aurais dit à ce paysan de me l'envoyer; car j'ai plusieurs chiffons, quelques robes, dont je veux lui faire présent.

— Madame est vraiment trop bonne, dit Daulay; je trouve, moi, que cette jeune fille n'a rien de remarquable. C'est une fille d'auberge, jolie... comme peut l'être une fille d'auberge!... et voilà tout.

— C'est la beauté du diable, et pas autre chose! dit Bellepêche en essayant de changer de position. Elle a de la fraîcheur, de la vivacité!... mais ce n'est point là un vrai type de beauté. Quelle différence avec les Suissesses!... Oh! les Suissesses sont de superbes femmes. J'en ai connu deux entre autres... c'était aux environs de Zurich, je venais de faire une tournée, et l'on m'avait donné pour guide un chien des montagnes... Bel animal! il avait le poil comme de la soie, la queue longue et fournie comme celle d'un renard, et une tache de feu sous le ventre... Je préfère cette espèce aux chiens de Terre-Neuve...

— Si nous rentrions, dit madame de Stainville; je crois que chacun doit être reposé...

— Nous sommes à vos ordres, mesdames...

— En route, alors; monsieur Daulay, donnez-moi donc la main pour m'aider à me lever...

— Me voici, madame.

Madame de Stainville a demandé la main à Daulay pour quitter le gazon, mais une fois levée, elle n'abandonne pas cette main sans reprendre aussitôt le bras du jeune homme, afin qu'il ne puisse aller s'offrir pour cavalier à madame Darmentière. On revient donc dans le même ordre que l'on était parti ; pourtant, cette fois, la jeune dame qui donne le bras au comte s'obstine à mesurer son pas de manière à rester toujours près de madame de Stainville. Est-ce simple politesse de sa part? est-ce pour que d'Aubigny ne puisse avoir avec elle de conversation particulière? c'est ce que celui-ci se demande tout en pestant contre ce caprice de madame Darmentière.

On revient chez madame de Stainville. On dîne gaiement, et le soir quelques voisins campagnards viennent, par leur présence, provoquer les saillies de d'Aubigny et les épigrammes de Daulay ; enfin le temps s'écoule plus vite, parce qu'une jeune et jolie femme est là, qui écoute, qui répond, et qui, quelquefois, daigne sourire à un bon mot de ces messieurs.

Mais l'heure est venue de se retirer ; madame Darmentière remet son grand chapeau de paille, et se dispose à retourner chez elle. D'Aubigny attendait ce moment avec impatience; car il s'est bien promis de reconduire madame Darmentière ; déjà même il offre son bras; mais la jeune dame le remercie gracieusement, en lui disant :

— Je vous suis obligée, monsieur, je ne veux déranger personne...

— Comment, madame..... déranger!..... c'est un plaisir que vous me procurerez, au contraire!... A coup sûr, vous ne pensez pas que nous vous laisserons vous en aller seule...

— Non, monsieur; mais comme cela me gênerait pour venir chez mon aimable voisine, si, chaque soir, on était obligé de me reconduire, j'ai dit à mon jardinier de venir me chercher, et je suis certaine qu'il m'attend..... N'est-il pas vrai, mademoiselle, que mon jardinier est là?.....

La femme de chambre fait un signe affirmatif. Après avoir embrassé madame de Stainville, madame Darmentière fait un aimable salut aux trois messieurs, et s'éloigne en déclarant qu'elle ne reviendrait plus si l'on s'obstinait à vouloir la reconduire.

Il faut donc laisser la jolie voisine regagner sa demeure dans la seule compagnie de son jardinier. Lorsqu'elle a quitté le salon, madame de Stainville part d'un éclat de rire, parce que les trois messieurs, et surtout d'Aubigny, semblent consternés de la sortie de madame Darmentière.

— Ah! messieurs!... madame Darmentière a de la fermeté dans le caractère, dit madame de Stainville, qui semble charmée de ce que sa voisine n'a voulu lui enlever aucun de ses cavaliers... elle tient bon quand elle veut quelque chose... ce ne sera pas une conquête facile!...

— Tant mieux, madame, tant mieux! il y aura plus de gloire à la faire! répond le comte en se frottant les mains.

— Eh, mon Dieu! reprend Daulay, la sévérité dans les regards ne me prouve rien, à moi. Toutes les femmes ont un côté faible... il ne s'agit que de le trouver.

— Certainement! certainement! dit Bellepêche en se regardant dans une glace, une conquête..... parbleu!... quand on voudra s'en donner la peine... on sait bien comment il faut s'y prendre... et puis, pour peu que l'on soit bel homme... une femme n'est pas de marbre. En Suisse, je me trouvais un soir à table d'hôte à côté d'une étrangère dont la beauté noble et fière captivait tous les regards. Je lui présentai de la venaison... c'étaient des perdreaux accommodés avec une sauce noire. Ils ont une singulière façon d'accommoder les perdreaux en Suisse... ils mettent des épices... entre autres une plante qu'ils cueillent dans les montagnes...

Ici M. Bellepêche, se retournant, s'aperçoit qu'il est seul dans le salon. Tout le monde était allé se coucher. Il se décide alors à en faire autant, sauf à se conter à lui-même son histoire en se déshabillant.

CHAPITRE XI

LETTRE MYSTÉRIEUSE. — GRANDE DÉCOUVERTE.

Il y a quinze jours que madame Darmentière habite sa campagne; elle a passé presque tout ce temps chez madame de Stainville; elle arrive après le déjeuner, toujours simple mais belle, aimable mais réservée; elle plaît à tout le monde, même aux femmes, parce qu'elle ne semble pas s'apercevoir des conquêtes que font ses charmes et son esprit, et surtout qu'elle n'en tire pas vanité.

Madame de Stainville a bien quelques moments d'humeur lorsque son Sigisbée Daulay regarde trop longtemps la jolie voisine; mais comme celle-ci ne fait aucune attention aux regards qu'on lui lance, il y aurait injustice et maladresse à lui témoigner le moindre dépit.

Bellepêche prend plus de soin que jamais de serrer la boucle de son pantalon : il étudie devant une glace les poses qu'il adoptera lorsqu'il sera devant madame Darmontière; car cette dame a de la fortune, elle est libre, et le vieux garçon, qui a toujours espéré que ses avantages physiques lui procureraient un bon mariage, commence à penser qu'il est temps que ce mariage arrive, et songe très-sérieusement à faire sa cour à madame Darmontière.

D'Aubigny ne prend aucun ombrage des longues œillades de Daulay, ni des poses académiques de M. Bellepêche; de tels rivaux ne lui semblent pas redoutables. Mais ce dont il s'inquiète, c'est du peu de progrès que lui-même fait près de la belle veuve; c'est de la tranquillité avec laquelle on reçoit ses soins; de la gaieté avec laquelle on accueille ses soupirs; c'est enfin de cette égalité d'humeur qui ne se dément pas chez madame Darmontière, et la rend aussi aimable le lendemain que la veille. Une telle femme désespère un amoureux; on préférerait des caprices, des dédains, de la coquetterie, de la haine même... car au moins on inspirerait quelque chose, et quand on aime on est surtout désolé de ne rien inspirer.

Une après-dînée, la société de madame de Stainville était réunie dans le jardin. Les dames s'occupaient de broderie, d'Aubigny et Daulay luttaient d'amabilité, et Bellepêche cherchait de quelle manière il avancerait sa jambe gauche, lorsque le jardinier vint apporter à sa maîtresse une lettre qu'on lui renvoyait de Paris où elle lui avait été adressée.

Madame de Stainville regarde l'écriture, cherche à rappeler ses souvenirs, puis, après en avoir demandé permission à la compagnie, brise le cachet et lit la lettre.

Par discrétion on s'était remis à causer pour laisser à la maîtresse du lieu tout le loisir de lire la missive qu'elle venait de recevoir ; mais bientôt madame de Stainville pousse une exclamation de surprise qui donne à chacun le droit de la questionner.

— Voici une lettre qui produit de l'effet ; au moins, dit le comte en souriant, elle est plus heureuse que beaucoup de gens !...

— C'est quelque déclaration d'amour, dit Daulay en se pinçant les lèvres pour faire semblant d'être jaloux.

— Est-ce qu'il y a quelque maladie épidémique à Paris ? demande Bellepêche avec inquiétude.

— En vérité, messieurs, vous êtes très-curieux, dit madame Darmentière, et notre chère hôtesse aura bien de la bonté si elle répond à toutes vos questions.

— C'est ce que je vais faire pourtant, dit madame de Stainville, je ferai même mieux ; je vous communiquerai cette lettre que je viens de recevoir, vous verrez si son contenu singulier ne donne point champ aux plus vastes conjectures. D'abord je vous dirai qu'elle est d'une de mes anciennes connaissances, la duchesse de Valousky... Je ne sais si vous m'en avez déjà entendu parler ?

— N'est-ce pas celle qui a logé au Tourne-Bride, dans la chambre où nous avons dîné ? dit Daulay.

— Précisément. Je vous ai dit que madame de Valousky était aussi spirituelle que jolie ; qu'assez maltraitée d'abord par la fortune, elle avait fait, il y a quinze ans, un héritage considérable... et qu'alors elle prit le goût des voyages...

— Je me rappelle tout cela, dit Bellepêche... Cette duchesse est veuve ?...

— Oh ! il y a fort longtemps ; elle perdit son mari à vingt ans, et maintenant elle doit en avoir un peu plus du double.

— Ce peut être encore une femme fort agréable ! murmure Bellepêche en admirant sa rotule.

— Maintenant écoutez ce qu'elle m'écrit.

Chacun se rapproche de madame de Stainville, qui recommence, mais tout haut cette fois, la lecture de la lettre qu'elle vient de recevoir.

« Ma chère amie, il y a bien longtemps que vous n'avez eu de mes nouvelles, et peut-être m'avez-vous crue morte ; ce qu'il y a de certain, c'est qu'on ne doit plus penser à moi, car à Paris comme partout on oublie vite les absents. J'ai été un peu fâchée contre vous qui n'avez pas répondu à plusieurs de mes lettres; mais ma rancune ne tient pas contre mon désir de causer avec une ancienne amie. Je vous dirai donc que j'ai beaucoup voyagé, beaucoup parcouru le monde; que j'ai eu le talent de m'amuser en Angleterre, de rire en Allemagne et de me plaire en Russie, mais que je songe cependant à revenir en France, qui est ma patrie, quoique je porte un nom polonais. Encore quelques mois de séjour en Italie, quelques courses à Rome, à Gênes, à Florence, et je reviendrai à Paris, que probablement je ne quitterai plus, ma fortune me permettant maintenant d'y vivre selon mon goût... »

— Nous voici au plus intéressant, dit madame de Stainville en s'interrompant pour regarder ses auditeurs, qui jusqu'alors cherchaient ce qu'il y avait de singulier dans la lettre qu'on leur lisait.

« J'ai appris que vous possédiez une maison de campagne dans les environs de Mantes et de la Roche-Guyon. A mon retour en France, mon premier soin sera de me rendre de ces côtés, où un motif bien important m'appelle. Il y a dix-sept ou dix-huit ans, j'ai voyagé par là, et je me suis arrêtée au village de Vétheuil; j'ai logé dans une auberge qui avait pour enseigne : *Au Tourne-Bride...* »

— Décidément, maître Gobinard ne nous avait pas trompés! s'écrie Daulay.

— Attendez, attendez, messieurs, ce n'est pas tout! je poursuis :

« Qui avait pour enseigne : *Au Tourne-Bride*. C'est là, c'est à cette auberge que je dois me rendre d'abord, car j'y ai laissé l'objet de mes plus chères affections... et dont j'eus alors bien de la peine à me séparer! Le retrouverai-je encore à mon arrivée en France?... c'est là ce que je me demande chaque jour... c'est là ce qui fait souvent battre mon cœur. Mais l'hôtesse qui tenait l'auberge du Tourne-Bride était une digne femme; j'aime à croire qu'elle méritait la confiance que je lui ai alors témoignée, qu'elle s'en sera toujours rendue digne, et qu'à mon arrivée au Tourne-Bride tous mes vœux seront satisfaits. Tout ceci, ma chère amie, doit vous paraître inintelligible, mais dès que je serai près de vous je vous expliquerai ce mystère, et j'aime à croire que vous approuverez la conduite prudente que j'ai tenue en cette occasion. Adieu, je vous embrasse de nouveau; dans cinq ou six mois j'espère le faire plus réellement. Votre amie,

« HERMINIE,
« duchesse de Valousky. »

Tout le monde se regarde alors, et madame de Stainville s'écrie.

— Eh bien! messieurs, que pensez-vous de la fin de cette lettre?

— C'est assez singulier, dit Daulay.

— C'est fort mystérieux, dit Bellepêche.

— Ce qui me semble très-clair, dit à son tour d'Aubigny, c'est que madame de Valousky a laissé quelque chose à l'auberge du Tourne-Bride.

— Sans doute! mais quel est ce quelque chose, *objet de ses plus chères affections*, dont elle eut *tant de peine à se séparer...* car voilà bien les termes de sa lettre.

— Ces derniers mots sont bien tendres en effet, dit madame Darmentière, cela semblerait annoncer qu'il s'agit d'une personne qui la touche de près... mais une personne... cela se sait... et cette femme qui tient l'auberge doit avoir jasé depuis si longtemps.

— Cette femme est morte, dit Daulay, morte depuis bien des années; c'est son mari qui tient l'auberge, mais il était justement absent lorsque madame de Valousky s'est arrêtée chez lui; il nous a conté cela lui-même il n'y a pas longtemps.

— Mais, ajoute Bellepêche, il n'a pas dit que la duchesse eût laissé rien de mystérieux chez lui, il n'en a pas soufflé mot...

— C'est que probablement il n'en sait rien non plus, car maître Gobinard n'est pas homme à garder un secret; qui sait si sa femme lui a confié celui-là?... si, ayant donné sa parole à la duchesse, elle n'a pas cru devoir emporter ce mystère dans la tombe?

— Cela devient excessivement compliqué! s'écrie Bellepêche en se caressant le menton.

— Peut-être... peut-être... dit madame de Stainville; *l'objet de ses plus chères affections...* qu'elle espère retrouver à son arrivée... et c'est là ce qui fait souvent battre son cœur... Voilà bien ce qu'il y a... Oh! mais plus j'y réfléchis... Quelle lumière vient me frapper!...

— Je gage que je vous devine, s'écria Daulay, et que nous avons la même pensée!... cette jeune fille abandonnée... dont on n'a jamais vu les parents... cette petite Marie...

— Justement...

— Ma foi, cela m'est venu aussi à l'idée, dit d'Aubigny; mais comment supposer que pendant dix-sept ans une mère ait pu rester éloignée de son enfant?...

— Une mère... son enfant... je ne comprends pas du tout, dit Bollopêcho.

— Moi, je comprends fort bien, dit madame Darmentière; mais, ainsi que M. d'Aubigny, je ne puis concevoir que l'on se prive aussi longtemps des caresses de quelqu'un que l'on doit chérir.

— Mais connaissons-nous les motifs de la duchesse?... peut-être des raisons de famille importantes, majeures... vous concevez que madame de Valousky étant alors veuve... ne pouvait avouer sa faiblesse... D'ailleurs, voyez encore les termes de sa lettre : *Je vous expliquerai ce mystère, et j'aime à croire que vous approuverez la conduite prudente que j'ai tenue en cette occasion*... la conduite prudente! Il y avait donc un grand motif... voyez comme tout semble s'accorder avec nos conjectures!

— En effet, dit le comte, mais ce ne sont encore que des probabilités...

— Qui me semblent des preuves très-claires, à moi, dit Daulay; et d'ailleurs, pour avoir des renseignements plus certains, pour savoir si les dates, si les époques sont bien les mêmes, il n'y a qu'à se rendre au Tourne-Bride et questionner maître Gobinard.

— Oh! quant à moi, dit madame de Stainville, j'avoue que je brûle de tenir la clef de ce mystère... Je ne dormirais pas de la nuit s'il me fallait rester dans cet état de doute... Marie serait l'enfant naturel de la duchesse de Valousky, de mon ancienne amie...

— D'une femme qui a soixante mille livres de rente au moins! dit Daulay.

— Ah! c'est la petite Marie qui serait... la chose... l'objet...

le paquet que la duchesse a laissé au Tourne-Bride, dit Bellepêche, qui commence à comprendre.

— Le paquet! s'écrie madame de Stainville en haussant les épaules; mais, monsieur, relisez donc cette lettre, et voyez s'il est question de *paquets!* Il y a *l'objet de ses plus chères affections*.

— C'est vrai, il y a cela. Au reste, la duchesse pourra en dire plus à son retour de Suisse... N'est-elle pas en Suisse en ce moment?... Elle aura voulu monter sur le Righy, comme moi... avec un bâton ferré.

— Oh! je n'y tiens plus! reprend madame de Stainville en se levant, et si la société est assez aimable pour y consentir.. Il n'est pas tard encore, le temps est superbe, on va mettre les chevaux à ma calèche, et nous allons tous partir pour le Tourne-Bride...

— Bravo! idée charmante! s'écrie Daulay.

— Y consentez-vous, madame Darmentière?

— Moi? mais très-volontiers; vous savez bien que je fais tout ce qu'on veut. D'ailleurs cela me procurera le plaisir de voir cette petite Marie, cette jeune fille dont j'ai déjà entendu parler, et j'avoue que je suis curieuse de la connaître.

— Vous verrez une bien jolie personne! dit madame de Stainville.

— Une charmante figure! s'écrie Daulay, et puis de la grâce, de la fraîcheur... quelque chose enfin qui annonce qu'elle n'est point née pour la situation où elle se trouve...

— C'est une fort belle fille! reprend Bellepêche, un beau sang, superbe carnation... Quand je l'ai vue, elle m'a rappelé les paysannes... je veux dire les demoiselles de Lucerne... qui sont très-bien aussi!...

Madame Darmentière ne dit rien, mais ses yeux rencontrent alors ceux de d'Aubigny, et tous deux échangent un sourire qui prouve qu'ils ont en ce moment la même pensée.

Madame de Stainville a déjà quitté le jardin, elle va demander ses chevaux, elle presse ses domestiques, sa femme de chambre; en deux minutes elle a mis un chapeau et un châle : c'était la première fois de sa vie qu'elle passait aussi peu de temps à sa toilette; mais chez les femmes une passion en fait oublier une autre : ce n'est pas comme chez les hommes, qui en conservent facilement une grande quantité à la fois.

Chacun a vite fait ses dispositions pour ce petit voyage impromptu. Enfin la voiture est prête; on y monte, toujours en se pressant, et l'on donne au cocher l'ordre d'aller le plus vite possible, à condition pourtant qu'il ne versera point.

Pendant tout le trajet on ne parle que de Marie et de la duchesse de Valousky. En rassemblant ses souvenirs, madame de Stainville se rappelle que son ancienne amie avait eu dans sa jeunesse une passion secrète, un amour malheureux.

— Toutes les femmes ont eu au moins une passion secrète! dit d'Aubigny en souriant; il eût été bien étonnant que cette belle duchesse fût restée en arrière... D'après ce que je vous ai entendu dire d'elle, je pensais même que madame de Valousky ne s'en était pas tenue à un seul attachement...

— Oh! mon cher comte, vous êtes toujours méchant!... vous pensez beaucoup de mal de notre sexe! reprend madame de Stainville en minaudant.

— J'en pense beaucoup de bien au contraire, et c'est pour cela que je ne doute pas qu'une jolie femme ait inspiré plus d'une passion.

— Cela prouverait-il, monsieur, qu'elle ait été sensible à toutes? dit madame Darmentière d'un air presque sévère.

— Non, madame, non, sans doute...

— Nous nous éloignons de la question, dit Daulay; ce qu'il est important de savoir, c'est si la duchesse de Valousky a eu des enfants issus de son mariage?

— Non, elle n'en a pas.

— Alors, si elle reconnaissait maintenant sa fille naturelle, celle-ci hériterait de sa brillante fortune?

— Il n'y a pas de doute.

— Quelle changement de situation pour cette jeune fille!

— Et quel bonheur qu'elle n'ait point épousé quelque rustre, quelque paysan avec lequel il aurait fallu qu'elle partageât ses richesses...

— Il est probable que madame de Valousky avait défendu de la marier avant son retour...

— C'est ce que nous saurons tout à l'heure...

— Oh! que je voudrais être arrivée!... Mais allez donc, Dupont, fouettez donc vos chevaux... Nous n'avançons pas...

Maître Gobinard était assis sur le pas de sa porte. En attendant l'arrivée de ses deux amis, Gaspard et Martineau, avec lesquels il vidait tous les soirs quelques bouteilles, l'aubergiste prenait le frais tout en regardant sur la route.

A quelques pas de lui, Petit-Jean rinçait des bouteilles, qu'il rangeait ensuite symétriquement devant la maison, d'où l'on devait les transporter à la cave. De temps à autre, le petit marmiton, s'approchant de son maître, lui mettait une bouteille devant les yeux en disant :

— J'espère que c'est propre!... Vous ne direz pas cette fois que je laisse des araignées avec le vin?

Gobinard regardait, puis se contentait de faire un signe d'approbation en laissant le petit garçon continuer; car, depuis l'aventure de la mélasse, quoique l'aubergiste eût pardonné à son aide de cuisine, il l'avait toujours traité avec une froideur qui ne s'était pas démentie. C'est que, depuis cette aventure, personne de chez madame de Stainville n'était revenu au Tourne-Bride. Gobinard regardait en vain sur la route, et c'était toujours avec un sentiment de tristesse qu'il rentrait dans l'intérieur de son auberge.

Marie était dans la salle basse, étendant du linge qu'elle avait lavé le matin. La jeune fille semblait faire son ouvrage sans peine ni plaisir, sans goût ni ennui; ses joues étaient toujours fraîches et roses, ses yeux doux, sa bouche gracieuse; pourtant, en examinant bien Marie, un observateur aurait découvert un sentiment de tristesse caché sous cet air calme et indifférent.

Tout à coup maître Gobinard pousse une exclamation de joie; Marie accourt sur la porte; Petit-Jean suspend son travail.

— C'est elle... je la vois! je la reconnais! s'écrie l'aubergiste en regardant au loin sur la route.

— Quoi donc? demande Marie en s'avançant.

— Queu qu'il y a? dit le marmiton.

— Oui... oui... c'est bien elle... la calèche de madame de Stainville!...

— La calèche... serait-il vrai?...

— Tiens, regarde toi-même, Marie.

— Oh! vous avez raison... c'est la même voiture que l'autre fois... et il y a beaucoup de monde dedans! je distingue des dames, des messieurs.

— C'est toute la société de madame de Stainville qui vient

ici... Ah! quel bonheur! quel bonheur... ils viennent souper chez moi! Petit-Jean, je te défends, sous peine de cent coups de pied où tu sais bien, de toucher à la moindre chose dans la cuisine.

— Soyez tranquille, not' maître; je verrais brûler le rôti... je verrais un poulet devenir un charbon que je n'y toucherais pas.

— A la bonne heure.

— Mais pourvu qu'ils viennent en effet ici, dit Marie; s'ils ne faisaient que passer... s'ils s'en retournaient à Paris...

— Oh! non... cela n'est pas présumable... Ce n'est pas encore le moment où l'on quitte la campagne! Je te dis qu'ils viennent souper ici... je vais me surpasser... Petit-Jean, vite à la cuisine; allume tous les fourneaux...

— Vous me disiez de ne toucher à rien...

— Du feu partout!... petit drôle... Ah! la voiture s'approche... je crois qu'on nous voit... Salue donc, Marie... Ah! mon Dieu! et ces bouteilles qui encombrent l'entrée de mon auberge... Petit-Jean! Petit-Jean!

Le marmiton vient avec un soufflet à la main.

— Ote-moi toutes ces bouteilles... ces baquets... cette eau... Est-ce que le devant d'une maison doit être obstrué ainsi!...

— C'est vous, not' maître, qui m'avez dit de rincer les bouteilles neuves là, afin que...

— Point de raison!... je ne veux pas que l'on me raisonne... Que tout cela disparaisse avant que cette belle société ne descende chez moi! Toi, Marie, un coup de plumeau dans la salle... Moi, je vais mettre une veste blanche.

Marie, avant de donner le coup de plumeau, est allée donner un coup d'œil au miroir et rajuste son petit bonnet. Quant au marmiton, il saisit autant de bouteilles qu'il peut en porter, les emporte en les cognant les unes contre les autres et marmotte entre ses dents:

— Si elles sont étoilées, tant pis!... je n'en réponds plus; pourquoi me presse-t-on comme ça?

Marie a rajusté sa toilette, Gobinard a passé une veste blanche, les bouteilles sont ôtées, il ne reste plus qu'un baquet plein d'eau; mais la calèche a fait du chemin, elle s'approche de l'auberge, elle s'arrête devant, et, tout en se confondant en saluts, maître Gobinard lance des regards furieux à son marmiton, en lui disant: — Ote-moi ce baquet.

Cependant on ouvre la portière de la voiture. Le comte et Daulay sont bien vite à terre; M. Bellepêche descend le troisième; mais, au moment où il pose son second pied sur la route, Petit Jean roule avec le baquet qu'il tenait de ses deux mains, et dont le poids venait de l'entraîner. Malheureusement pour M. Bellepêche, c'est de son côté que tombent baquet et marmiton, et le beau célibataire se trouve bientôt les pieds dans l'eau, éclaboussé jusqu'au menton, et ayant Petit-Jean entre les jambes.

— Ah! misérable! s'écrie l'aubergiste, en courant tirer Petit-Jean par une jambe, tu as donc résolu de déshonorer ma maison... je vais te casser les reins!... Pardon! mille excuses, mesdames et messieurs... une mare d'eau devant ma porte à présent!... c'est désespérant... Attendez, mesdames... attendez... je vais chercher une planche pour que vous puissiez passer à sec...

— C'est inutile, maître Gobinard, dit le comte, nous porterons bien ces dames jusque sur les marches de votre porte.

Et déjà d'Aubigny s'est avancé et a pris dans ses bras madame Darmentière, qui se disposait à descendre. Daulay en fait autant pour madame de Stainville, tandis que M. Bellepêche s'essuie la figure et le pantalon, en disant : — Je suis trempé... heureusement qu'il ne fait pas froid... mais c'est toujours très-désagréable.

La société est entrée dans l'auberge, où c'est de Marie qu'elle s'occupe d'abord. Madame de Stainville court à la jeune servante; elle lui prend la main, l'attire vers elle et l'embrasse en s'écriant :

— Bonjour Marie, bonjour, ma chère enfant... ah! que je suis contente de te revoir... La voilà, madame Darmentière, cette charmante fille dont je vous ai parlé si souvent... Trouvez-vous maintenant que mes éloges aient été exagérés?

— Mademoiselle est fort bien, répond madame Damentière en considérant la jeune fille.

— Je présente mes salutations à mademoiselle Marie, dit Daulay en saluant d'un air gracieux la fille d'auberge.

— Je prie mademoiselle Marie d'agréer l'expression de mes hommages, dit respectueusement Bellepêche tout en continuant de se frotter les jambes avec son mouchoir.

La jeune fille est tout interdite, toute confuse, de se voir

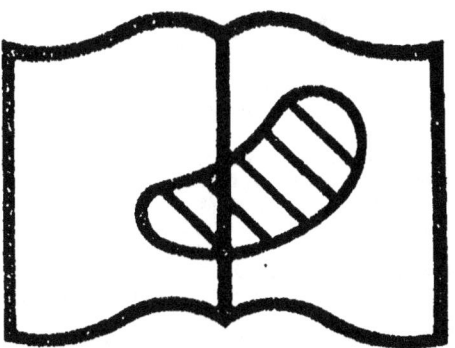

Foliotation partiellement illisible

l'objet des attentions, des politesses de toute la société; elle n'y comprend rien, elle salue à droite et à gauche, en regardant chacun, comme pour s'assurer si l'on ne se moque pas d'elle. Puis ses regards s'arrêtent sur d'Aubigny, qui seul a conservé avec elle le même ton qu'autrefois, et lui a dit seulement : — Bonjour, Marie, bonjour, ma belle enfant.

— Mesdames et messieurs, dit Gobinard en s'approchant, son bonnet de coton à la main, je vais vous préparer un souper qui, je l'espère, vous fera oublier la bévue de mon marmiton; car on a dû vous dire que ce fut par sa faute que mes filets de sole...

— Oui, oui, Gobinard, nous savons tout cela, et nous vous tenons pour un excellent cuisinier, dit madame de Stainville; mais ce n'est pas de souper qu'il s'agit en ce moment. Une affaire bien importante nous amène ici... Conduisez-nous dans la chambre où nous avons dîné... Venez avec nous... nous voulons vous parler... à vous seul, d'abord. Marie, reste là... ne t'éloigne pas, ma chère amie; nous reviendrons bientôt auprès de toi.

Gobinard ouvre de grands yeux, il est tout aussi surpris que Marie; cependant il se hâte de monter l'escalier, fort curieux de savoir ce que l'on peut avoir à lui dire en secret. Quant à Marie, elle reste dans la salle, inquiète, interdite, et fort impatiente aussi de savoir ce que tout cela signifie.

Lorsque la société est dans la chambre au premier, les dames s'asseyent, et Gobinard attend qu'on lui dise de quoi il s'agit. C'est madame de Stainville qui porte la parole, et elle tient à sa main la lettre de la duchesse de Valousky.

— Mon cher Gobinard, vous avez eu l'honneur de loger ici... il y a dix-sept ans et demi, madame la duchesse de Valousky?...

— Oui, madame... je puis vous certifier que c'est la vérité... C'est dans cette chambre qu'elle coucha...

— Nous savons parfaitement que vous ne nous en avez point imposé. Où étiez-vous à cette époque?

— A la Guadeloupe, pour recueillir un héritage; c'est ma femme qui tenait mon auberge...

— Et quand vous revîntes, en vous parlant de la duchesse, votre femme vous parla-t-elle d'un objet bien cher que celle-ci lui avait confié en secret? Répondez-nous avec franchise, Gobinard, vous allez voir par cette lettre que je viens de recevoir de mon amie Herminie de Valousky que nous possédons toute sa confiance, et que vous n'avez rien à craindre en nous confiant tout.

— Ma foi, madame, dit Gobinard d'un air étonné, je puis bien vous certifier que voilà la première fois que j'entends dire que cette duchesse a laissé quelque chose de précieux chez nous. Nous sommes d'honnêtes gens, je vous prie de le croire, et quand on laisse le moindre objet chez nous on le retrouve.

— Assez ! mon cher Gobinard, nous ne doutons pas de votre probité... Vous n'étiez pas dans le secret, je le vois... Écoutez maintenant cette lettre que m'écrit madame de Valousky, et pesez-en bien toutes les paroles.

Madame de Stainville lit à l'aubergiste la lettre de la duchesse. Gobinard est tout oreille, mais quand la lecture est finie il s'écrie : — J'ai beau me creuser la tête, je n'y comprends rien... *Un objet bien cher... Ma femme, en qui on a eu confiance...* Je me donne au diable pour démêler tout ça.

— Peut-être allez-vous bien vite comprendre maintenant, dit Daulay. Quand vous revîntes de votre long voyage, que trouvâtes-vous de plus dans votre maison ?...

— Ce que je trouvai... mais, dame, la maison était toujours la même... Ah! si fait! tiens ! je n'y pensais plus, moi, je trouvai la petite Marie... qui alors pouvait avoir un an au plus... et dont ma femme avait pris soin...

— Et cette petite fille, comment... par qui avait-elle été confiée à votre femme ?...

— Par qui ? ma foi, ma femme me dit que...

L'aubergiste s'arrête comme frappé d'une idée subite, et regarde tout le monde en s'écriant :

— Ah! mon Dieu !... est-ce qu'il serait possible... Marie... cette enfant inconnue... ce serait !..

— Ah! vous nous comprenez à présent? dit madame de Stainville.

— Ah! mais !... je n'en reviens pas, moi... Comment ! Marie... Ah! je ne sais pas où j'en suis !...

— Allons, Gobinard, calmez-vous et rappelez-vous bien tout ce que votre femme vous dit alors...

— Oui, madame... oui... Elle me dit qu'une pauvre femme était venue ici avec cette enfant... Ah! mon Dieu !... puis qu'elle lui avait remis Marie... en lui laissant un sac de six cents francs...

— Six cents francs... une pauvre femme, dit Daulay, voyez comme tout cela était peu vraisemblable...

— Oh! certainement que ça n'était pas vraisemblable... et même j'avoue qu'alors ça me parut bien singulier aussi.

— Vous dit-elle le nom de cette femme qui lui avait confié son enfant?...

— Rien!... elle ne le savait pas... et, chaque fois que je revenais sur ce sujet, je me rappelle que ma femme devenait embarrassée, qu'elle changeait la conversation... Du reste, elle eut toujours pour Marie la plus tendre amitié!... Elle ne lui refusait rien, elle lui achetait tout ce que la petite paraissait désirer.

— C'est qu'il est bien probable, reprend Bellepêche, que madame la duchesse de Valousky avait laissé une forte somme à votre femme, pour qu'elle eût grand soin de la petite. On vous a dit six cents francs pour ne pas vous donner de soupçons...

— Comment! il se pourrait, s'écrie Gobinard, Marie serait l'enfant d'une duchesse!... Ah, mon Dieu! et moi qui lui ai fait éplucher de la salade et hacher du persil!...

— Calmez-vous, mon cher Gobinard; voyons, maintenant, pour achever de lever tous nos doutes, n'auriez-vous pas encore ici quelque garçon... quelque servante qui étaient employés dans cette maison près de votre femme à l'époque où ces événements arrivèrent?... Si véritablement une autre femme que la duchesse de Valousky a amené ici la petite Marie, on l'aura vue, aperçue, cette femme; car enfin elle ne s'était pas rendue invisible elle et son enfant!...

— Attendez-donc... il y a quelqu'un qui pourra nous dire comment tout cela s'est passé... car, en fait de servantes alors, nous n'en avions qu'une qui est morte... Mais Gaspard, qui travaillait ici, à mon jardin... et qui prenait tous ses repas chez nous... Gaspard est le seul qui puisse éclaircir cette histoire...

— Gaspard... le marchand de prunes? dit le comte en souriant... Hé mais, vraiment! nous avons l'honneur d'être de sa connaissance.

— Ah, dame! c'est un gaillard qui n'est pas bête! reprend l'aubergiste, mais il faut quelquefois lui arracher les paroles comme si c'étaient des sous.

— Et cet homme, où est-il?... Ne pourrions-nous le voir? demande madame de Stainville.

— Oh! mon Dieu, ça n'est pas difficile; il vient ici tous les soirs, peut-être maintenant est-il arrivé et se repose-t-il en bas...

Maître Gobinard ouvre la porte, s'avance sur l'escalier et se met à crier d'une voix de stentor :

— Gaspard... es-tu là?

— Eh ben, oui, je suis là, répond une voix rauque que la société n'a pas de peine à reconnaître.

— Alors, monte ici... monte tout de suite..... c'est pressé... on veut te parler.

On ne tarde pas à entendre les sabots du paysan sur les marches de l'escalier. Gaspard monte sans presser son pas, et, arrivé devant la porte de la chambre, il s'écrie :

— Eh ben ! quoi que t'as donc, Gobinard? est-ce que le feu est dans ta culotte?... c'est pas moi qui l'éteindrai, d'abord.

— Gaspard, prends donc garde... fais un peu attention devant qui tu parles ; ne vois-tu pas qu'il y a ici des personnes... considérables ?

— Oh ! que si ! oh ! que si ! Pardine ! je la reconnais ben la société !... je lui ai vendu de la reine-claude violette... il y a ben longtemps... Salut, messieurs, mesdames, la compagnie.

— Entrez... entrez donc, monsieur Gaspard, dit Daulay en prenant pour la première fois un air poli avec le paysan.

— Est-ce que vous avez besoin de moi? dit Gaspard en regardant tout le monde.

— Oui, brave homme, dit madame de Stainville, nous désirons obtenir de vous des renseignements bien importants.

— Il s'agit de Marie, s'écrie Gobinard, de cette pauvre Marie... qui se trouve être une grande dame... nous avons découvert ce secret !...

— Que diable me chantes-tu là? répond Gaspard en regardant l'aubergiste avec surprise.

— Maître Gobinard, laissez-moi expliquer l'affaire à ce brave homme, reprend madame de Stainville, je ne lui demande qu'un peu d'attention.

— Oh ! de l'attention tant que vous voudrez ! ça coûte pas cher, ça.

— N'avez-vous pas travaillé dans cette maison à l'époque où M. Gobinard était en voyage?...

— Ouï!..... j'ai travaillé au jardin pendant un mois, six semaines, tous les jours.

— Étiez-vous ici lorsqu'une dame que l'on nommait madame la duchesse de Valousky vint y loger quelque temps?...

— Oui... oui... c'est justement alors que j'y étais ; je me la rappelle aussi vot' duchesse! c'était une dame qui était toute parée, toute faraude, quoi... et ben jolie tout de même !...

— Fort bien. La duchesse fut malade ici, dit-on... quelle était sa maladie?....

— Ah ! j'en sais rien !..... je suis pas médecin, moi.

— La duchesse resta ici quelques jours?

— Dame, oui...

— Qui est-ce qui la soigna ?

— La maîtresse de l'auberge, madame Gobinard entrait seule dans sa chambre... Oh ! elle avait ben soin d'elle.

— Et la petite Marie, cette enfant que l'on déposa ici... on ne sait comment, avait-elle été amenée ici avant l'arrivée de la duchesse?... Rappelez-vous bien : ce point est décisif.

Gaspard regarde avec étonnement madame de Stainville, il est quelque temps sans répondre, et dit enfin :

— Non... non... alors... on n'avait pas encore ici la petite Marie!...

— Plus de doute! s'écrie Daulay, c'est la fille de la duchesse!

— C'est une duchesse!... Marie est une princesse!... crie Gobinard en jetant son bonnet au plafond.

— Comment!... Marie?... je ne vous comprends pas, dit Gaspard, qui peut vous faire penser que l'enfant dont on ne connaît pas les parents soit fille de cette grande dame?

— Cette lettre, dit madame de Stainville, cette lettre que m'écrit la duchesse de Valousky... tenez... tenez... lisez... de là...

— Oh ! pas pus de là que d'ailleurs, vu que je ne sais pas lire.

— Eh bien ! écoutez alors... écoutez bien.

Madame de Stainville fait encore une fois la lecture de la lettre de la duchesse. Gaspard écoute avec beaucoup d'attention ; et, pendant cette lecture, l'expression de sa physionomie annonce tout l'intérêt qu'il y prend.

7.

Lorsque madame de Stainville a cessé de lire, Daulay va frapper sur l'épaule de Gaspard en lui disant :

— Eh bien!... pouvons-nous douter à présent que cet objet si cher... cet objet des plus tendres affections de la duchesse, ne soit l'enfant qu'elle a laissée en ces lieux?

Gaspard semble réfléchir, il garde longtemps le silence ; enfin il s'écrie :

— C'est drôle tout de même!...

— Mais, dit d'Aubigny, vous avez oublié de faire à maître Gaspard la question la plus essentielle : c'est de savoir s'il a vu cette autre femme qui a soi-disant apporté ici la petite Marie... et si ce personnage n'est point simplement inventé pour cacher la vérité?

— Ah! oui, dit l'aubergiste, l'autre femme... enfin celle qui a soi-disant confié son enfant à ma défunte, avec un sac d'écus de six cents francs, et dont on ne sait ni le nom ni l'adresse... dont on n'a jamais entendu reparler depuis?... Voyons, Gaspard, toi qui travaillais ici; toi qui, depuis que je tiens cette auberge, n'as point passé un seul jour sans y entrer, tu as dû voir cette femme qui se disait la mère de Marie!

— Je n'ai jamais aperçu la femme aux six cents francs! répond Gaspard, et personne dans le village ne l'a vue plus que moi.

— Oh! maintenant, dit madame de Stainville, je n'ai plus le moindre doute, Marie est la fille de la duchesse.

— Ce qu'il y a de sûr, dit Gaspard, c'est qu'il faut ben que c'te jeune fille soit l'enfant de quelqu'un. Mais c'te duchesse qui vous a écrit... où est-elle à c't heure?

— Encore en Italie ; mais dans quelques mois elle reviendra, elle sera de retour... Il lui tarde de voir, d'embrasser son enfant... Oh! mais, moi aussi, il me tarde d'embrasser Marie, maintenant que je n'ai plus de doutes... que je suis certaine qu'elle est la fille de mon amie... Venez, messieurs, retournons près de cette chère enfant, que nous allons sur-le-champ emmener avec nous...

— Bah! vous voulez emmener Marie? dit Gaspard.

— Si je le veux! s'écrie madame de Stainville, la fille de mon amie, l'enfant de la duchesse de Valonsky resterait plus longtemps servante d'auberge, lorsque, moi, je connais sa naissance!... Ah! pouvez-vous le penser?...

— Non, non! cela ne se peut plus! dit Daulay... Cette aimable enfant ne doit plus habiter ici.

— Cela n'aurait pas le sens commun de l'y laisser, reprend Bellepêche en essuyant encore son pantalon.

— Ma foi! au fait, emmenez-la... Vous avez raison, dit Gaspard. Je suis bien sûr qu'elle ne demandera pas mieux, d'abord!

— Ce n'est pas, mon cher Gobinard, que je ne rende pleine justice à tous les soins que vous avez eus pour Marie, reprend madame de Stainville. Oh! vous vous êtes parfaitement conduit, et même ignorant sa naissance, il y a eu de votre part noblesse et générosité...

— Oui! il y a tout cela! dit Bellepêche, vous êtes un généreux traiteur... Croyez bien aussi, Gobinard, que la duchesse saura tout cela... qu'elle connaîtra ce qu'elle vous doit, et attendez-vous à recevoir à son retour une récompense magnifique.

— Oh! oh! dit maître Gobinard, dont les narines se gonflent de plaisir et d'orgueil... vous croyez... j'aurai une magnifique récompense de cette duchesse... que je ne connais pas?

— Oui... ça pourra ben te venir! dit Gaspard. Dame! on ne sait pas!.... on a vu des choses plus extraordinaires.

— Voilà déjà une aventure qui l'est diablement! dit le comte en riant. Qu'en pensez-vous, madame?

Cette question s'adressait à madame Darmentière, qui avait pris peu de part à toute la discussion, et s'était jusqu'alors contentée d'écouter.

— Ce que je pense, monsieur? répond-elle; en vérité, je trouve comme vous que tout ceci a l'air d'un roman. Certainement, je ne puis qu'approuver tout le bien que madame de Stainville prétend faire à la jeune Marie; cependant il me semble que si la duchesse de Valousky laisse son enfant (dans le cas toujours où ce serait son enfant)... si, dis-je, elle la laisse dans cette auberge, c'est que probablement elle pense qu'elle y est bien!...

— Mais, ma chère amie, dit madame de Stainville, ne voyez-vous pas que des circonstances graves, impérieuses, ont forcé la duchesse à ce mystère?... Elle-même nous le dit dans sa lettre... Voulez-vous que je vous la relise?...

— Oh! je vous remercie, je la sais par cœur.

— Moi, je ne doute pas que Marie ne soit un enfant naturel de mon amie... enfant qu'elle reconnaîtra ou adoptera à son retour... Ces mots de sa lettre : *objet de mes plus chères affections...*

— Je me rappelle parfaitement toutes ses expressions.

— D'après cela, je suis sûre d'être tendrement remerciée par la duchesse lorsqu'elle saura que j'ai pris sa chère Marie avec moi, et que je me suis appliquée à la rendre digne de figurer dans ce monde nouveau qui l'attend. Certainement, je ne vais pas, de moi-même et sans y être autorisée, présenter Marie dans le monde comme la fille de madame Valousky... ce serait une grande indiscrétion de ma part!.. ce secret restera entre nous... et je compte sur le silence de ces messieurs.

— Nous serons muets! dit Daulay.

— Moi, je ne me suis jamais compromis en parlant, dit Bellepêche, j'ai même poussé cela très-loin.

— Monsieur Gobinard, je vous engage aussi à être discret, jusqu'au retour de la duchesse!

— Soyez tranquille, madame... je comprends l'importance... l'urgence... d'ailleurs Gaspard me connaît, et...

— Lui! dit Gaspard. Oh! pardi, c'est le tambour du pays!... Il remplace la petite poste.

— Mais c'est assez discourir, messieurs; allons retrouver cette chère Marie.

Madame de Stainville et sa société redescendent vivement dans la grande salle où Marie était restée seule, cherchant à deviner ce que l'on pouvait avoir à dire à M. Gobinard, et pourquoi on lui avait fait tant de caresses.

L'étonnement de la jeune fille redouble lorsque, au retour de la société, elle voit madame de Stainville accourir à elle, la presser dans ses bras en lui donnant les noms les plus doux, M. Daulay rester comme en extase en la regardant, M. Bellepêche tirer son mouchoir d'un air attendri, et maître Gobinard l'aborder avec respect, son bonnet de coton à la main.

— Mais qu'ai-je donc fait,... que signifie tout cela?... demande Marie tout émue.

— Ma chère enfant, dit madame de Stainville, j'ai découvert le secret de ta naissance... je connais ta mère...

— Il se pourrait!... Ah! madame... daignez me dire...

— Je ne puis encore te la nommer. Qu'il te suffise maintenant de savoir qu'elle a un grand nom, de la fortune... que tu es appelée à goûter dans le monde l'existence la plus heureuse, et qu'on attendant le retour de ta mère... qui n'est point en ce pays, je vais t'emmener, te garder avec moi, te traiter comme ma fille... comme mon amie, veux-je dire, et te rendre enfin digne du sort qui t'attend.

— Ah! madame!... comment! je vais aller avec vous... aller dans le beau monde... il serait possible!...

— Tu es une duchesse!... dit à demi-voix Gobinard en tortillant son bonnet de coton dans ses doigts.

— Je suis... comment avez-vous dit?...

— Rien, rien, reprend madame de Stainville en jetant sur l'aubergiste un regard sévère, tu es l'enfant de quelqu'un que j'aime, et, je te le répète, tu ne me quitteras plus jusqu'à ce que tes parents viennent te réclamer...

— Ah! madame, que je suis heureuse!... Aller avec vous... Que je suis contente!

— J'étais bien sûr qu'elle ne tiendrait pas à l'auberge! dit Gaspard en allant s'asseoir devant une table.

— Allons, Marie, fais tes adieux à ce bon M. Gobinard, qui a eu bien soin de toi, sans savoir le secret de ta naissance, et viens avec nous...

— Comment, madame... est-ce que vous m'emmenez tout de suite?...

— Oui, Marie, sur-le-champ... dans ma voiture... Nous nous serrerons un peu... Mais où je serai il y aura toujours une place pour toi.

— Ah! madame! que vous êtes bonne... mais c'est que... je n'avais pas préparé mes effets... permettez-moi d'aller faire un petit paquet... je vais me dépêcher.

— Cela est inutile, ma chère enfant; à quoi bon emporter des effets que tu ne dois plus porter!... Crois-tu donc que chez moi tu garderas ce costume?... Tu vas vivre dans le monde... dans le grand monde même, il faut que ta toilette réponde à ta nouvelle position; mais, sois tranquille, j'ai chez moi de quoi faire de toi une charmante demoiselle.

— Quoi! je vais avoir de belles robes aussi!... Ah! quel plaisir!... Quand vous voudrez partir alors... je suis toute prête, madame...

Et la jeune fille court déjà vers la porte; elle va s'élancer dans la voiture sans dire adieu à Gobinard, qui, le bonnet à la main, semble attendre d'elle une parole d'amitié.

— Eh bien! Marie, dis donc adieu à ce bon M. Gobinard, reprend madame de Stainville en arrêtant la jeune fille.

— Oh! elle est reconnaissante comme un vrai chat! murmure Gaspard en jouant avec un couteau.

— Ah! pardon, madame... c'est vrai... c'est que je suis si troublée... Adieu, monsieur Gobinard...

— Ma chère Marie... mademoiselle, veux-je dire... certainement... je suis bien flatté... Si je vous ai employée quelquefois à de gros ouvrages, c'est que je ne savais pas...; car si je l'avais su... Enfin, mamselle Marie, j'espère que vous n'oublierez pas tout à fait cette maison... et ceux qui l'habitent...

L'aubergiste fait alors un mouvement pour embrasser la jeune fille; mais, se reprenant, il se contente de lui prendre la main, qu'il porte humblement à ses lèvres, et Marie lui abandonne sa main, comme si elle était accoutumée à ces marques de respect.

— Comme cette jeune fille sent déjà sa dignité! dit Daulay. Oh! elle prendra vite les manières de la bonne compagnie!...

— Cela fera une bien jolie petite duchesse! murmure Bellepêche.

— Allons, messieurs, partons.

A ces mots de madame de Stainville, d'Aubigny et madame Darmentière se dirigent vers la voiture; Daulay et Bellepêche voudraient offrir la main à Marie, mais sa nouvelle protectrice leur épargne ce soin en emmenant elle-même la jeune fille. Celle-ci fait encore un signe d'adieu à Gobinard, puis elle aperçoit Gaspard dont les yeux sont attachés sur elle; mais alors elle détourne bien vite la tête et double le pas, car les regards du paysan sont, comme de coutume, malins et railleurs, et Marie éprouve un secret dépit de n'y voir aucun respect pour sa nouvelle fortune.

On remonte en voiture : Marie est placée entre les deux dames, les trois messieurs sont en face d'elle; le cocher fouette ses chevaux, on part, et la jeune fille a peine à supporter la joie qu'elle éprouve d'aller en calèche, avec des gens du grand monde qui la traitent comme leur égale.

L'aubergiste a regardé rouler la voiture tant qu'il a pu l'apercevoir; puis alors il entre dans la salle et se jette sur une chaise en s'écriant :

— Ah! mon Dieu!... qui es'-ce qui aurait dit cela?... Ah!... ouf! Ah! mon Dieu!

— Eh bien! est-ce que tu vas te trouver mal, toi? dit Gaspard.

— Non... j'avoue que cette aventure m'a tout remué... tout bouleversé... Et puis enfin... cette jeune fille... que je regardais comme mon enfant... que j'ai vue grandir sous mes yeux... la voir partir si vite... ça me...

Gobinard tire son mouchoir et le passe sur ses yeux.

— Eh bien... eh bien, ne vas-tu pas pleurer, toi?... Est-ce que Marie a pleuré en te quittant?... est-ce qu'elle a témoigné le moindre regret de s'en aller?...

— Non, c'est vrai!... mais écoute donc, passer de l'état de servante d'auberge à celui de grande dame... il y a bien de quoi tourner la tête à une jeune fille...

— Quand la tête tourne si vite, c'est que le cœur n'est pas ben lourd!... Moi, je crois qu'il y a des jeunes filles qui, pour des toilettes et de beaux affiquets, n'auraient pas quitté comme ça leur père adoptif... tandis que celle-ci t'a planté là comme un paquet. Je ne suis qu'un paysan... un grand bêta, à ce que dit Martineau, mais je pense que dans ce monde il ne faut aimer que ceux qui nous aiment... ça n'est pas encore ben fatigant, vois-tu. Buvons une bouteille, ça dissipera les nuages!...

— Tu as raison... Petit-Jean, va nous chercher du vin... Et puis après tout... c'est très-flatteur pour moi d'avoir élevé une petite duchesse... Et peut-être bien... comme a dit madame de Stainville, que j'en serai grassement récompensé.

L'aubergiste allait déboucher la bouteille que son garçon venait d'apporter, lorsque le professeur d'écriture entra dans la salle.

— *Salutem omnibus!* dit M. Martineau.

— Ah! venez donc! arrivez donc s'écrie Gobinard. Ah! mon cher monsieur Martineau! nous avons bien du nouveau ici!...

Le professeur tourne la tête, regarde de tous côtés et répond :

— *Quid novi?* Je ne vois pas le moindre changement dans cette salle.

— Il ne s'agit pas de cette salle! c'est Marie... Vous savez bien, ma servante... je veux dire cette enfant sans père... c'est la fille d'une duchesse... c'est l'enfant de cette grande dame de Valousky qui a logé ici jadis... Madame de Stainville a découvert le mystère de sa naissance...

— Il me semble aussi qu'elle t'avait dit de garder le secret là-dessus? dit Gaspard.

— Le secret? pour des étrangers, bon; mais avec M. Martineau, c'est bien différent... Oui, mon ami, Marie est partie... Madame de Stainville l'a emmenée... il n'y a qu'un moment... et dans sa calèche, à côté d'elle... et de sa belle société... Ah! Martineau! quel événement!...

— Ah çà!... comment?... Est-ce que vous parlez sérieusement? dit le professeur, quoi... Marie... votre servante... Allons, vous voulez rire?

Gobinard s'empresse de raconter au professeur tout ce qui vient de se passer, en lui rapportant les termes de la lettre de madame de Valouski, et il termine son récit en assurant que Marie doit un jour avoir un million de revenu.

M. Martineau a écouté avec la plus grande attention, et lorsqu'il voit que tout est bien réel, lorsqu'il entend dire que la jeune Marie sera bientôt reconnue par sa mère, la duchesse de Valousky, le professeur frappe des pieds avec désespoir et fait mine de s'arracher les cheveux en s'écriant :

— Ah! malheureux!... sot que je suis!... Une duchesse!... et moi qui ai refusé de l'épouser!

— C'est ma foi vrai! dit Gaspard en riant aux éclats, vous auriez été duc ni plus ni moins! ça vous apprendra à faire tant votr' renchéri!

— Oh! que c'est heureux! dit à son tour Gobinard, que c'est heureux que vous ayez refusé!... Je vous aurais donné la fille de la duchesse de Valousky; quand sa noble mère serait venue la réclamer, elle l'aurait trouvée maîtresse d'école!... Je m'en serais pendu de désespoir!

— Qu'est-ce à dire, maître Gobinard?... Je vous trouve plaisant!... Est-ce que mon alliance est à mépriser?

— Votre alliance!... parbleu! vous êtes un honnête homme, je le sais bien, mais vous ne valez pas une duchesse.

— Je vaux... je vaux... Vous êtes un impertinent, vous m'insultez!...

— Vous êtes fou!... vous ne savez ce que vous dites!

— C'est vous qui ne savez pas ce que vous faites! Quand on a une duchesse chez soi, on doit s'en apercevoir, et on ne lui fait pas laver la vaisselle.

— Taisez-vous!... monsieur Martineau, ou je vais vous manquer de respect!...

— Allons! allons! dit Gaspard en se mettant entre les deux hommes, est-ce que ce n'est pas fini?... Vous avez manqué de vous battre une fois pour Marie... que vous refusiez, vous, Martineau, vous voulez vous battre maintenant de colère de l'avoir refusée!... Comment! deux anciens amis... se quereller pour une petite fille qui ne pense déjà plus à ce village!... Qu'elle soit duchesse, princesse ou servante d'auberge... laissez-la faire son chemin!... Elle n'aurait pas voulu voyager avec aucun de nous!... eh ben, adieu, bonne chance!... nous verrons la suite!... Voilà trois verres pleins, buvons... et trinquez ensemble... Allons, sacrebleu! je veux qu'on trinque, ou je me fâche aussi!

L'aubergiste et le professeur, qui se sont calmés, avancent doucement la main près du verre qu'on leur présente; ils le prennent et trinquent avec Gaspard, mais sans lever les yeux.

— A la santé de Marie! dit maître Gobinard d'une voix émue.

— Non, à la santé de Pierre! d'abord, s'écrie Gaspard en élevant son verre; à la santé de ce pauvre garçon qui aimait Marie, et qui s'est fait soldat parce qu'elle n'a pas voulu de lui...

— C'est encore fort heureux! murmure l'aubergiste; mais cette fois il fait cette réflexion si bas que personne ne peut l'entendre. Après plusieurs rasades, la querelle semble entièrement terminée, et le professeur choque son verre contre celui de Gobinard. Cependant la réunion ne se prolonge pas longtemps, car chacun des trois hommes était trop préoccupé des événements de la soirée pour être en train de causer.

Gaspard est retourné chez lui, et M. Martineau se dirige aussi vers sa modeste retraite, mais cette fois c'est en soupirant. Il murmure de temps à autre le long de son chemin :

Oui, Lamoignon, je fuis les chagrins de la ville...

Mais il s'interrompit en se disant : — Quel dommage! j'aurais eu pour femme une petite duchesse!

CHAPITRE XII

NOUVELLE POSITION. — NOUVELLE SÉDUCTION.

Marie est arrivée chez madame de Stainville ; la soirée étant déjà avancée, on ne s'occupe que de la loger convenablement, et ce n'est que le lendemain qu'elle changera de toilette. Marie voudrait déjà être à ce moment, car pour une jeune fille, le plus grand avantage de la fortune est de pouvoir porter de belles robes.

Madame de Stainville fait disposer une jolie chambre pour sa nouvelle locataire, et elle choisit cette pièce tout contre son appartement, en femme qui a de l'expérience ; elle sent qu'une jeune et charmante fille ne doit pas occuper un appartement isolé, surtout dans une maison habitée souvent par des hommes. Madame de Stainville veillera sur Marie, d'abord parce qu'elle veut la présenter pure à la duchesse de Valousky, ensuite parce qu'elle ne se soucie pas qu'elle lui enlève ses conquêtes.

Marie est donc installée dans une jolie chambre, où une dame du monde ne trouverait que le nécessaire, mais qui semble à la jeune fille un palais somptueux. Son changement de situation a été si vif, si prompt, qu'en se déshabillant, pour se mettre dans un lit moelleux, entouré de mousseline et de soie, Marie s'écrie : « Ah ! si c'est un rêve que je fais, puissé-je ne jamais me réveiller !... »

Mais au réveil, la nouvelle fortune est restée, et Marie aperçoit sur une causeuse, devant son lit, plusieurs robes et tout ce qu'il faut pour sa toilette. La veille au soir, madame de Stainville avait choisi dans sa garde-robe ce qu'elle pourrait donner à Marie, avant qu'une couturière s'occupât d'elle. La taille de cette dame était à peu près la même que celle de la jeune fille ; d'ailleurs, sa femme de chambre, fort intelligente, pouvait corriger ce qui n'allait pas.

En voyant les robes qui lui sont destinées, Marie pousse un

cri de joie : elle saute de son lit, puis de son lit saute dans la chambre, va tout examiner, et se met à danser en chemise avec les robes sur ses bras, en s'écriant : « Ah! que c'est joli! Ah! que je vais être belle avec cela!... Ah! que je suis contente!... »

Tout à coup elle entend du bruit dans l'escalier. Honteuse de ce qu'elle vient de faire, et craignant d'avoir été vue dansant en chemise dans la chambre, Marie rejette les robes sur un meuble et court se refourrer dans son lit, en faisant monter la couverture sur son nez.

On ouvre doucement la porte. C'est la femme de chambre qui se présente, en disant à demi-voix : « Mademoiselle est-elle éveillée?... veut-elle que je l'habille? »

Marie sort son nez de dessous la couverture et répond :

— Vous êtes bien bonne, mademoiselle, mais je m'habillerai bien toute seule...

— Oh! non, mademoiselle, pas aujourd'hui, car il faut que je voie comment ces robes vont vous aller, et ce qu'il faudra y changer.

— Alors, je me lève... nous allons voir cela tout de suite.

Et Marie saute de nouveau hors de son lit. La femme de chambre l'habille en faisant ses remarques et plaçant des épingles.

— Ce côté ne va pas, mademoiselle... cela plisse trop du devant... c'est guindé par derrière... cette manche est trop large...

— Mais non! je vous assure que cela va très-bien, s'écrie Marie en se regardant dans une glace...

— Oh! non, mademoiselle, je ne veux pas que vous soyez mal habillée... ce serait dommage, vous êtes si bien faite.

— Vous me flattez, mademoiselle!

— Je ne dis que la vérité... Essayons une autre robe... Demain celle-ci ira, je ferai les petits changements nécessaires, ce n'est rien, et puis les personnes bien faites sont beaucoup plus faciles à habiller... au moins il ne vous faut pas de triples ouates de coton sur les hanches... et dix aunes d'étoffe dans votre jupon de dessous pour vous faire une tournure...

— Comment! est-ce qu'il y a des femmes qui portent des jupons de dix aunes?...

— Ah! je crois bien! et autre chose encore... Attendez, en voici une qui va mieux.

Marie trouve toujours que la robe va bien, car elle voudrait déjà que sa toilette fût terminée, afin de pouvoir descendre et paraître devant la société dans sa nouvelle tenue. Au milieu des événements de la veille et du trouble de ses esprits, il y a pourtant un secret sentiment qui a doublé la joie qu'elle éprouvait de son changement de position : c'est ce sentiment qui la faisait regarder tristement sur la route, pour voir si la calèche de madame de Stainville se montrait, et qui l'a fait rougir de plaisir la veille en l'apercevant; c'est encore lui qui faisait que, dans la voiture, Marie baissait souvent les yeux de crainte de rencontrer ceux du comte d'Aubigny. Pourtant le comte est celui qui lui a témoigné le moins d'empressement en sachant qu'elle n'était plus servante d'auberge ; tout occupé de madame Darmontière, dont les regards semblent moins froids depuis que la jolie Marie fait partie de la société, d'Aubigny n'a point imité Daulay et Bellepêche, il n'est point allé encenser la nouvelle idole ; mais Marie était trop troublée, trop émue, pour remarquer tout cela. Ce qu'elle se rappelle, c'est que d'Aubigny l'a trouvée charmante et l'a embrassée fort tendrement, alors qu'elle n'était que simple fille d'auberge; d'après cela, elle pense qu'il la trouvera encore bien plus jolie lorsqu'elle sera mise comme une demoiselle de la ville. Pense-t-elle aussi qu'il l'embrassera comme auparavant?... L'imagination d'une jeune fille va si vite!

— Je suis bien, je suis très-bien! disait Marie ; cependant ce n'était pas tout que la robe, il fallait encore se laisser arranger les cheveux; ceux de Marie étaient très-beaux ; et la femme de chambre, qui coiffait fort bien, se plaisait à les tresser, à les lisser tout en s'écriant :

— Quel plaisir de coiffer quelqu'un qui a de si beaux cheveux!... si longs... si épais... au moins on peut les arranger de mille manières... ce n'est pas comme quand on n'a que sept ou huit poils dans la main... et qui vous y restent souvent... Tenez, mademoiselle, comment vous trouvez-vous ?

Marie se regarde, elle est à la grecque. Son cœur bondit de plaisir, elle embrasserait de bon cœur la femme de chambre ; elle ne sait comment la remercier, lorsque madame de Stainville entre dans la chambre, et va embrasser sa nouvelle protégée.

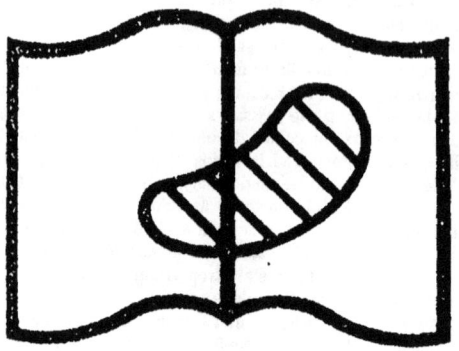

Foliotation partiellement illisible

— Oh! madame, que vous avez de bontés!... de si belles parures pour moi! s'écrie Marie en baisant la main de madame de Stainville; celle-ci l'arrête en lui disant :

— Que fais-tu là, Marie? des marques de respect!... je ne veux pas. C'est de l'amitié, de la confiance que je demande. Tu porteras ces robes en attendant que ma couturière ait le temps de t'en faire d'autres... Mais tu es bien... très-bien dans cette toilette et avec cette coiffure; il ne manque qu'un peu d'habitude, cela viendra vite; dans huit jours, je gage que tu auras toute l'aisance, toutes les manières de ta nouvelle position. Mais viens, que je te présente à ces messieurs...: ils vont te trouver charmante, j'en suis sûre.

Marie l'espérait bien aussi ; elle suit madame de Stainville, qui descend au salon. Daulay et Bellepêche y étaient déjà, car tous deux avaient rêvé à la jeune fille, à celle qui serait probablement un jour l'héritière de la duchesse de Valousky, et déjà leur imagination travaillait, leur esprit enfantait mille projets, leur cœur se livrait aux plus vastes espérances.

A l'aspect de Marie, ces messieurs poussent un cri d'admiration :

— Adorable! divine!... s'écrie Bellepêche.

— Mademoiselle est charmante dans sa nouvelle toilette, dit Daulay en modérant les élans de son admiration, parce qu'il s'aperçoit que madame de Stainville l'observe.

— Charmante! dites donc ravissante, reprend le vieux garçon, et, en honneur, on croirait que mademoiselle a porté de semblables toilettes toute sa vie... elle a une grâce... une aisance...

En ce moment Marie se sentait au contraire fort gauche, et elle ne savait que faire de ses bras.

— Allons, mon cher Bellepêche, vous êtes indulgent pour notre jeune amie, dit madame de Stainville; mais d'ici à quelques jours je veux qu'elle ait toutes les manières d'une demoiselle de bonne compagnie.

— Avec vos leçons, dit Daulay, mademoiselle Marie ne peut manquer de devenir parfaite...

— Hum!... flatteur!...

— Moi, reprend Bellepêche, je soutiens que mademoiselle a dans les traits... dans le regard... dans le nez quelque chose qui dénote son illustre origine... la noblesse est dans le sang!..

ça ne se perd pas... j'ai poussé mes observations très-loin là-dessus !...

Marie se contenta de saluer un peu gauchement, sans répondre autre chose aux compliments qu'on lui adresse. Ses yeux, en entrant dans le salon, y avaient cherché quelqu'un qui n'y était pas, et devant qui elle brûlait de paraître avec sa nouvelle toilette.

— A propos, ma petite Marie, dit madame de Stainville en faisant asseoir la jeune fille à côté d'elle, que sais-tu faire ?... ton éducation a dû être bien négligée... il faudra remédier à cela... la mise ne suffit pas, il faut encore savoir parler dans le monde. Voyons, que sais-tu ?... conte-nous cela.

— Madame, je sais bien lire, et j'écris aussi assez passablement...

— C'est déjà quelque chose que je n'espérais pas ; et l'orthographe ?

— M. Martineau dit aussi que je n'allais pas mal...

— Allons, de mieux en mieux !... Ensuite ?

— Je ne calcule pas très-bien ; mais je sais coudre, blanchir, savonner, repasser...

— Chut !... chut !... assez, assez !... voilà de ces choses qu'il ne faut pas savoir... fi donc !... tu oublieras tout cela ; mais tu apprendras à broder... à dessiner, à danser, et peut-être un peu de musique.

— Je m'offre volontiers pour donner à mademoiselle des leçons de géographie, dit Bellepêche... je la ferai voyager sur la carte... Je connais beaucoup la Suisse... ses montagnes, ses glaciers... J'ai monté sur le Righy avec un bâton ferré...

— Bien ! bien, mon cher Bellepêche, nous verrons tout cela, après mille autres choses plus nécessaires à une demoiselle du monde !...

— Oh ! moi, je sais bien ce que je voudrais lui apprendre ! se dit Daulay en faisant une pirouette dans le salon.

L'arrivée de d'Aubigny interrompt cette conversation ; il s'approche de Marie, l'examine et s'écrie :

— Très-bien, d'honneur !... Qui diable reconnaîtrait la petite servante d'auberge ?...

— Ah ! mon cher comte, dit madame de Stainville, voilà de ces choses qu'il est inutile de rappeler à Marie !...

— C'est même inconvenant, dit tout bas Bellepêche.

— Et pourquoi donc? reprend d'Aubigny. Est-ce de la faute de Marie... de mademoiselle, dis-je, si ses parents l'ont laissée jusqu'à présent dans une auberge de village? En sera-t-elle à présent moins jolie, moins gracieuse? Quant à moi, j'avoue que je suis un grand égoïste, car en voyant tant de charmes, je regrette parfois ces douces libertés que l'on pouvait se permettre avec la simple paysanne... et qui doivent faire place au respect pour la demoiselle.

— Taisez-vous, d'Aubigny, vous ne pensez que de vilaines choses!... dit madame de Stainville en souriant.

— Mais j'en imagine de fort jolies, au contraire!...

Pendant ce dialogue, les regards de Marie étaient modestement baissés; mais lorsqu'elle les portait sur le comte, la douceur de leur expression semblait lui dire que la demoiselle était assez disposée à tolérer les mêmes libertés que la paysanne.

Pendant les premières journées, on est tout à Marie; madame de Stainville s'attache à lui enseigner comment il faut se tenir, se conduire, parler et répondre dans un salon; au lieu de s'appliquer à connaître les qualités ou les défauts de la jeune fille, et de chercher à élever son âme en lui inspirant de nobles sentiments, on ne songe qu'à lui donner des leçons de coquetterie; c'est de son extérieur, de sa tournure, de ses manières que l'on s'occupe, comme de ce qui est le plus essentiel pour aller dans le monde, où le fond est souvent bien peu de choses! où les dehors sont tout.

Marie apprend vite tous ces riens importants : chercher à plaire, se corriger de ce qui serait ridicule, voilà de ces leçons dans lesquelles une jeune fille, déjà passablement coquette, doit faire de rapides progrès. Le pronostic de madame de Stainville s'est réalisé, il ne s'est pas écoulé huit jours depuis que Marie est auprès d'elle, et déjà celle-ci sait parfaitement se tenir, saluer, s'asseoir, entrer et sortir dans un salon.

Bellepêche ne tarit point dans ses éloges et ses compliments. Depuis que Marie fait partie de la société, le vieux célibataire augmente ses frais de toilette; il passe sa matinée à essayer des pantalons qu'il a fait venir de Paris, et avec lesquels son tailleur lui a promis qu'on ne lui verrait plus de ventre; la boucle et les bretelles subissent de fréquentes corrections;

enfin ce monsieur, qui a passé sa vie dans l'attente d'une riche conquête, est maintenant résolu à tout tenter pour faire celle de Marie, car la fille naturelle de la duchesse de Valousky doit être un jour un parti excellent. Dans cet espoir, Bellepêche se fait autant qu'il le peut le cavalier de Marie. Dans le salon, c'est à côté d'elle qu'il s'assied, c'est avec elle qu'il cause ; dans le jardin, c'est toujours de son côté qu'il va ; à la promenade, il lui offre le bras ou marche près d'elle, et tout en lui lançant des regards dont il croit l'effet prodigieux, lui parle de son voyage en Suisse et de son pèlerinage sur le mont Righy.

Les assiduités, les soins empressés de Bellepêche, produisent sur la jeune fille l'effet contraire à celui que son courtisan espérait : Marie est fatiguée de la conversation de M. Bellepêche ; sa présence continuelle l'obsède ; quand elle le voit s'asseoir près d'elle, son cœur est prêt à défaillir ; mais cette émotion n'est nullement favorable à celui qui la fait naître. Marie se dépite lorsque ce monsieur lui présente son bras, car elle n'ose le refuser, et ce n'est point le sien qu'elle désirerait prendre ; enfin la jeune fille éprouve presque de l'aversion pour Bellepêche, et elle trouve que ses conversations continuelles lui font payer bien cher les avantages de sa nouvelle position.

Daulay est bien moins souvent près de Marie ; dès le commencement du séjour de la jeune fille chez madame de Stainville, il s'est aperçu que des yeux scrutateurs suivaient les siens, observaient ses moindres démarches, épiaient toutes ses actions. Une femme qui n'est plus jeune doit plus qu'une autre craindre de perdre son amant, car après celui-là ! rien ne lui assure qu'on viendra la consoler encore. Mais, tout en cherchant à endormir la jalousie de madame de Stainville, Daulay est loin de renoncer à l'espoir de plaire à Marie ; déjà, au contraire, son imagination a formé un plan qu'il est décidé à mettre à exécution. Posséder la jolie fille, devenir l'époux d'une riche héritière, et par là secouer un joug pesant, changer une vie ennuyeuse et monotone contre une existence riante et fortunée, voilà le but auquel Daulay s'est promis d'arriver ; mais, pour cela, il a compris qu'il fallait agir avec prudence, et surtout ne rien laisser paraître de ses desseins.

Les assiduités de Bellepêche ne portaient point ombrage à

Daulay ; d'ailleurs, il est bien facile de voir que Marie s'ennuie des éternels discours de cet amoureux suranné : celui-ci est le seul qui se fasse illusion sur l'effet qu'il produit. Lorsque Daulay s'approche de Marie, lorsqu'il lui adresse la parole, les yeux de la petite semblent le remercier de ce qu'il vient la délivrer de l'importunité de M. Bellepôche, elle l'accueille toujours avec un aimable sourire ; et le jeune homme pourrait se flatter de plaire à Marie, s'il n'avait point remarqué le trouble, la rougeur de la jeune fille, lorsque d'Aubigny s'approche d'elle.

Daulay, qui observe tout en silence, n'a point de peine à lire dans le cœur de Marie : car celle-ci, malgré les leçons de madame de Stainville, ne sait point encore déguiser ses secrets sentiments.

— Cette petite a du penchant pour le comte, se dit Daulay, mais fort heureusement d'Aubigny, toujours amoureux de madame Darmentière, ne fait pas attention aux regards, au trouble de Marie. J'aurais beaucoup à craindre s'il lui faisait la cour ; mais il est occupé d'une autre, et d'ailleurs le riche comte d'Aubigny ne songe nullement à épouser la fille légitime ou naturelle de la duchesse de Valousky. Cependant je ferai bien d'agir le plus tôt que je pourrai ; car il ne faut pas compter sur la constance des hommes. Quant à Marie, son penchant pour d'Aubigny ne peut être qu'un caprice de jeune fille !... une idée romanesque de cette jeune tête, à qui le titre de comte a semblé séduisant ; mais que je l'éloigne de lui, et elle l'aura bien vite oublié ! C'est ce dont je tâcherai de faire naître l'occasion. Je commence à me lasser de promener la tendre Stainville ; et, dussé-je y dépenser le peu qui me reste, je tenterai tout pour épouser l'héritière de madame de Valousky.

Marie était loin de se douter des projets qui se tramaient autour d'elle. Enchantée d'avoir de belles robes, d'être coiffée à la grecque ou à la Clotilde, de passer des heures à sa toilette, et de singer dans les salons les manières de sa protectrice, Marie se serait trouvée bien heureuse si d'Aubigny se fût plus occupé d'elle ; s'il lui eût parlé plus tendrement, et peut-être s'il l'eût encore traitée comme la petite servante du Tourne-Bride.

Le comte, gai, aimable, mais indifférent près de Marie, ne témoignait jamais le désir de causer un moment seul avec elle, quoique plus d'une fois celle-ci eût, comme par hasard, fait en sorte d'en avoir l'occasion.

— Que lui ai-je donc fait? pensait Marie, il me disait que j'étais gentille... il m'embrassait... me serrait dans ses bras lorsque je n'étais qu'une pauvre paysanne, et maintenant que je suis une demoiselle... fille d'une duchesse même... car ils m'ont tous dit en secret que ma mère est une duchesse, eh bien ! M. le comte ne fait pas attention à moi... Il me parle... comme à tout le monde. Il ne cherche jamais à rester près de moi... Ah ! certainement cela n'est pas naturel... Il me semble pourtant que je suis encore plus jolie dans mes nouvelles toilettes... Madame de Stainville m'assure que j'ai de la grâce. Cet ennuyeux M. Bellepêche me répète sans cesse que je suis ravissante... Quelquefois M. Daulay me dit tout bas qu'il me trouve adorable... Il n'y a que M. d'Aubigny qui ne me dise rien... et c'est par lui surtout que j'aurais voulu m'entendre faire des compliments.

Marie ne tarde pas à comprendre pourquoi le comte ne s'occupe pas d'elle; la raison en était bien simple, c'est qu'il était continuellement occupé d'une autre. A la vérité, un homme à bonnes fortunes comme d'Aubigny aurait pu facilement mener deux intrigues à la fois, et peut-être aurait-il remarqué les tendres regards de Marie, si madame Darmentière eût déjà cédé à ses désirs ; mais la belle veuve, tout en montrant au comte un peu moins d'indifférence, ne lui accorde aucune faveur, et celui-ci, tout étonné de la résistance qu'on lui oppose, et à laquelle il n'est pas habitué, est plus amoureux qu'il ne l'a jamais été, par la raison, sans doute, que jusque-là les dames auxquelles il avait adressé ses hommages ne lui avaient pas laissé le temps de devenir très-amoureux.

Marie s'aperçoit que le brillant d'Aubigny recherche sans cesse la compagnie de madame Darmentière, et elle éprouve un sentiment dont elle ne peut se rendre compte, lorsqu'elle se trouve près de cette dame, qui, de son côté, ne lui a jamais témoigné qu'une politesse froide, bien éloignée de l'engouement dont la jeune fille s'est vue l'objet dans la maison de madame de Stainville.

Il semblerait qu'au premier coup d'œil les femmes devinent celles qui sont ou qui seront leur rivale : cette pénétration, cette espèce de seconde vue, est due sans doute à la finesse de leur esprit, à leur parfaite connaissance du caractère et des goûts de celui qu'elles aiment, et peut-être à cette puissance de coquetterie dont elles savent que sont douées les personnes de leur sexe quand elles veulent faire la conquête d'un homme.

Dès le premier jour où elle avait vu Marie, madame Darmentière, tout en rendant justice à ses attraits, à sa fraîcheur, n'avait point cependant paru enthousiasmée de la nouvelle protégée de madame de Stainville. Quelquefois un sourire un peu moqueur errait sur ses lèvres lorsqu'il échappait à la jeune fille une parole ou un mouvement qui rappelait la servante d'auberge; alors elle regardait d'Aubigny, et semblait satisfaite lorsqu'il avait compris l'expression de son sourire.

Marie examinait en silence madame Darmentière; elle la trouvait belle, et pourtant elle cherchait des défauts à ses traits; puis elle soupirait en voyant les grâces de ses manières, en l'écoutant parler, chanter au piano; et elle se disait : Hélas! je suis encore bien loin d'elle.

Il y avait déjà six semaines que Marie habitait chez madame de Stainville, l'amitié de celle-ci ne s'était point démentie; la conduite de Daulay ayant dissipé les craintes que pouvait faire naître le voisinage d'une jeune et jolie personne, la nouvelle protectrice de Marie formait déjà ses projets pour l'hiver.

— Je veux, disait-elle à Marie, te donner à Paris tous les maîtres qui te seront nécessaires; tu es intelligente, en peu de temps tu en sauras suffisamment pour aller dans le monde. Je te présenterai comme une parente qui m'est confiée, je te mènerai aux spectacles, aux concerts, aux bals... Puis, dans quelques mois, lorsque ta mère reviendra à Paris, au lieu d'une petite paysanne, qu'elle s'attend à trouver, elle embrassera une jeune fille remplie de grâces!... Oh! combien elle sera contente!... et combien elle me remerciera de ce que j'aurai fait pour toi!...

— Que vous êtes bonne, madame! s'écriait la jeune fille. Ah! puisse ma mère m'aimer autant que vous!...

— Ta mère te chérira... j'en suis sûre, surtout en te trouvant si jolie... car la beauté flatte toujours... Elle a été forcée de se séparer de toi, de cacher qu'elle avait une fille. Sans doute, des raisons puissantes l'y obligeaient. Mais en revenant en France, son plus grand désir est de te revoir. Ton souvenir fait battre son cœur, tu es l'objet de ses plus chères affections... Je te cite les paroles de sa lettre.

— Oh! tant mieux... Et ma mère est une duchesse?...

— Chut!... il ne faut pas dire cela tout haut... C'est encore un mystère... Mais je t'aime tant que je n'ai pas eu la force de te le cacher!

— Je ne dirai rien, je vous le promets... Une duchesse!... quel bonheur! Je serai donc duchesse aussi, moi?

— Je le présume... à moins... car tu es un enfant de l'amour... que la duchesse n'ose avouer... Mais, alors même qu'elle n'avouerait point que tu es sa fille, elle peut t'adopter, et comme cela te donner toute sa fortune... et elle est considérable : plus de soixante mille francs de rente!...

— Oh! c'est bien beau, cela!... Est-ce que madame Darmentière est plus riche que cela?

— Madame Darmentière?... Non vraiment. Elle a, je crois, douze ou quinze mille francs de revenu, pas davantage.

— Et elle n'est pas duchesse, n'est ce pas?

— Non sans doute; sa famille est noble, mais son mari ne l'était pas... Pourquoi me demandes-tu cela?

— Oh! pour rien, madame... Et vous aurez la bonté de m'emmener avec vous à Paris?

— Cela va sans dire! Crois-tu donc que maintenant je veuille me séparer de toi!

— Ah! que je suis contente!

Et Marie, après avoir embrassé sa protectrice, va se promener dans le jardin, en se disant :

— Je serai duchesse, je serai très-riche .. plus que cette dame Darmentière... Il me semble alors que M. le comte pourrait bien me parler autant qu'à elle!

Et la jeune fille se hâte de s'enfoncer sous une allée couverte, car elle vient d'apercevoir Bellepêche dans le jardin, et elle ne se soucie pas d'entendre parler de la Suisse, ni d'écouter les gros soupirs de ce monsieur.

Marie marchait vite; le jardin était grand, coupé d'allées sombres, de bosquets touffus; on pouvait facilement s'y dérober aux regards des fâcheux. Mais tout à coup la jeune fille s'arrête, car elle vient d'apercevoir d'Aubigny assis sous un bosquet de lilas, et tenant des tablettes sur lesquelles il écrit avec tant d'attention, qu'il n'a pas entendu venir Marie.

Il y a déjà quelques minutes que le comte écrit avec son crayon, lorsqu'en levant les yeux il aperçoit devant lui la jolie figure de Marie. D'Aubigny fait un mouvement de surprise, et se hâte de remettre ses tablettes dans sa poche en s'écriant :

— Comment !... vous étiez là, mademoiselle Marie ?...
— Oui, monsieur.
— Depuis longtemps ?...
— Mais... oui...
— Et que faisiez-vous là ?...
— Mais... rien... je vous regardais écrire...
— Par quel hasard seule ?... Votre fidèle Bellepêche aurait-il la goutte ?
— Oh ! non, monsieur... je viens de le voir dans le jardin, et c'est pour l'éviter que je me suis sauvée par ici... Il m'ennuie beaucoup, ce monsieur-là.
— Ah ! il vous ennuie... Cependant il vous dit que vous êtes charmante, et une femme aime toujours à s'entendre dire cela.
— Oh ! c'est selon par qui...
— Au fait, elle a raison cette petite... Ah ! pardon... mademoiselle Marie... j'oublie sans cesse votre changement de situation... Je crois encore parler à la jeune fille du Tourne-Bride... Excusez-moi ! je suis extrêmement distrait...
— Oh ! cela ne me fâche pas, monsieur ; au contraire... je voudrais... qu'on se rappelât souvent... tout cela.
— C'est très-bien de penser ainsi, cela prouve que vous ne rougissez pas de ce que vous avez été... que vous ne tirez point vanité de votre nouvelle position...
— Mais ce n'est pas cela que je voulais dire, monsieur... Je voulais dire que... vous... seulement... car vous étiez bien plus aimable avec moi... quand je n'étais qu'une paysanne.

Ces mots sont accompagnés de soupirs ; d'Aubigny lève les yeux sur Marie ; sa rougeur, son émotion le frappent ; pour la première fois, il se rappelle mille circonstances qui s'accordent avec ce qu'il croit deviner en ce moment, et prenant la main de la jeune fille, il l'attire sur le banc près de lui en lui disant avec l'accent de l'intérêt :

— Qu'avez-vous, Marie ? vous tremblez près de moi... Vous aurais-je fait du chagrin ?... Peut-être vous rappelez-vous encore les propos un peu légers que je vous tins lorsque je ne vous croyais que fille d'auberge, et c'est là ce qui vous fâche contre moi... Allons, Marie, oubliez tout cela... comme je l'ai oublié moi-même... N'en conservez aucune rancune, et croyez bien que, malgré le ton familier que j'ai encore quelquefois en vous parlant, je saurai toujours respecter la protégée de madame de Stainville.

Marie s'est assise près du comte, elle a laissé sa main dans la sienne; son cœur bat avec force, et elle n'ose lever les yeux. D'Aubigny attendait ce qu'elle allait lui répondre, mais Marie ne répondait pas, ne bougeait pas, car elle se trouvait si bien qu'elle aurait voulu passer toute la journée dans cette position.

— Eh bien, Marie?... dit d'Aubigny, qui craint que l'émotion de la jeune fille ne le gagne, vous ne m'en voulez plus, n'est-ce pas?...

Marie balbutie d'une voix tremblante:

— Ah! j'aimais bien mieux quand vous me parliez comme autrefois... quand vous me disiez... que... vous m'aimez à la folie...

— Pauvre petite!... comment vous souvenez-vous de cela?.. Mais songez donc que vous êtes... une grande dame à présent!...

— C'est pour cela que je pensais... que je croyais... Un comte et une duchesse, est-ce que ce n'est pas la même chose?...

— Pas tout à fait! répond d'Aubigny en riant, mais cela se rapproche très-souvent... Ah, Marie! Marie!... vous êtes bien jolie!... mais si vous saviez ce qui se passe dans mon cœur!...

— Dites-le-moi... Ah! parlez-moi... comme au Tourne-Bride!

— Non, vraiment!... car je pouvais ne pas craindre de tromper une fille d'auberge, mais je dois me conduire autrement avec la protégée de madame de Stainville.

— Pourquoi donc vouloir toujours vous conduire autrement, puisque je vous permets de me dire toujours la même chose? Ah!... mais je sais bien, moi, quelle est votre raison... Je sais bien pourquoi vous ne me parlez jamais ici!

— Ah! vous savez tant de choses... Eh bien! voyons, petite Marie, que savez-vous?

D'Aubigny tenait toujours la main de la jeune fille, qu'il serrait assez tendrement dans la sienne, et, soit habitude, soit distraction, il avait passé un bras autour de la taille de Marie, qu'il tenait à peu près aussi cavalièrement que si elle eût été encore servante d'auberge.

Quelqu'un qui parut tout à coup devant le bosquet fit changer subitement la position des personnages.

C'était madame Darmentière : elle venait d'arriver chez madame de Stainville, et elle était allée se promener seule au jardin. A son aspect, le comte a brusquement quitté Marie, il se lève et va au-devant de la jolie voisine.

— Pourquoi donc vous déranger, monsieur? dit madame Darmentière d'un air ironique. Vous étiez si bien auprès de mademoiselle?... je serais désolée de troubler votre entretien.

— Ah! madame, dit d'Aubigny un peu confus, j'espère que vous ne pensez pas... vous savez bien que vous n'êtes jamais de trop...

— Je pense, monsieur, que vous aviez sans doute une conversation bien intéressante avec mademoiselle... car vous vous parliez de très-près... Vous lui donniez peut-être quelque leçon de bienséances... de bonnes manières... Oh! je suis certaine que mademoiselle se formera très-vite avec vous.

— Et pourquoi donc monsieur ne me parlerait-il pas, madame? répond Marie en tremblant de dépit et de jalousie ; puisque je suis... duchesse, il me semble que l'on ne doit pas rougir de causer avec moi... Et vous, madame, qui semblez si fière... qui me regardez à peine... vous n'êtes pas duchesse pourtant...

— Ah! ah! c'est trop plaisant! en vérité! dit madame Darmentière en riant. Mademoiselle va me donner des leçons de savoir-vivre... Il est fâcheux que le ton et le langage sentent encore la petite servante.

— C'est bien malhonnête ce que vous dites-là... madame! répond la jeune fille qui suffoque de colère.

— Chut! chut! Marie, dit le comte, vous offensez madame... Et vous, madame, excusez cette petite... elle ne sait pas encore s'exprimer.

— Oh! je lui pardonne de grand cœur! dit madame Darmentière. Pauvre fille! on lui a tourné la tête ici.... Je désire qu'elle ne regrette jamais le séjour tranquille d'où on l'a tirée.

En disant ces mots madame Darmentière s'éloigne, mais d'Aubigny se hâte de la suivre sans même jeter un regard sur Marie.

La jeune fille est restée dans le bosquet, attristée, confuse, fâchée de ce qu'elle a dit à madame Darmentière, et pourtant plus irritée que jamais contre cette dame, pour qui le comte vient de la quitter.

— Quel dommage se dit Marie! M. d'Aubigny me tenait la main... il pressait ma taille... il allait redevenir avec moi aussi aimable qu'autrefois... C'est l'arrivée de cette dame qui a tout changé!... Mais, patience, à Paris, cette dame ne demeurera pas avec nous... on ne la verra pas tous les jours... Quand je causerai avec monsieur le comte, elle ne viendra pas nous déranger, et puis à Paris j'achèverai de prendre les manières, la tournure du beau monde... Ah! je voudrais déjà y être... mais la saison s'avance heureusement. Encore quelques semaines, a dit madame de Stainville, et nous quitterons la campagne! Ah! qu'il me tarde d'être dans cette grande ville... où l'on s'amuse tant!... Cette dame Darmentière... Ah! je la déteste.

Marie est retournée au salon. Là elle apprend par madame de Stainville que M. Daulay est allé à la chasse dans la propriété de l'un de ses amis, et qu'il doit être huit ou dix jours absent.

— Mais, ajoute madame de Stainville, ce qui me contrarie, c'est que depuis son absence j'ai reçu une invitation pour aller à une fête que donne une de mes amies à son château, ici près, à une lieue au-dessus de Mantes. Cette fête doit durer cinq ou six jours. Madame Darmentière n'ira que si j'accepte... Le comte nous presse d'y aller, et doit être notre cavalier, ainsi que M. Bellepêche; mais, toi, ma petite Marie, que feras-tu pendant ce temps?... il faudra donc que tu restes seule ici?... Je t'aurais bien emmenée, mais je crains que les robes que j'ai fait arranger pour toi ne soient point assez fraîches, assez élégantes.

— Oh! je vous en prie, madame, dit Marie, ne vous gênez en rien pour moi... je resterai ici... je ne m'ennuierai pas... j'étudierai toutes ces choses que vous m'avez dit d'apprendre. D'ailleurs est-ce que votre femme de chambre ne me tiendra pas compagnie?

— Non, il faut bien que je l'emmène pour m'habiller. Mais le jardinier et sa femme seront là pour te garder. Ainsi, Marie, tu n'es pas trop fâchée que je te laisse?

— Ah! madame, vous êtes trop bonne de me demander cela.

— J'avais pourtant bien envie de laisser d'Aubigny et madame Darmentière aller sans moi à cette fête. Bellepêche y tient fort peu, il serait resté aussi.

— Oh! non, madame, non... il ne faut pas les laisser aller tous les deux... sans vous... Oh! je vous en prie, madame, accompagnez-les, ça me ferait bien de la peine si vous refusiez pour moi cette partie de plaisir.

— Allons, j'irai alors... D'ailleurs, une fois à Paris, j'espère que tu ne pourras plus t'ennuyer.

Madame de Stainville embrasse Marie, et fait ses apprêts pour se rendre à l'invitation de son amie. Le lendemain, dans la journée, on met les chevaux à la calèche; madame Darmentière est arrivée depuis longtemps avec un arsenal de cartons, Bellepêche est habillé, bouclé et sanglé comme un âne qui doit servir de cheval; le comte est prêt, et ses yeux annoncent tout le plaisir qu'il se promet en accompagnant la jolie veuve, qui ne semble pas lui garder rancune de son entretien au jardin avec Marie. Tous deux montent en voiture avec madame de Stainville et Bellepêche; ceux-ci font des signes d'adieu à Marie, que le comte a saluée lestement, et à qui madame Darmentière n'a pas dit un seul mot.

Marie est seule dans la maison, car le jardinier et sa femme logent dans un pavillon séparé. Marie ne sait que faire, elle s'ennuie au milieu de ces beaux appartements, elle soupire sur ces divans où l'on peut mollement s'étendre, elle regarde le piano et les crayons, mais elle ne sait pas s'en servir; elle veut prendre un livre, mais elle est trop distraite pour porter attention à ce qu'elle lit. Elle va devant les glaces, se mire, se regarde marcher et s'étudie à se donner des grâces et un maintien distingué.

Malgré l'attention qu'elle donne à cette grave occupation, Marie trouve que le temps ne marche pas, et le soir en se couchant elle se dit : — C'est singulier comme la journée m'a semblé longue... elles passaient si vite... au Tourne-Bride!... Oh! mais à Paris ce sera différent... j'aurai tant de choses à voir là!...

Le lendemain s'écoule aussi tristement et semble encore plus long. Le jour suivant Marie était dans le jardin, assise sous le bosquet où elle avait causé avec d'Aubigny, lorsque tout à coup Daulay paraît devant elle en costume de voyage.

— Ah! je vous trouve enfin, mademoiselle, dit le jeune homme en s'approchant de Marie avec empressement. Je vous cherchais par toute la maison!...

— Vous êtes donc déjà revenu de la chasse, monsieur?

— Oh! bien mieux que cela... Figurez-vous qu'en chassant je suis entré dans la propriété de cette dame chez laquelle madame de Stainville est en ce moment avec toute notre société.

— Et vous n'êtes pas resté avec eux?

— Je compte retourner les rejoindre, mais auparavant il faut que je m'acquitte d'une commission dont madame de Stainville m'a chargé, et cette commission vous concerne...

— Qu'est-ce donc?

— D'abord vous saurez que la fête que ces dames sont allées embellir de leur présence doit se prolonger beaucoup : on parle d'un théâtre de société bâti dans le parc... d'une pièce dans laquelle nous jouerons tous... Bref, si madame de Stainville revient de là dans quinze jours, ce sera très-prompt...

— Ah! mon Dieu! vais-je m'ennuyer pendant tout ce temps-là!

— C'est justement ce que madame de Stainville a pensé... car elle est si bonne et vous aime tant!...

— Oh! oui!

— Elle a dit : Je ne veux pas que ma chère Marie reste seule à la campagne, où elle mourrait d'ennui; il vaut mieux qu'elle soit chez moi, à Paris, où j'irai la retrouver; là, du moins, elle aura mille distractions!...

— Oh! quel bonheur... Quoi, madame a dit!...

— Elle m'a chargé de revenir bien vite ici... de vous conduire chez elle à Paris, puis de retourner la joindre au château, où l'on m'attend.

— Comment, monsieur Daulay, vous aurez la bonté...

— Trop heureux, mademoiselle, de pouvoir vous être agréable.

— Oh! que je suis contente!... certainement j'aime bien mieux être à Paris qu'ici...

— En ce cas, mademoiselle, partons tout de suite... au château on m'a prêté un cabriolet... il nous attend. Il est maintenant près de onze heures et nous avons dix-huit lieues à faire, mais le cheval est bon, et en six heures nous serons arrivés...

— Mais il faut que je rentre à la maison pour prendre...

— Rien, rien. Madame de Stainville ne veut pas que vous emportiez la moindre chose d'ici. A Paris, chez elle, vous trouverez tout ce qu'il vous faudra en robes... en bonnets... en chapeaux.... vous y aurez une petite servante fort intelligente qui saura vous habiller... Mais venez, dépêchons... je n'ai pas de temps à perdre, j'ai promis d'être de retour au château cette nuit.

— Eh bien! me voilà... Oh! je ne demande pas mieux que d'aller à Paris...

Daulay prend la main de Marie et la fait marcher vers une petite porte qui est à l'extrémité des jardins, du côté opposé à la maison, et qui donne sur un chemin de traverse.

— Par où donc allons-nous? dit Marie.

— Soyez tranquille, nous prenons le bon chemin. C'est par là que je suis venu... C'est là que le cabriolet nous attend ; et le chemin de traverse est beaucoup plus court pour aller à Paris.

Marie suit Daulay avec confiance, car elle n'a aucune raison pour se défier de lui. Arrivés à la porte, Daulay, qui a la clef, ouvre, et fait sortir la jeune fille en ayant soin de refermer la porte après lui. Un cabriolet était arrêté à quelques pas, le jeune homme y fait monter Marie, s'y place près d'elle et fouette son cheval qui part comme le vent.

Les bois, les prairies, les villages fuient derrière nos voyageurs. Pendant quelques temps Daulay évite la grande route ; mais après avoir fait trois lieues il y revient, et Marie traverse plusieurs bourgs populeux. Au milieu de leur voyage, Daulay est obligé d'arrêter pour laisser prendre quelque repos à son cheval, mais il fait entrer Marie dans une chambre d'auberge, demande quelques rafraîchissements qu'il prend avec elle, et ne la quitte pas une minute.

— Sommes-nous bientôt arrivés? dit Marie.

— Nous avons fait la moitié du chemin, et vous voyez que je vous mène bon train...

— Mais j'y songe... monsieur Daulay... est-ce que je vais me trouver toute seule chez madame de Stainville? moi qui ne connais pas Paris, je serais bien embarrassée.

— Rassurez-vous, mademoiselle, vous trouverez chez votre protectrice une domestique pour vous servir. C'est une jeune fille que madame de Stainville avait prise fort peu de temps avant de partir pour la campagne, elle est très-intelligente, elle vous servira avec zèle... elle vous dira aussi les usages de Paris. Par exemple, vous comprenez que dans une grande ville une jeune demoiselle... comme vous, ne doit pas sortir seule, c'est inconvenant et quelquefois dangereux.

— Oh! je ne sortirai pas!

— Avec votre bonne, vous le pourrez quelquefois..... Au reste, si je puis m'échapper encore de ce château, où je ne retourne que par complaisance, je ne manquerai pas d'aller vous voir.

— Vous êtes bien bon. Mais il ne faudrait pas quitter la société pour moi.

— Le cheval doit être reposé, nous pouvons repartir.

— Oh! je le veux bien.

Les voyageurs remontent dans le cabriolet et se remettent en route. Marie est si contente d'aller à Paris qu'elle ne se plaint pas de la fatigue que l'on ressent en faisant dix-huit lieues presque tout d'une traite. Enfin, on aperçoit les édifices de la grande ville; on arrive, on passe la barrière, et Daulay dit à sa compagne de voyage :

— Nous sommes dans Paris!

Et Marie regarde de tous côtés pour apercevoir les merveilles qu'on lui a promises, et elle ne les aperçoit pas encore, parce qu'on n'a pas l'habitude de les placer dans les faubourgs, et que Daulay n'a pas voulu prendre par la belle entrée de la barrière de l'Étoile. Mais en pénétrant dans l'intérieur de la ville, et surtout en suivant les boulevards, la jeune fille ne sait comment exprimer son étonnement et son admiration.

Daulay arrête son cabriolet sur le boulevard Saint-Martin, dans une belle maison en face du Château-d'Eau. Il fait descendre Marie, qui est tout étourdie par le mouvement des passants et le bruit des voitures. Il la fait monter trois étages, sonne à une porte, et une jeune bonne à la mine coquette, à l'air déluré, ne tarde pas à ouvrir.

— Félicité, dit Daulay, voici une demoiselle que madame de Stainville vous envoie... vous aurez pour elle tous les soins, tous les égards; vous ne la quitterez pas d'une minute: c'est l'ordre de votre maitresse, et elle attendra ici le retour de madame de Stainville.

Mademoiselle Félicité fait une gracieuse révérence à Marie en disant :

— Ça suffit, monsieur; oh!..... certainement je servirai mademoiselle avec le plus grand plaisir... Je vous promets qu'elle ne manquera de rien.

Daulay fait entrer Marie dans l'intérieur de l'appartement : c'était un petit logement composé de quatre pièces, dont deux donnaient sur le boulevard; il était meublé avec goût et tout à neuf.

Marie promène ses regards autour d'elle et s'écrie .

— Comment! c'est ici le logement de madame de Stainville?... Ah! c'est singulier, c'est plus petit qu'à la campagne... A Paris on est donc les uns sur les autres ?

— Ah! je vais vous expliquer cela, répond Daulay; ceci n'est encore qu'un pied-à-terre, parce qu'en partant pour la campagne madame de Stainville a vendu son hôtel du faubourg Saint-Germain ; elle a pris ce petit appartement... seulement pour mettre quelques meubles qu'elle avait conservés ; mais lorsqu'elle sera revenue, son intention est de louer un autre appartement... Oh! elle en aura un magnifique.

— Au reste, monsieur, si je dis cela, ce n'est pas que je ne me trouve pas bien ici, au contraire... C'est bien joli... et cette vue... Ah! mon Dieu, que c'est gai! que de monde! la belle promenade!...

— Ce sont les boulevards!... J'ai bien pensé que cette vue vous plairait, et c'est pour cela que j'ai... que madame de Stainville vous a envoyée en avant. Mais il faut que je reparte sur-le-champ : au revoir, mademoiselle Marie; ne sortez pas seule, suivez les avis de Félicité. Vous trouverez dans l'un de ces meubles des robes, des châles... tout ce qui vous sera nécessaire, et votre bonne a de l'argent pour vous acheter ce dont vous aurez besoin. J'espère, d'ailleurs, revenir bientôt à Paris.

— Adieu, monsieur Daulay, je vous suis bien obligée de la peine que vous avez prise en me conduisant ici. Dites à madame de Stainville que je serai sage, que je la prie de ne pas m'oublier... et que je la remercie beaucoup de m'avoir envoyée à Paris.

Daulay prend la main de Marie, qu'il porte respectueusement à ses lèvres, et sort accompagné de la jeune bonne, qui le suit jusque dans l'escalier. Là, Daulay dit tout bas à mademoiselle Félicité :

— Tu as de l'argent, tu as mes instructions!... ne t'en écarte pas !... Ne quitte pas cette jeune fille. Si elle veut sortir, accompagne-là. Ne la fais jamais aller du côté du faubourg Saint-Germain, fais lui porter un grand chapeau avec un demi-voile, en lui disant que c'est le bon genre; songe enfin que je récompense comme on me sert.

— Oh! soyez donc tranquille, monsieur, je ne suis pas faite d'hier au soir !

— Je retourne près de madame de Stainville, afin que l'on ne puisse me soupçonner lorsqu'on apprendra la fuite de Marie ; mais je reviendrai le plus tôt possible faire ma cour à ma charmante petite duchesse... car elle est à moi maintenant !... et je ne crains plus que d'autres m'enlèvent ce précieux trésor!

Daulay descend précipitamment l'escalier, remonte en cabriolet, va chez son loueur de chevaux, y laisse sa voiture, prend un cheval de selle et repart pour la Roche-Guyon.

CHAPITRE XIII

LES BOULEVARDS.

Conduisez à Paris, sur les boulevards, une jeune fille qui ne serait jamais sortie de son village, et voyez quel étonnement, quelle admiration exprime son visage à l'aspect de ce panorama vivant, si gai, si animé, si varié. La jeune fille n'aura pas assez de ses yeux pour voir, de ses oreilles pour écouter. Telle est à peu près Marie, placée à sa fenêtre presque toute la journée depuis son arrivée à Paris.

Mademoiselle Félicité est souvent à côté de sa jeune maîtresse et lui explique le tableau qui est devant leurs yeux. La petite bonne parle très-volontiers et très-facilement. Elle est moins causeuse lorsque Marie lui adresse quelques questions sur madame de Stainville. Alors Félicité se contente de répondre :

— Ah! dame, mademoiselle, je ne connais presque pas madame de Stainville, je ne suis entrée à son service qu'au moment où elle partait pour la campagne ; elle m'a laissée ici pour avoir soin de ses meubles et garder son petit pied-à-terre. Mais, par exemple, je connais bien Paris... oh ! Paris !... je le sais sur le bout de mon doigt! je pourrais être cocher de fiacre. J'ai servi dans tous les quartiers : ça fait du bien, ça forme. J'ai été femme de chambre à la Chaussée-d'Antin, chez une petite-maîtresse chez laquelle il ne faisait jamais jour avant trois heures de l'après-midi. Elle m'a renvoyée parce qu'une fois j'eus le malheur d'ouvrir les persiennes pendant que son amoureux était là, et qu'il s'aperçut alors qu'elle était criblée de taches de rousseur. J'ai servi au faubourg Saint-Honoré des gens qui affichaient du luxe, un grand ton; mais c'étaient des riches malaisés : ils avaient voiture, livrée, et on mourait de faim à l'office. J'ai été au faubourg Saint-Germain... Oh! là on était bien nourri ; mais un matin, madame me donna mon compte, parce qu'elle me trouva lisant le *National*, qu'un de mes cousins m'avait prêté. J'ai été bonne d'enfants au Marais ; mais comme on ne voulait me laisser aller promener les marmots que sur la place Royale, j'ai vien vite quitté, et je suis entrée chez de bons bourgeois du faubourg Saint-Marceau... je n'y suis restée que trois jours ! La dame avait toujours les clefs de tout sur elle. Fi donc ! c'est petit, c'est humiliant !... Je ne veux pas qu'on se défie de moi. Enfin, j'ai servi bien des maîtresses, et j'ai vu bien des choses !... Si je savais l'orthographe, j'écrirais mes mémoires ; mais j'ai un cousin qui me l'apprendra dès qu'il sera établi bottier.

— Et ici, Félicité, dans quel quartier sommes-nous?
— Ici, mademoiselle... dame! c'est la lisière du Marais... mais le boulevard est toujours un beau quartier. Celui-ci est superbe, et ce château d'eau l'embellit encore. Venez donc à la fenêtre voir passer le monde, mademoiselle... je vais vous expliquer tout ça comme une lanterne magique.

Marie ne demande pas mieux, car elle ne peut se lasser de regarder sur les boulevards ; Félicité se met à côté d'elle, et, en lui désignant du doigt les objets, commence ses explications :

— Là-bas, mademoiselle, c'est un café !... puis encore un là... puis là. Il y a beaucoup de cafés à Paris, et tous les jours ils deviennent plus brillants, plus élégants ; si ça continue, on n'osera plus y entrer pour prendre un petit verre ou de la bière, et une mise décente sera de rigueur. C'est les garçons de café surtout qui sont beaux ! Ah ! mamselle, si vous saviez comme ils sont tous bien coiffés, bien bichonnés !... ils ont des raies, des touffes, des frisures ! C'est magnifique ! Aussi quand je vois passer dans la rue un monsieur parfaitement bouclé et frisé, je dis : Voilà un homme qui serait digne d'être garçon limonadier.

Là-bas, mademoiselle, ce sont de petites boutiques de marchands qui viennent étaler sur le boulevard : ils vous vendront de la porcelaine, des théières, des assiettes, des tasses, des vases, et toujours à très-bon marché, à ce qu'ils diront ; mais je vous préviens que toutes ces pièces sont de rebut et ont quelque défaut.

Ah ! voilà les marchands à treize sous, à dix-sept sous, à trois sous et demi. C'est à qui criera le plus fort pour attirer l'attention des passants ; voilà une boutique de gilets, de pantalons tout faits, tout *confectionnés*, comme ils disent ; c'est au rabais, c'est à soixante pour cent de perte, et c'est toujours le restant de la vente. Tout cela, momselle, pour attirer les badauds et les chalands ; mais, quand on s'arrête devant ces boutiques-là, il faut prendre bien garde à son sac et à son mouchoir. La société des badauds est très-mêlée à Paris.

Voyez, mademoiselle, que de monde, que de promeneurs ! On voit de bien drôles de tournures !... Voilà de jolies dames qui sont très-élégantes... elles ont des robes neuves... ça se voit, et elles sortent pour les montrer : c'est bien naturel ! Auprès d'elles passe une pauvre femme qui s'entortille avec peine dans un vieux tartan tout passé, dont on ne voit plus les couleurs... C'est quelque rentière qui ne peut pas se consoler de ce qu'on ait supprimé la loterie. Au fait, j'ai connu une ouvreuse de loges qui avait vendu tous ses effets, et même le pantalon de son mari, pour suivre un terne sec. Quand on a supprimé la loterie, son terne était justement au moment de sortir... la pauvre femme ! elle a fait une pétition à son commissaire de police, pour avoir un dédommagement ; on ne lui a pas seulement répondu.

Ce beau monsieur qui descend de cabriolet est un tailleur : il porte un habit enveloppé avec soin dans un beau foulard ; cet homme qui passe avec toute une défroque sur son dos est un marchand d'habits... mais de vieux habits, alors. L'un porte à un petit-maître des vêtements à la mode ; l'autre achète à un domestique les effets dont il ne veut plus. Avec le vieil habit, le fripier ambulant fera une veste neuve, et un ouvrier s'en parera les dimanches et les fêtes ; avec le bel habit le petit-maître ra se montrer aux spectacles, aux concerts, aux promenades; ensuite il le donnera à son domestique, qui, après l'avoir porté quelque temps, le revendra au marchand ambulant, qui le revendra à l'ouvrier; vous voyez, mademoiselle, qu'un habit va sur bien des dos, passe par bien des mains et doit voir bien des choses.

Tenez, mademoiselle, regardez cette énorme dame qui se carre en donnant le bras à ce petit monsieur. La dame a sur son bonnet des plumes, des fleurs et de la dentelle, elle porte un cachemire, des diamants. Le monsieur a un chapeau en vrai castor, un habit en louviers superfin, une canne à pomme d'or et un gros cachet à sa chaîne de montre; ce n'est plus la mode, mais il y a des gens qui veulent toujours faire prendre l'air à leurs bijoux. Voyez comme ce couple marche à pas comptés; on dirait une patrouille! La dame affecte un air dédaigneux en passant devant les femmes mises simplement; le monsieur souffle en marchant comme un cheval poussif; il a l'air de dire : Faites de la place à mon épouse! Ces gens-là, mademoiselle, sont d'anciens bouchers retirés du commerce, avec vingt mille francs de rente. Certainement, ce n'est pas un crime d'avoir vendu des côtelettes, bien au contraire; mais il ne faut pas ensuite singer les grands seigneurs et souffler avec un air d'importance au nez des passants.

Cet homme, que vous voyez de l'autre côté du boulevard, portant sur son dos une petite fontaine de fer-blanc avec une foule de sonnettes, des gobelets, des rubans, ayant toujours avec cela un tablier blanc et un nez rouge, c'est un marchand de coco : un homme qui donne à boire depuis un liard jusqu'à deux. Vous verrez toujours autour de lui des enfants, des gamins, des bonnes et des tourlourous...

— Qu'est-ce que c'est qu'un tourlourou, Félicité?

— Mademoiselle, c'est un petit nom d'amitié que nous donnons en général aux jeunes soldats de la ligne, cela remplace le *Jean-Jean*, et c'est approchant le même personnage. Les tourlourous sont les nouveaux enrôlés, ceux qui n'ont pas encore de vieilles moustaches et qui flânent sur les boulevards en regardant les images, les paillasses et en cherchant des payses.

— Mon Dieu, Félicité, comment pouvez-vous savoir tant de choses?

— Dame, mademoiselle, je n'ai pas habité tous les quartiers

de Paris sans y avoir puisé quelque instruction; d'ailleurs les bonnes, les femmes de chambre ont presque toujours un parent ou deux dans les tourlourous; mais regardons encore, mademoiselle.

— Voilà un jeune homme qui fait semblant de lire en marchant; je dis qu'il ne fait que *semblant* parce que sur le boulevard, au milieu de la journée, il est impossible de lire, vu qu'il faut à chaque instant se déranger, se garer pour ne pas se jeter dans quelqu'un.

— Quelles sont ces grandes voitures, Félicité?... je les vois s'arrêter souvent, et il y entre toujours du monde.

— Mademoiselle, ce sont des *omnibus;* ça veut dire des voitures où tout le monde est libre de monter pour six sous; ça vous conduit dans tous les quartiers par correspondance... Par exemple. d'ici, voulez-vous aller au Pont-Neuf? vous montez dans une voiture qui vous dépose à Tivoli, et puis là, vous attendez une correspondance : c'est bien gentil; c'est dommage pourtant que les cochers ne jouent plus de la trompette... c'était bien plus militaire!... et j'aime beaucoup tout ce qui est militaire, moi.

— Quelle est cette musique que j'entends... où court tout ce monde?

— Ce n'est rien, mademoiselle, c'est la musique du marchand d'eau de Cologne... qui vend en même temps de la pommade pour les lèvres et pour les cors aux pieds. Pour attirer le monde, le marchand a deux domestiques habillés en Turcs, qui jouent des cymbales et du tambour; tandis que lui, avec une perruque de chiendent et un habit de marquis, fait des discours au public et vante les merveilleux effets de sa pommade et de son eau de Cologne. On appelle cela un charlatan; il n'en manque pas à Paris!... Tenez, mademoiselle, examinez ce grand homme en habit râpé et taché, qui a un jabot et des bas bleus, un lorgnon et des mains sales, des bouchons de carafe montés en épingle et des souliers éculés; regardez-le... il se promène une grande partie de la journée sur les boulevards, il s'arrête devant les boutiques, il a toujours l'air d'acheter quelque chose, et pourtant il n'achète rien. Cet homme-là est un *compère*, souvent d'ici je l'ai vu travailler.

— Qu'est-ce qu'un compère, Félicité?

— C'est un homme qui s'entend avec d'autres pour attraper

le monde... et pas autre chose, mamselle, car je soutiens, moi, que les marchands qui vendent de bonnes marchandises n'ont pas besoin de compère. Tenez... regardez, là, presque au-dessous de nous... cet homme qui a devant lui une petite table couverte de savon à détacher; il s'égosille à vanter le mérite de sa marchandise et personne ne lui achète, on passe devant sa boutique sans s'arrêter; mais voilà le compère qui arrive... il a toujours des taches à son habit... il s'arrête... Voyez-vous, le marchand le prend au collet, le frotte avec son savon, le brosse, tourne et retourne en s'écriant :

— Voyez, messieurs et dames; monsieur était plein de taches... il était dégoûtant! on n'osait pas le regarder!... Eh bien! qu'ai-je fait?... je l'ai frotté avec mon savon!... tout a disparu! monsieur est propre, monsieur est présentable... monsieur n'est plus reconnaissable...

— C'est vrai, répond le monsieur en regardant autour de lui d'un air de bonhomie : c'est vrai... j'étais couvert de taches!... mais ce savon m'a complétement nettoyé. Donnez-moi six tablettes de votre excellent savon... donnez-m'en dix; on en a toujours besoin. Tenez, payez-vous... Six sous le morceau, c'est pour rien! donnez-m'en douze! Ensuite le monsieur est une heure à fouiller à sa poche, une heure pour payer et choisir ses savons, et dans cinq minutes il viendra recommencer la même scène.

— Qu'est-ce qu'on fait donc là-bas, près du Château-d'Eau, je vois beaucoup de monde arrêté? dit Marie.

— Là, mademoiselle, c'est un faiseur de tours, avec sa famille; c'est à qui sera le plus fort dans cette famille-là. Le petit garçon, qui n'a que six ans, marche sur la tête, fait la roue et tourne pendant une heure sans s'arrêter. Le père avale des sabres, des serins, des couteaux et de la filasse allumée; mais c'est la mère qui est bien plus extraordinaire!... elle se couche sur le dos, entre deux chaises, la tête sur l'une, les pieds sur l'autre, et, dans cette position, on lui place sur le ventre des poids de cent livres que son mari se met à frapper avec un marteau; et pendant qu'on se sert de son ventre comme d'une enclume, cette femme s'écrie :

— Plus fort!... Frappez donc!... Encore plus fort!...

— Ah! mon Dieu!... quel vilain spectacle! et on s'arrête pour voir de ces choses-là!

— A Paris, mademoiselle, on s'arrête pour tout : quand vous êtes dans la rue, levez les yeux en l'air, fixez-les longtemps sur une fenêtre, bientôt on s'arrêtera près de vous, on regardera où vous regardez ; chacun se demandera : Qu'est-ce que c'est? Personne ne pourra répondre : mais c'est égal, on continuera de regarder. Si vous causez avec quelqu'un, et si en parlant vous semblez animé, on s'arrête encore pour entendre ce que vous dites, et dans l'espoir que vous vous disputerez. Les Parisiens sont extrêmement curieux ; ils voient beaucoup de choses, et à les observer, on croirait qu'ils n'ont jamais rien vu.

— Comme tout ce monde qui passe semble gai, satisfait! Les habitants de Paris ont l'air bien aimables et bien heureux!

— Ah! mademoiselle, il ne faut pas se fier aux apparences ; dans une grande ville, on ne veut jamais avoir l'air malheureux ou mécontent... parce que ça ôte le crédit et la confiance. Il passe devant nous bien des gens en voiture, qui doivent leur toilette, leur carrosse, leurs chevaux et leurs valets. Celui-ci, qui se pavane dans son tilbury, n'oserait peut-être pas aller à pied, de crainte d'être arrêté par ses créanciers, tandis qu'en tilbury, il passe vite et se contente de les éclabousser. Ce qu'il faut avant tout, à Paris, c'est faire figure!... Ah! dame! quand on fait figure, on est susceptible d'aller loin, et d'obtenir les plus belles récompenses.

— Attendez, Félicité... il me semble que j'entends chanter...

— Oui, mademoiselle ; c'est une femme qui joue du violon et chante, tandis que l'homme qui est avec elle l'accompagne avec un orgue et un tambour de basque. On aime beaucoup la musique à Paris ; cependant, les chanteurs ambulants sont plus rares qu'autrefois ; mais en revanche il y a tant de concerts... Oh! vous verrez tout cela, mademoiselle. Monsieur Daulay, je veux dire madame de Stainville vous mènera aux spectacles, aux bals, aux concerts.

— Et M. le comte d'Aubigny, dit Marie, vient-il chez madame de Stainville aussi souvent ici qu'à la campagne?

— Le comte d'Aubigny... qu'est-ce que c'est que ce monsieur-là?

— Mais c'est un ami de votre maîtresse... de ma protectrice... Est-ce que vous ne le connaissez pas?

— Non, mademoiselle... Ah! ce n'est pas étonnant, j'ai été si peu avec madame...

— Mais vous avez dû voir le comte, quand votre maîtresse est partie il était en voiture avec elle... et puis, M. Bellepêche...

— Ah! oui, mademoiselle... oui, un monsieur...

— Bien joli garçon?... n'est-ce pas?

— Oh! oui, mademoiselle, très-joli garçon!..· une taille assez gentille...

— Comment, gentille! mais il est fort bel homme.

— C'est ce que je voulais dire, mademoiselle.

— Et un air si aimable... si doux...

— Oh! oui, mademoiselle... il a l'air doux comme un mouton!

Mademoiselle Félicité détourne la tête en se pinçant les lèvres pour ne pas rire, et se dit en elle-même : Je ne sais pas ce que c'est que ce comte d'Aubigny, mais il me semble que mademoiselle Marie y pense beaucoup plus qu'à M. Daulay.

Et pour changer la conversation, la petite bonne tâche de ramener l'attention de Marie sur les boulevards en lui disant :

— Ce que vous voyez, mademoiselle, vous donne bien une légère idée des habitants, du mouvement de Paris; mais ceci n'est rien encore!... et quand vous connaîtrez le Palais-Royal... les Tuileries... et l'Ermitage, donc... Ah! mademoiselle... c'est l'Ermitage qui est un joli endroit, où l'on danse trois fois la semaine; un orchestre délicieux, et des danseurs si galants! Après chaque quadrille, ils veulent toujours mener leur danseuse dans un bosquet pour prendre quelque chose... Ah! les demoiselles ont bien de l'agrément à Paris! Il y a encore une foule de récréations dont je ne vous ai pas parlé... Mais vous ne m'écoutez pas, mademoiselle, est-ce que vous avez vu passer quelque chose de curieux?

Depuis quelques instants, en effet, Marie avait les regards attachés sur le même objet : elle considérait plusieurs soldats arrêtés sur le boulevard, devant un faiseur de tours. Les traits de l'un d'eux lui rappelaient Pierre, ce jeune paysan qui s'était engagé par désespoir de ce qu'elle ne l'aimait pas. Marie a senti son cœur battre plus vite, elle dit d'une voix émue à sa jeune bonne :

— Ces hommes... arrêtés là-bas... ces soldats en pantalon garance...

— Ce sont des tourlourous... comme je vous le disais tout à

l'heure, mademoiselle... Est-ce que vous avez aussi quelque connaissance parmi ces militaires?

— Non... mais il me semblait... Je me trompe peut-être.

Les soldats se sont éloignés; Marie les a suivis des yeux, et Félicité se dit : C'est singulier !... Cette jeune fille qui est, dit-on, une petite innocente, paraît avoir des connaissances intimes parmi les comtes et les tourlourous.

CHAPITRE XIV

LES BONNES ET LES TOURLOUROUS.

C'était par une riante journée d'automne; les boulevards étaient couverts de promeneurs, car on voulait profiter encore des derniers beaux jours de la saison, et trois jeunes soldats causaient, tout en flânant, sur le boulevard du Temple.

L'un d'eux, gros réjoui, à figure ronde et colorée, aux yeux brillants et à fleur de tête, semble aussi content de sa personne que de son esprit; c'est lui qui parle presque toujours, accompagnant ses discours de sourires et de tours de cou; il rit le premier des plaisanteries ou des gaudrioles qu'il débite avec assurance à ses camarades.

— Pour lors, voilà! voyez-vous, vous autres, quand vous aurez mon aplomb et mon éloquence, vous voirez que ça n'est pas difficile de s'attacher des femmes, vu que la femme aime le militaire en général et en particulier!... Voilà déjà dix-sept mois que je suis sous les armes... si j'avais autant de chevrons que j'ai enflammé de cœurs depuis ce temps, j'aurais l'air d'un zèbre... Oh! oh! oh!... elle est bonne celle-là!... pas vrai, Carabine!

Carabine était un garçon mince, élancé; avec son nez retroussé, sa bouche toujours ouverte et ses yeux très-ronds, il avait constamment l'air étonné ; et, en effet, son esprit étroit et borné comprenait difficilement ce qu'on lui disait; mais, pour cacher son peu de sagacité et se donner quelque importance, il affectait en parlant de traîner sur les mots et de faire sonner les r. Il s'empresse de répondre à son camarade.

— Ah! oui!... qu'elle est bonne... la plaisanterrrie!... Mais de quoi que c'est qu'un zèbrrre?... où prrrends-tu ces gens-là? n'est-ce pas des sauvages?

— Oh! fameux!... fameux!... Carabine qui croit que les zèbres sont des hommes étrangers!... Oh! oh! Es-tu en retard !... Tu ne connais donc pas l'histoire surnaturelle des animaux domestiques? Tu n'as donc pas été te promener au jardin des bêtes, après le pont d'Austerlitz?

— Au jardin des bêtes?... et pourquoi donc, Fleur-d'Amour, veux-tu que j'eusse été là?... on ne m'aurrrait peut-être pas laissé entrrrer?

— Oh! que si! oh! tu serais passé de droit, au contraire... Oh! oh! fameux le calembour!...

— De quoi que tu dis?

— Tiens, pour en revenir au zèbre, figure-toi un animal entre l'âne et le cheval, et qui aurait le corps tout enjolivé de rubans, l'air farouche et goguenard et la malice peinte jusque sur sa queue, voilà le zèbre; n'est-ce pas, Pierre?... Allons, il ne m'entend pas... le voilà encore retombé dans ses rêvasseries noires, qui lui feront venir des plis au front au lieu des ris que l'on voit sur le mien... et que toutes les femmes reluquent en passant. Pas vrai, Carabine, que mon air farceur et séducteur captive les cœurs?

— Oh! oui, t'es un farrrceur, toi; mais, Pierre, il est trrrop en dedans.

— Allons, camarade, répond Fleur-d'Amour, égaye-toi donc un brin! Comme dit le tambour-maître, la vie est un verre d'absinthe qu'il faut avaler sans faire la grimace. Tu es bien bâti, tu as une figure qui n'est pas trop mouchetée, et tu serais en état de marcher sur mes traces, si tu voulais seulement faire ton profit de ma *bonne* exemple.

C'était à Pierre que s'adressaient ces paroles, et le jeune soldat qui portait ce nom et que nous retrouvons se promenant à Paris, sur le boulevard du Temple, était bien le même que nous avons vu quittant son village pour se rendre à Givet, où était son régiment. Pierre avait passé trois mois à Givet ; au bout de ce temps, le régiment était venu en garnison à Paris, et, depuis six semaines, Pierre était dans la grande ville.

Au régiment, la conduite de Pierre avait toujours été digne d'éloges; ponctuel à ses devoirs, brave sans être tapageur, soumis à ses chefs, doux et bon avec ses camarades, le jeune soldat était cité comme un modèle à suivre. Quelques mauvaises têtes avaient voulu le tâter pour s'assurer si sa douceur n'était point un manque de courage, mais Pierre s'était tiré de ces essais avec honneur; il s'était battu bravement, et, depuis ce temps, les anciens du régiment étaient forcés de convenir qu'on peut être brave sans être crâne, et bon tireur sans être querelleur.

En apprenant que leur régiment allait prendre garnison à Paris, tous les soldats avaient montré la joie la plus vive ; Pierre, seul, était resté le même; toujours triste et silencieux ; car au milieu de ses camarades, à la caserne ou en faction, Pierre pensait sans cesse à Marie ; son seul bonheur était de se rappeler la jolie servante du Tourne-Bride et les moments qu'il avait passés près d'elle. Loin de chercher à se distraire de son amour, il fuyait au contraire toutes les occasions de plaisir ; il refusait les parties dans lesquelles ses camarades cherchaient souvent à l'entraîner, et lorsque Fleur-d'Amour lui faisait remarquer un joli minois, Pierre soupirait en se disant :

— Ah! ce n'est pas là Marie!

— Que me demandais-tu? dit enfin Pierre en sortant de sa rêverie et en regardant Fleur-d'Amour.

— Ah! voilà... il n'y est jamais... on lui parle blanc, il vous répond jaune! Je te dis que c'est bête de te laisser aller comme ça au courant de la tristesse... T'as laissé une bonne amie au pays!... parbleu! nous en avons laissé tous... pour mon compte, moi, j'en ai abandonné quatre qui étaient un peu chouettes! mais, dame! il faut ben se consoler. Le militaire soldat se doit à la société et aux bonnes d'enfants... ou même aux bonnes sans enfants. J'aime encore mieux ça, vu que le moutard est souvent susceptible de nous mettre du raisiné sur le pantalon, ou des confitures sur la buffleterie...

— D'ailleurs, celles qu'on laisse, dit Carabine, on les retrrrouve quand on revient au pays... elles nous attendent, et puis elles sont contentes d'avoir un marri qui a été au feu.

— Mais moi, on ne m'attend pas, répond Pierre en soupirant, on ne pense pas à moi... on m'a déjà oublié, j'en suis sûr!... et quand je reviendrai au pays... si jamais j'y retourne... celle que j'aime sera la femme d'un autre.

— Ah! ben! pour lors, t'es encore bien plus bonasse de te

chagriner et de te plisser le front comme un *vieillard* infirme. Amuse-toi donc!... fais donc des conquêtes!... des malheureuses!... imite-moi, te dis-je... Il n'y a rien de plus attrayant que la bonne, la femme de chambre et la cuisinière...

— Oh! oui! dit Carabine, la cuisinièrrre!... c'est là une conquête bonne pour l'estomac! je sais à quoi m'en tenirrr!

— Toi, Carabine, tu fais ton fendant!... mais tu n'es pas encore bien madré!... Figure-toi, Pierre, que ce pauvre Carabine ne sait pas seulement faire un cœur enflammé sur un arbre... ce qui est l'enfance de la galanterie.

— Ah! par exemple, Fleur-d'Amour, je te dis...

— Non, tu ne sais pas faire les cœurs enflammés. Enfin, l'autre jour nous allons promener du côté de Vincennes, Carabine et moi, avec deux jeunesses dont que j'avais fait la conquête, mais que je voulais bien en céder une à Carabine, moyennant qu'il payerait les rafraîchissements pour la société...

— Oui, mais vous avez voulu vous rafrrraîchir avec du veau rôti!

— Ça ne fait rien! raison de plus! ça ne devait te rendre que plus aimable... Nous voilà dans le bois de Vincennes, bon; nous nous promenons sous les bocages en roucoulant de nos amours. Ma jeunesse me dit :

— Gravez-moi deux cœurs enflammés sur un arbre, comme preuve que votre amour durera autant que le gland de ce chêne.

Bon. Voilà que je lui grave des cœurs tant qu'elle en veut! avec des flammes incendiaires. La jeunesse qui était sous le bras de Carabine veut être aimée tout de même, et elle dit au camarade :

— Gravez-moi donc aussi deux cœurs avec une flamme au milieu, ça me fera bien plaisir.

Le v'là, lui, qui quitte le bras de sa belle en lui disant :

— Attendez-moi là.. je vas vous graver ça, mais je n'aime pas qu'on me regarde écrire.

Il s'en va. Nous l'attendons... nous droguons un bon quart d'heure... Je me dis à part moi :

— Carabine est allé faire autre chose que des cœurs! Impatienté, je vas le chercher... je le trouve enfin devant un gros arbre, travaillant tant qu'il pouvait avec la pointe de son sabre. J'approche... Sais-tu ce qu'il était parvenu à faire?... deux demi-lunes qui se tournaient le dos!... si bien que ça ressemblait à queuque chose qui n'est pas un cœur... et encore, voilà qu'il tâchait de faire une petite flamme dans le milieu. Moi, je me mets à rire. Nos jeunesses arrivent; en voyant ce qu'il a fait sur l'arbre, la belle de Carabine devient furieuse; elle pense qu'il a voulu se moquer d'elle, et elle s'en va sans vouloir l'écouter. Oh! oh! oh!... fameux! les cœurs de Carabine!

— Eh ben! de quoi que ça prouve tout ça?... que c'te jeunesse était une vertu farrrouche, qui ne voulait pas s'apprrrivoiser, et qu'elle a saisi le moment de fuir, parce qu'elle a craint pour son innocence.

— Son innocence!... Oh! oh! oh! Carabine, tu m'affliges... tu n'as pas pour six liards d'usage du monde!... Apprends que cette jeunesse, dont je t'avais cédé la conquête, a déjà eu plusieurs liaisons de tendresse avec des militaires... et entre autres, qu'elle a connu un joli pompier de mes amis... avec qui elle a eu une conversation de laquelle est résulté un durillon de neuf mois!

— Je ne crrrois pas les pompiers, moi; et puis... la petite ne me plaisait déjà pas tant! je ferrrai une autrrre connaissance quand je le voudrrrai.

— Eh ben! tiens, voilà une occasion... des petites bonnes là-bas... Venez donc, camarades... Justement il y en a une que je reconnais, et à laquelle j'ai offert du coco l'autre jour; elle n'a pas accepté, mais je gage qu'elle vient se promener dans l'idée de me rencontrer... Viens donc, Pierre...

— Oh! moi, je ne veux pas faire de connaissance! je n'ai rien à dire aux jeunes filles!

— Qu'est-ce que ça fait! on cause tout de même... faut pas être ours quand on a l'honneur de servir son pays... Voyez-vous les fines matoises, elles approchent de nous insensiblement.

Deux jeunes bonnes s'avançaient sur le boulevard : l'une tenait par la main un petit garçon, l'autre deux petites filles. Mais elles ne tardent pas, en apercevant les soldats, à lâcher la main aux enfants pour que ceux-ci puissent aller jouer et courir plus loin.

Les deux petites filles, fraîches et roses, sautent, bondissent et jettent sur le boulevard une balle qu'elles cherchent ensuite à rattraper; le petit garçon a un cerceau qu'il veut faire manœuvrer à travers les promeneurs. Les bonnes ont été s'asseoir sur un banc de pierre, et s'occupent à regarder tout autre chose que les enfants confiés à leur surveillance.

Fleur-d'Amour et Carabine s'approchent du banc en ayant l'air de chercher des étoiles au ciel, quoiqu'on soit en plein midi. Puis, d'un air indifférent et sans regarder les jeunes bonnes, Fleur-d'Amour dit à son camarade.

— Si nous nous assisions sur ce banc pour jouir du spectacle de Porichinelle qui est en face?

— Mais je crrrois que c'est faisible! répond Carabine en tâchant d'imiter la gentillesse de son camarade.

Alors seulement Fleur-d'Amour regarde les jeunes bonnes et dit :

— Ah! pardon, mesdemoiselles, est-ce que ça vous gênerait-il que nous nous assisions à côté de vous?

— Pourquoi donc ça, monsieur? le banc est à tout le monde : d'ailleurs, il y a de la place.

— Tiens!... Ah ben! mais il me semble que je vous reconnais, mamselle; c'est à vous que j'ai offert du coco l'autre jour... devant *Francheconi*.

— Ah! je crois que oui, monsieur... je vous remets aussi.

— Et même que vous vous appelez Joséphine...

— C'est vrai.

— Comme on se retrouve pourtant!... Est-ce que vot' santé est bonne, mamselle?

— Oui, monsieur, vous êtes bien honnête.

— Moi, je me porte bien aussi.

Carabine n'est pas aussi avancé que son camarade; il s'est assis près de l'autre bonne et ne sait comment entamer la conversation. Il tousse, siffle, chantonne et lance des œillades à sa voisine, qui est une grosse paysanne et n'a pas encore le ton dégagé de sa compagne.

— Il fait bien beau, tout de même! dit enfin Carabine après avoir fait un grand effort pour trouver une phrase.

— Ah! oui, répond la grosse bonne, mais le temps pourrait ben se gâter ce soir... et que nous ayons de l'eau.

— Vous croyez?... Ma foi, ce serait ben possible encorrre... Si le temps se met à la pluie, je crrrois aussi que ça nous amènerrra de l'eau.

— Voilà un joli petit spectacle devant nous, dit Fleur-d'Amour en regardant les marionnettes; faut convenir que Paris c'est le séjour de tous les genres d'agrément... Êtes-vous de Paris, mamselle?...

— Non, monsieur, je suis Bourguignonne.

— Ah ben! et moi qui suis Normand!... je crois que ça se touche; nous sommes presque pays.

— Vous croyez, monsieur?

— Oui, mamselle... D'ailleurs un jeune homme et une jeune fille... comme dit c't'autre, c'est presque toujours cousins... Eh! eh! eh!...

— Ah! ah! ah! cousins!...

— Hu! hu! hu!... s'écrie Carabine, qui ne sait pas de quoi on rit, mais qui rit toujours de confiance.

— Oh! oh! oh! fait la grosse bonne en se tordant la bouche pour faire la gentille, ce qui la rend encore plus laide, parce que ses lèvres forment deux bourrelets qui ressemblent à des saucisses.

Fleur-d'Amour, satisfait du succès de sa plaisanterie, se rapproche de la petite bonne, qui est assez gentille et paraît fort délurée.

— Je vous ai offert du coco, l'autre jour, mamselle, mais aujourd'hui je vous en offre encore... et même si vous étiez sensible à quelques pommes...

— Oh! vous êtes bien honnête, monsieur... mais je ne suis pas altérée...

— Si vous étiez libre... et qu'un verre de vin... sans conséquence... chez le marchand de vin... histoire de vous faire une politesse, voilà tout.

— Je vous remercie, mais je ne suis pas ma maîtresse... Je garde les enfants... J'ai deux petites filles que je ne peux pas quitter d'une minute!... C'est même bien triste de passer sa jeunesse à être esclave chez les autres, sans avoir jamais un moment de liberté.

— Ah! vous gardez deux petites filles? répond Fleur-d'Amour en cherchant de tous côtés les enfants qu'il ne voit pas. C'est dommage!... C'est vrai que le sort d'une bonne d'enfants c'est sans comparaison comme celui d'un soldat, faut toujours être au poste et rentrer à la retraite...

— Je vous assure que ça m'ennuie bien de faire ce métier-là... d'autant plus que je suis chez des gens qui ne sont pas généreux du tout!... des parvenus!... des liardeurs !... On me coupe mon pain pour mon diner.

— On vous le coupe?... ah! fi! quelle petitesse! Il y a des bourgeois qui sont de grands pékins!

— Je crrrois que j'ai senti une goutte d'eau, dit Carabine en tenant la main en avant.

— Oh! qu' non... c'est le serin qui vole, répond la grosse bonne.

— Comment que vous vous appelez, mamselle? reprend Carabine en se donnant de l'assurance.

— Je m'appelle Adélaïde.

— C'est un ben joli nom.

— Et vous, monsieur?

— Moi, je m'appelle Carabine.

— Oh! oh! Carabine... quel drôle de nom!

— Oui, il est facétieux.

— I' m'semble que je l'ai déjà entendu.

— Ah! c'est qu'il y a une chanson où l'on parle de mon nom, où l'on dit :

> Il était un p'tit homme
> Qui s'appelait toto,
> Carabo,
> Il allait à la chasse,
> A la chasse aux perdrix,
> Carabine!...

— Eh non! dit Fleur-d'Amour, c'est pas Carabine, c'est *Carabi* dans la chanson.

— Tu crrrois que c'est Carabi?... c'est possible .. c'est pas moi qui l'a faite.

— Ohé! Pierre!... ohé! viens donc avec nous... il y a encore de la place sur notre banc.

C'est Fleur-d'Amour qui fait des signes au jeune soldat qui se promène lentement, seul, dans une contre-allée.

— C'est un de vos camarades que vous appelez? dit mademoiselle Joséphine en regardant Fleur-d'Amour.

— Oui, mamselle; c'est parce qu'il était avec nous tout à l'heure que je l'appelle.

— Pourquoi donc reste-t-il tout seul, alors?

— Ah! je vas vous dire... c'est que le camarade que vous

voyez là-bas... il aime l'isolement de la solitude... parce que son cœur a de la tristesse pour de l'amour au sujet d'une femme... qu'il a laissée au pays.

— Ce pauvre garçon !... il pense à sa bonne amie !... ah! c'est bien joli d'être fidèle comme ça !

— C'est-à-dire que c'est bien bête, puisque la celle qu'il aimait ne l'aimait pas, et qu'elle ne pense pas du tout à lui, tandis qu'il se chagrine à cause d'elle.

— Ah! si elle ne l'aimait pas, il est sûr que ce n'est pas trop la peine de se gonfler les yeux pour des indifférentes.

— Oh! mamselle, je parie que vous ne seriez pas indifférente, vous, si vous aimiez quelqu'un? je lis ça dans vos petits yeux... Ah! queux petits yeux ! c'est comme des boutons d'acier ! eh ! eh ! eh !

— Oh! oh! oh! farceur que vous faites! répond mademoiselle Joséphine.

— Ah! ah! ah! dit la grosse bonne.

— Hu! hu! hu! fait Carabine.

— Avez-vous été queuquefois voir les polichinelles? reprend Fleur-d'Amour, quand on a cessé de rire.

— Non. Oh! je n'aime pas les marionnettes, moi !... c'est bon pour les enfants... Quand madame m'ordonne de mener ses petites chez Séraphin, il n'y a pas de danger que j'y aille ; mais je dis aux enfants : — Vous direz à votre maman que vous avez été chez Séraphin, ou sans cela je vous fouetterai ; et les petites disent tout ce que je veux.

— C'est juste, et voilà comme on doit élever les enfants, ça leur z'y apprend la discipline.

— Voilà le temps qui se remet à présent, dit Carabine en levant le nez en l'air.

— Oh! oui... je crois bien que nous n'aurons pas d'eau, répond la grosse bonne.

— Ce que j'aime beaucoup, moi, reprend l'autre bonne en s'adressant à Fleur-d'Amour, c'est la comédie... Oh! la comédie, je me passerais de manger pour y aller.

— Moi, je préfère le spectacle, répond Fleur-d'Amour.

— Mais c'est la même chose, monsieur.

— Vous croyez, mamselle? Au fait, c'est possible ; je n'y suis encore allé qu'une fois que j'avais une permission de neuf heures, que je suis rentré à minuit, où l'on m'a mis à la salle de police. Mais c'est égal, j'ai vu une bien belle pièce, la *Tour des Nèfles*.

— Ah! oui, j'en ai entendu parler ; on dit que c'est superbe... Ah! si vous vouliez me la raconter, ça me ferait bien plaisir.

— Je vous raconterai tout ce que vous voudrez, mamselle; je me nomme *Fleur-d'Amour*, c'est vous dire que je suis galant près du sexe.

En disant ces mots, Fleur-d'Amour passe ses doigts sur ses lèvres, où il cherche en vain des moustaches; il lance son œillade, puis commence son récit.

— Car d'abord faut vous dire qu'on est chez un marchand de vin de l'antiquité; que ce sont de bons enfants qui viennent là s'amuser... jouer à la drogue et autres récréations ; pour lors il vient aussi du grand monde, des officiers qui boivent. Moi, je disais si on m'en offrait, je boirais tout de même... mais on ne m'en a pas offert. Alors voilà que les officiers causent entre eux de leurs affaires, vous pensez ben que je n'ai pas eu l'insubordination de les écouter. Je me suis même retourné par honnêteté; pendant ce temps-là on a baissé un rideau. Vous comprenez!

— Oui, monsieur.

— Je persévère! le rideau se relève. On voit l'intérieur de *la Tour des Nèfles*. Voilà qu'il revient un officier avec une dame... Oh! une belle dame!... soignée... c'est dommage qu'on ne voyait pas sa figure, qui avait un petit masque d'arlequin ; malgré ça, l'officier avait l'air de la chauffer ferme; il la serrait de près, et il batifolait gentiment !... mais voilà qu'en jouant, il l'attrape avec une épingle, que ça fait à la belle dame une égratignure au visage. Elle se fâche tout rouge... c'est-à-dire on ne voit pas si elle est rouge, vu qu'elle a toujours son petit masque, mais c'est égal, elle se fâche... Moi, j'ai dit qu'elle avait raison . on ne doit pas égratigner le beau sexe. Elle s'en va en disant à son amoureux : — *Je ne t'en dis pas plus!* Bon, voilà qu'on amène un autre officier qui est malade, qui a reçu un mauvais coup. Il vient dire à l'autre qui est son ami : — Adieu, je meurs, tu retourneras au pays sans moi... ou autre chose, mais ça doit être à peu près ça. Bien ; la-dessus, l'autre se jette par la fenêtre dans la rue, vu que, sachant nager, il ne se blessera point. On baisse encore le rideau. On voit ensuite un palais, tout plein de princes et de princesses qui ont des queues... à leurs robes, s'entend. Ils parlent encore de leurs affaires; moi, je mange des noix jusqu'à ce qu'ils aient fini. On voit après un vieux palais... au bord de l'eau... un vieux quartier, un quartier où il ne doit pas faire bon la nuit. Il vient un grand maigre qui dit à des soldats : — Arrêtez-moi c't' homme-là!... Bon, il est arrêté; mais il en vient un autre, qui dit au grand maigre : — Je t'arrête !... Le v'là arrêté aussi, si bien qu'ils s'en vont en s'arrêtant tous. Et comme je riais tout haut, moi, en voyant ça, il y a des gens qui m'ont dit : — Si vous ne vous taisez pas, on va vous arrêter aussi, vous. Alors je me suis tait tout de suite. On voit après ça une prison... Ah! une belle prison !... avec de gros piliers comme vous et moi! Le grand, qu'on avait arrêté, est là, attaché et ficelé comme un saucisson ! Mais la belle dame arrive, sans masque, cette fois; et comme elle ne veut pas que son amant reste ficelé, elle le détache, et ils s'en vont très-bons amis... Moi, j'ai été boire alors. Quand je suis revenu, ils étaient encore dans leur *Tour des Nêfles*, et ils se disputaient !... ils se disaient des choses féroces... Puis, j'en ai entendu un, en dehors, qui crie qu'on l'assassine... et voilà ceux-ci qui veulent aller à son secours, et qui ne peuvent pas enfoncer leur porte. Moi, là-dessus, je n'en fais ni une ni deux, j'enjambe les banquettes, je veux grimper sur le théâtre, je leur crie : — Attendez! j'vas vous donner un coup de main, je vas vous enfoncer ça!... Mais pas du tout, cinq ou six escogriffes me saisissent, m'empoignent, et on me met dehors... C'est égal, je me suis bien amusé. Voilà ce que c'est, mamselle, c'est comme si vous l'eussiez vu, maintenant.

— Je vous suis très-obligée, monsieur.

— Comme il raconte bien, dit Carabine en regardant la grosse fille. Il peut se flatter de manier la parole, celui-là...

— Oh! oui... il parle bien longtemps sans s'arrêter !

— La seule chose qui me surprenne dans cette pièce-là, c'est que ça s'appelle la *Tour des Nêfles*, et que je n'en ai pas vu... personne n'en a mangé! Mais est-il drôle, ce Pierre, de rester là-bas, et de ne pas vouloir venir avec nous.

— C'est peut-être nous qui faisons peur à votre camarade, dit mademoiselle Joséphine en se rengorgeant.

— Peur! ah! par exemple... il doit en avoir vu de plus laides que vous !

— Oh! que oui, dit à son tour Carabine, qu'il en a vu d'aussi laides... je veux dire de plus laides... V'là le temps qui se soutient, quoique ça...

En ce moment on aperçoit beaucoup de monde courir vers le même point.

— C'est peut-être des individus qui se battent! dit Fleur-d'Amour. Carabine, va donc un peu voir ça.

Carabine se lève, et va lentement vers l'endroit où le monde est rassemblé : pendant ce temps, son camarade continue de faire des yeux doux à mademoiselle Joséphine, qui n'y semble pas indifférente.

Carabine revient en se dandinant se placer près de la grosse bonne.

— Qu'est-ce qu'ils ont là-bas? demande Fleur-d'Amour.

— C'est rien!... c'est deux enfants qu'ont manqué d'être tués... par la chute d'un éventaire... près duquel ils jouaient.

— Deux enfants, dit Joséphine en regardant autour d'elle. Ah! mon Dieu! mais si c'étaient mes mioches... Est-ce deux petites filles?

— Justement...

— Ah, mon Dieu! c'est ça.

— Ah ben, soyez calme... elles n'ont que deux grosses bosses à la tête... qui ont saigné un brin...

— Ces maudits enfants... il faut toujours que ça vous cause du tourment.

Mademoiselle Joséphine se lève, et, suivie de Fleur-d'Amour, va dans le groupe de monde, où elle trouve les deux petites filles confiées à sa surveillance pleurant à chaudes larmes, et ayant chacune la figure toute meurtrie. Quelques personnes cherchaient à consoler les enfants, et leur demandaient déjà leur adresse.

— Ah! vous voilà, mesdemoiselles... c'est bien heureux... depuis le temps que je vous cherche!... dit la bonne en prenant avec colère chaque petite fille par la main. Vous êtes dans un joli état!... vos robes salies... chiffonnées!

— Ce n'est pas à leur robe qu'il faut faire attention maintenant, dit un vieux monsieur, c'est à leur tête... elles ont chacune une forte bosse...

— Cela vous apprendra, mesdemoiselles, à faire le diable... à jouer comme des polissonnes... Hom! fi! les vilaines!...

— Si vous ne les aviez pas quittées, cet accident ne leur serait pas arrivé, reprend le même monsieur.

— Ah ça! et de quoi donc vous mêlez-vous, monsieur? répond mademoiselle Joséphine en regardant d'un air furibond la personne qui vient de parler. Je vous trouve encore plaisant avec vos avis!..... Êtes-vous le père et la mère de ces petites, pour me parler ainsi?

— Si j'étais leur parent, répond le monsieur, je vous promets que vous ne resteriez pas longtemps leur bonne.

— Voyez-vous ça! vieux singe!... Vous les feriez promener sur des chameaux, peut-être... Allez donc râper vot' tabac... vieux cornac...

— C'est vrai? dit Fleur-d'Amour en s'avançant d'un air menaçant. Je voudrais bien savoir qui' qui vous a donné le droit de parler à mamselle... vieil infirme?

Ce mot fait beaucoup rire les badauds rassemblés là, et le vieux monsieur s'éloigne, hué par la multitude, pour avoir voulu prendre le parti de deux enfants que leur bonne gronde au lieu de les secourir. Mais c'est presque toujours ainsi que la multitude fait justice.

Joséphine est revenue à son banc avec les deux petites filles auxquelles elle dit :

— Voulez-vous bien ne pas pleurer comme ça... braillardes!... et ne vous avisez pas de dire que je vous ai quittées, ou je vous fiche le fouet à toutes les deux, quand vos parents seront sortis.

— Oui, ma bonne... hi, hi, hi...

— Nous dirons que c'est un ivrogne qui s'est jeté sur nous et vous a fait tomber, entendez-vous?

— Oui, ma bonne... hi, hi, hi...

— Allons, taisez-vous donc, pleurardes... je vas vous acheter du pain d'épice.

— Ah! oui, dit Fleur-d'Amour, le pain d'épice, il n'y a rien de bon comme ça pour les bosses à la tête.

La bonne achète du pain d'épice qu'elle donne aux deux petites filles, et celles-ci le mangent tout en poussant de gros soupirs, et portant leurs petites mains à leur tête. La conversation s'est renouée entre les bonnes et les soldats, lorsque tout à coup mademoiselle Joséphine s'écrie :

— Tiens, voilà Félicité qui passe... Félicité... viens donc nous dire bonjour.

Ces mots s'adressaient à la jeune bonne que M. Daulay avait placée près de Marie : c'était elle qui passait alors seule sur le boulevard.

Félicité a reconnu la voix de son amie, elle s'approche du banc de pierre.

— Tiens, bonjour... C'est toi, Joséphine ?... Est-ce que tu es en maison par ici, maintenant ?

— Oui, je suis rue Charlot... bonne d'enfant, mais je n'y resterai pas... je suis dans une baraque... des gens qui sont gênés... du petit monde, ça ne me convient pas ; j'ai pris ça en attendant. D'ailleurs, tu sais que je suis comme toi, je n'aime pas à moisir dans une condition.

— Oh ! c'est vrai, que t'es pas mal *changeuse !*

— Et toi, Félicité, chez qui'que t'es ?

— Moi... Ah ! ma foi, je suis joliment bien, va !... et je t'assure que je n'ai pas envie de quitter d'où que je suis.

— C'est ben étonnant... Est-ce que tu sers chez un Grand-Turc ?

— Oh ! mieux que ça ! je sers chez une jeune personne qui arrive de son village... qui ne connaît encore rien de rien... qui me laisse faire tout ce que je veux, et qui ne fait rien sans me consulter. Si bien que c'est absolument comme si c'était moi qui étais la maîtresse.

— Es-tu heureuse !... Où donc as-tu trouvé une si bonne place ?...

— Ah ! dame ! c'est toute une histoire !... aussi, je n'ai qu'une crainte, c'est que ça ne dure pas longtemps... parce que quand la jeune fille découvrira ce qui en est... ah ! dame... elle se fâchera peut-être.

— Bah... il y a donc du mystère dans ta maîtresse ?

— Puisque je te dis que c'est toute une histoire ; je te conterai cela un jour que j'aurai le temps... mais aujourd'hui je ne peux pas rester... je crains que le monsieur ne vienne, et j'aurais un savon, s'il voyait que je laisse mamselle seule...

— Ah ! il y a un monsieur... bon, je commence à comprendre.

— Oui, et un monsieur qui a diablement peur qu'on ne lui enlève sa belle, car il me défend de la quitter d'une minute ! mais tu entends bien que je brûle l'ordre quelquefois.

— Pardi ! Ils sont étonnants, il faudrait, pour les satisfaire, s'attacher sur une chaise avec des épingles !

Pendant cette conversation, Fleur-d'Amour s'est levé, il a été rejoindre Pierre, et passant son bras sous le sien, il parvient à l'amener près du banc et à le faire asseoir au bout, près de lui.

Mademoiselle Félicité, qui a regardé venir les deux soldats, dit à son amie :

— Tu es avec ces militaires?

— Oui... nous causions; il y en a un qui est presque mon pays.

Félicité se met à rire, et répond :

— Oui! nous connaissons ça! et lequel qui est ton amoureux?

— Que t'es bête!... mon amoureux... nous venons seulement de jaser pour la première fois!...

— Enfin... s'il te parle... on sait ben où il veut en venir... Est-ce le brun?...

— Non, c'est l'autre... le gros blond... il a l'air bien gai, n'est-ce pas?

— Oui... mais moi j'aimerais mieux le brun... Quelle belle figure! ah! ma chère, quel superbe tambour-major ça ferait.

— Je lui trouve l'air trop triste... et puis il ne parle pas... il ne veut pas venir causer comme ses camarades... parce qu'il regrette une bonne amie qu'il a laissée au pays.

— C'est égal! il me plairait bien à moi...

Et mademoiselle Félicité toussait, chantait, se retournait et faisait son possible pour attirer les regards de Pierre, qui avait ses yeux baissés et ne les levait pas.

— Oh! c'est comme si tu te mouchais, dit Joséphine en riant.

— Tu crois... peut-être!... et si j'avais le temps... écoute, Joséphine, viens t'asseoir et te promener les matins autour du Château-d'Eau... là-bas sur l'autre boulevard... tu sais?

— Ah! pardi! je connais bien le Château-d'Eau, et même le Wauxhall... j'y ai dansé.

— Je demeure en face; j'irai y causer avec toi... tâche que ton amoureux amène son camarade...

— Lequel?... celui-là... ou celui-ci?

— Ah! fi donc... celui-ci! je n'en voudrais pas pour mon chat! il ressemble aux têtes de Curtius... C'est du beau brun que je parle... c'est étonnant comme il me plairait, celui-là!... ah! ma chère, quel bouillon je lui offrirais!...

— Tu es bien heureuse de pouvoir offrir du bouillon, toi! où je suis, on ne mange que de la soupe aux herbes... Monsieur et madame sont trop échauffés, apparemment ils veulent se rafraîchir!

— Adieu, Joséphine... il faut que je rentre... mais tu viendras où je t'ai dit, n'est-ce pas?...

— Sois tranquille, et on tâchera de t'amener le bel indifférent.

Mademoiselle Félicité s'éloigne; mais non sans avoir fait une gracieuse révérence aux militaires, accompagnée d'un regard très-tendre à Pierre.

— C'est une de vos amies que vous connaissez? dit Fleur-d'Amour à Joséphine.

— Oui... c'est une bien bonne enfant!

Et la jeune bonne, se penchant vers le jeune soldat, avec lequel elle semble déjà aussi sans façon que si c'était un de ses parents, lui parle bas et rit en lui montrant son camarade Pierre.

— Voyez-vous ça! s'écrie Fleur-d'Amour, voilà un être *suscestible* de faire des passions et qui ne veut pas seulement lâcher un souris au beau sexe... mais patience, faudra ben que je le forme!... Votre amie est gentille à votre égal!... elle offre du bouillon... nous ne serons pas assez malhonnêtes pour le refuser.

Après s'être donné rendez-vous pour se revoir, Joséphine se lève et dit à sa compagne :

— Adélaïde, il est temps de rentrer.

— Ah! oui, faut rentrer! dit la grosse bonne en jetant un regard sur Carabine.

— Tiens, vous rentrrrez déjà... dit Carabine en se levant aussi, mais de quoi qui vous prrresse?

— Ah ben! et les maîtres... qui grondent toujours... Nous nous reverrons... quand il fera beau.

— Je l'espèrrre, mamselle.

Joséphine a pris les deux petites filles par la main, elle dit à sa compagne : — Est-ce que tu n'avais pas un petit garçon, toi?

— Ah! c'est vrai... tiens, j'y pensais pas du tout!... L'avais-je vraiment amené?

— Je crois bien que je vous ai vu un petit garçon! dit Carabine.

— Oui, oui, elle l'avait, dit Joséphine, voyons, il faut le trouver... appelle-le... comment se nomme-t-il ?

— Auguste.

— Auguste !... Auguste !... hé ! petit Auguste !

Les soldats font chorus avec les bonnes pour appeler l'enfant ; mais le petit Auguste ne paraît ni ne répond.

— Comme c'est embêtant, dit la grosse Adélaïde ; où se sera-t-il donc fourré, ce petit vaurien-là ?... il est méchant comme une gale !... il ne m'en fait jamais d'autres ! il se perd au moins trois fois par semaine.

— Si on le sifflait, dit Fleur-d'Amour, entendrait-il ?

— Ah ! la bonne farce ! dit Joséphine, le siffler comme un caniche... ah ! ah ! ah ! ah ! farceur, allez !...

— Oh ! oh ! oh !...

— Eh ! eh ! eh !...

— Oh ! oui, nous sommes des farrrceurs !... hû hû hû !...

— Voyons, il faut retrouver le moutard, pourtant... dit Joséphine. Toi, Adélaïde, tu ne te remues pas, tu ne bouges pas plus que si ça ne te regardait pas.

— Dame !... quoi que tu veux donc que je remue ?

— Mais il faut s'informer... demander aux marchandes ; il ne peut pas être fondu, ce petit !

Les bonnes et les soldats courent de divers côtés, s'informant si l'on a vu un petit garçon dont ils donnent le signalement. Les recherches sont longtemps infructueuses, et la grosse bonne n'en est pas plus alarmée ; elle répète toujours :

— Oh ! je suis tranquille sur le petit Auguste ; il a une langue, celui-là !... et quoiqu'il n'ait que six ans, c'est un petit gaillard qui sait joliment se faire servir. Je gage qu'il est queuque part à s'amuser, le vagabond !

Enfin une marchande d'oranges dit à Joséphine : J'ai vu un petit garçon comme celui que vous cherchez... il avait cassé un carreau avec son cerceau... on l'a mené au corps de garde là-bas... parce qu'il a dit qu'il n'avait pas d'argent, mais qu'on viendrait le réclamer.

— Voyez-vous le petit malfaisant ! s'écrie la grosse bonne ; faut que j'aille le chercher au corps de garde à c't'heure... et ce carreau... s'il faut que je le paye... j'ai pas d'argent, moi...

— Va toujours, on te le rendra peut-être sans argent...

Adélaïde va au corps de garde du Château-d'Eau, escortée

par Carabine, et elle revient bientôt tenant par la main le petit garçon, l'officier de la garde nationale ayant payé les verres cassés par l'enfant, qui semble fort gai et crie à tue-tête :

— J'ai bu de l'eau-de-vie, moi !... on m'a fait boire la goutte !... ils sont bien gentils les soldats ! c'est bon la goutte !...

— Oh ! fameux, l'enfant ! dit Fleur-d'Amour. Ce sera un luron fini !... Au revoir, mesdemoiselles... à celui d'une autre rencontre.

— Au plaisir, monsieur Fleur-d'Amour, répond mademoiselle Joséphine en lançant au militaire un regard d'intelligence.

— A l'agrément de vous retrouver, mademoiselle Adélaïde, dit Carabine à la grosse bonne, qui lui répond en souriant :

— Oui, monsieur le militaire, j'y viens queuquefois.

Alors les trois soldats retournent du côté de leur caserne.

La grosse bonne s'en va avec le petit garçon en lui disant :
— Si tu as le malheur d'avouer que tu as bu de l'eau-de-vie, je te rosserai ferme...

— Et si je ne le dis pas, m'en donneras-tu, ma bonne ?

— Oui, je t'en donnerai.

— Ah ! je ne dirai rien alors .. je veux encore boire la petite goutte, moi ; c'est bien bon... la petite goutte.

Quant à mademoiselle Joséphine, elle rentre de son côté avec les deux petites filles, auxquelles elle répète tout le long du chemin :

— Qu'on n'ait pas le malheur de dire que j'ai causé avec des soldats, ou je donne une fessée soignée.

— Oh ! nous ne dirons rien, ma bonne.

— A la bonne heure... et pour les bosses à la tête, vous vous rappelez l'histoire que j'ai faite !

— Oui, ma bonne.

— C'est bien... Alors, quand on est sage, on a du nanan.

C'est ainsi que les bonnes font l'éducation des enfants qu'on leur confie.

CHAPITRE XV

UN AMI.

— Viens donc promener avec moi, Pierre, dit Fleur-d'Amour à son camarade, quelques jours après sa conversation avec les bonnes sur le boulevard du Temple. Viens donc... je dois rencontrer ma payse, et elle aura avec elle une de ses amies... ben gentille, ben tournée, et bonne enfant!

— Qu'est-ce que cela me fait à moi que ta payse amène une de ses amies? répond Pierre en se croisant les bras.

— Tu ne comprends donc pas?... Oh! es-tu en retard! Quand un séducteur comme moi va causer avec une particulière, s'il a avec lui un camarade, et que la particulière ait une amie, alors ceux-là causent de leur côté, tandis que ceux-ci jasent d'un autre. Et finalement, l'amie de Joséphine serait parfaitement ton affaire. Et nous irions promener hors barrière... parce que le vin y est meilleur marché.

— Je t'ai déjà dit, Fleur-d'Amour, que j'aimais quelqu'un... Tu vois bien que je ne puis pas faire une autre maitresse.

— Et moi je t'ai répondu que le militaire devait avoir au moins une passion dans chaque garnison... On est Français, on se doit à l'amour comme à la patrie... et puis l'amie de Joséphine a une cuisine à sa disposition... elle a le maniement des légumes et de la viande avec indiscrétion.

— Eh! que m'importe tout cela?...

— On ne fera jamais rien de lui, se dit Fleur-d'Amour en s'éloignant; il monte sa faction proprement, c'est vrai! mais après ça, il ne monte plus rien du tout! ça me vexe pour l'amitié... Au reste, si mamselle Félicité voulait, je m'en arrangerais également avec son amie, vu que je suis un gaillard à poil! que j'en prendrais des sentiments sans compter.

Pierre a laissé Fleur-d'Amour s'éloigner, il préfère la solitude aux promenades sur les boulevards. Il refuse souvent les parties que lui proposent ses camarades, afin de pouvoir à son aise penser à celle qui a tout son amour.

Pierre se promenait devant sa caserne, lorsque tout à coup il se sent frappé à l'épaule; il se retourne... deux bras l'entourent, le pressent : c'était Gaspard qui embrassait le jeune soldat.

— C'est toi ! mon cher Gaspard ! s'écrie Pierre avec un sentiment de joie. Et depuis qu'il avait quitté son pays, c'était la première fois que le plaisir animait ses yeux.

— Eh oui, sacrédié, c'est moi !... Il y a assez longtemps que j'avons envie de t'embrasser ? ma fine, je m'sommes dit : Je serais bon bête de ne pas contenter notre envie... Pierre, j'en suis sûr, ne sera pas non plus fâché de me voir !... Tu m'avais écrit... il y a déjà queuque temps que t'étais en garnison à Paris... C'est le père Martineau qui m'a lu ta lettre... alors je suis parti, et me v'là !

— Ce bon Gaspard !.... Oh ! oui, je suis bien content de te voir... Et c'est pour moi seul que tu as fait ce voyage !

— Ah ! j'avions aussi queuques commissions que j'aurions pu donner à faire à d'autres, mais j'ai dit : J'vas y aller moi-même, comme ça je verrons not' pauvre Pierre... Ah ouf !... j'en peux plus, je meurs de soif... Viens donc là-bas boire un coup... moi, je peux pas parler quand j'ai le gosier sec.

Pierre suit le paysan dans un cabaret. Il n'a pas encore osé le questionner sur ce qui l'intéresse le plus, car il sait que ce n'est qu'en buvant que Gaspard aime à causer.

Le paysan s'assied à une table en face de Pierre, et après avoir bu et trinqué, lui dit :

— Eh ben, sacrebleu, voyons !... comment que ça va l'état militaire ?... Es-tu officier, major, colonel ?... Te pousses-tu un brin ?... L'uniforme ne te va pas mal !... ça te donne un air... une mine... Oh ! t'es fièrement bien, tout de même !

— Mon cher Gaspard, avant tout, je t'en prie, donne-moi des nouvelles du pays... de tout le monde... de tous ceux que j'aime.

— Ah ! ma fine, au pays tout le monde se porte bien... excepté Jacques qui est mort, et Françoise qui a une fluxion de poitrine, tout ça va bien... Ton oncle boit et se grise comme à son ordinaire... Le père Martineau lâche toujours des mots hébreux en parlant... mais ça l'amuse c't homme !... Gobinard se dispute avec lui pour des sauces, mais le soir on boit un coup et on n'y pense plus ! A ta santé, Pierre !

10.

— Eh?... et Marie... tu ne m'en parles pas, Gaspard... Marie... Ah! tu sais bien pourtant que c'est d'elle surtout que je désire entendre parler...

— Marie... dame... je ne savais pas si tu pensais encore à elle. Depuis que tu es parti, est-ce que tu n'aurais pas pu l'avoir oubliée... elle qui ne t'aimait pas... qui a refusé ta main? une coquette, une mijaurée!... si tu l'avais oubliée, t'aurais bien fait, vois-tu, Pierre, car elle ne méritait que ça.

— Non, Gaspard, non, je n'ai pas oublié Marie... car je l'aime toujours... je l'aime peut-être plus encore depuis que je suis loin d'elle... Ici, c'est sans cesse à Marie que je pense... Tiens, vois-tu... ce n'est pas mon pays que je regrette... c'est Marie... Et en te voyant... si j'ai eu tant de plaisir... ah! Gaspard... pardonne-moi! mais j'ai pensé seulement que tu me parlerais de Marie.

— Ça tombe toujours comme ça! s'écrie Gaspard, il n'y a toujours qu'un homme fidèle, et c'est celui-là qui est rebuté... Que les femmes viennent donc encore me dire : Ah! les hommes sont des ci, des ça!... Je leur répondrai : Ils font bien. Quand par hasard il s'en présente un qui est sage et fidèle, on est bien sûr que vous n'en voulez pas.

— Voyons, Gaspard, réponds-moi... Que fait Marie?... sans doute elle est toujours aussi jolie... aussi avenante?... et... a-t-elle... a-t-elle un amoureux?...

— Un amoureux!... ah! morgué, elle a bien autre chose, va!... Tu veux des nouvelles, j'vas t'en donner. C'est que depuis que t'as quitté le pays, il est arrivé ben du changement...

— Oh! mon Dieu, tu me fais trembler...

— Oh! faut pas trembler pour ça... Est-ce qu'un soldat tremble?... ça serait du joli...

— Mais pa'le donc!... Marie serait-elle mariée?...

— Eh non! c'est bien autre chose... Figure-toi que Marie n'est plus Marie... c'est-à-dire n'est plus une paysanne servante d'auberge... c'est une grande dame à présent... c'est la fille d'une duchesse... d'une princesse! c'est peut-être une reine! que sait-on?...

— Je ne te comprends pas, Gaspard.

— Pardi, je crois ben... c'est emberlificoté qu'on n'y reconnaît pas grand'chose... Enfin, v'là le fait. Madame de Stainville avec sa société est venue chez Gobinard... La dame avait une lettre d'une duchesse de ses amies, qui lui disait que jadis elle avait logé au Tourne-Bride, et qu'elle y avait laissé queuque chose à quoi elle tenait beaucoup. Là-dessus, comme les dates, comme les époques correspondaient, et puis, comme on n'a jamais pu découvrir les parents de Marie, ils ont dit tous que bon sûr c'était elle qui était le queuque chose que la grande dame a laissé au Tourne-Bride, donc, que Marie doit être la fille de la duchesse de... de Férousky... Tapousky, un nom comme ça; et comme madame de Stainville est très-amie avec cette duchesse, elle a commencé par emmener Marie avec elle... et je te réponds que celle-ci n'a pas mieux demandé que de s'en aller... et qu'elle a tout de suite pris des airs de princesse, que c'était à se crever de rire!...

— Marie une grande dame!... Marie fille d'une duchesse!... serait-il possible! et moi qui voulais l'épouser...

— Eh ben!... quo'que ça fait... on a vu des rois épouser des bergères!

— Ah! Gaspard... c'est bien maintenant qu'il faut que je l'oublie pour jamais... Marie est riche... Marie épousera un grand seigneur.

— Une minute... Faut d'abord voir ce que dira cette duchesse de Taposky quand elle reviendra de ses voyages... et elle doit revenir dans queuques mois. Mais d'ailleurs c'est pas encore tout... v'là qu'il est arrrivé ben autre chose...

— Autre chose à Marie?

— Eh! oui, à Marie... Ah! vois-tu, quand une jeune fille est riche, il lui arrive ben plus de choses qu'à une petite servante d'auberge... Nous ne sommes pas au bout, va!

— Eh bien! que lui est-il donc arrivé encore?...

— A ta santé... Marie était chez madame de Stainville déjà depuis quelque temps... Elle était là dans du coton!... habillée en belle dame, se donnant de grands airs toute la journée... ça devait être drôle. Mais il y a un mois à peu près, Marie a disparu pendant que madame de Stainville était à une campagne voisine.

— Disparu... Marie!... ô mon Dieu!...

— Allons, te v'là encore avec tes crispations... Bois donc un coup.

— Mais où est-elle?... Qui donc l'a enlevée?...

— Ah! voilà le hic!... Quand elle est revenue chez elle et qu'elle n'a plus retrouvé Marie, madame de Stainville a jeté les hauts cris; tout son monde s'est mis en campagne; on est venu tout de suite au Tourne-Bride, croyant que la jeune fille y était retournée pour revoir le séjour de son enfance. Ah bon oui! le plus souvent que celle-là aura des souvenirs d'enfance! Le père Gobinard n'avait pas vu Marie; si bien que madame de Stainville s'en est allée désolée, et promettant une récompense honnête à celui qui retrouvera mamselle Marie...

— Elle n'est donc pas retrouvée?... s'écrie Pierre en se levant à demi sur sa chaise.

— Pas jusqu'à présent.

— Et tu me dis cela aussi froidement... Ah! Gaspard! peut-on montrer tant d'indifférence pour Marie... pour Marie si belle!... si jeune!... Oh! mais je la trouverai, moi... je saurai ce qu'elle est devenue... qui est son ravisseur... je la vengerai!...

Pierre s'est levé, il va s'élancer hors du cabaret; Gaspard le retient par le bras en lui disant :

— Où vas-tu?... Oublies-tu que tu es soldat... que tu n'es plus libre de tes actions... Vas-tu déserter... te perdre?... Après avoir sacrifié à Marie ta liberté, veux-tu encore lui sacrifier ton honneur?

Pierre retombe sur sa chaise, il semble anéanti... Mais bientôt il cache sa figure dans ses mains en murmurant :

— Hélas! oui... je suis soldat... et c'est pour elle... j'ai tout quitté pour elle... mais pour la retrouver... pour la sauver... je donnerais tout de suite ma vie! Marie! Marie!... que j'aime tant!...

Deux ruisseaux de larmes s'échappent des yeux de Pierre, qui, pour cacher ses pleurs, tient sa tête dans ses mains. Gaspard, ému de la douleur du jeune soldat, fait mille grimaces pour cacher son attendrissement, tout en s'écriant :

— Sapredié! que c'est bête de se désoler comme ça... Un soldat pleurer!... si on te voyait, tous les camarades se moqueraient de toi. Si je t'avais cru si faible, je ne t'aurais rien dit... Voyons!... calme-toi!... Eh! mon Dieu! sois donc tranquille, on la retrouvera, ta Marie; une femme, ça ne se perd pas comme un couteau!... Et puis... veux-tu que je te dise mon idée à moi?... car j'ai des idées en moi-même...

— Ah! parle, Gaspard, que sais-tu?... que penses-tu?

— Eh ben ! je pense que Marie aura disparu exprès, c'est-à-dire qu'elle a été enlevée par queuqu'un de ces beaux messieurs qui vont chez madame de Stainville... Ils se seront dit : Puisque c'est une riche héritière, faut tâcher de l'avoir pour nous et ne pas la laisser aux autres...

— Comment !... tu penserais...

— Ce qu'il y a de ben sûr, c'est que tant qu'elle ne fut que servante d'auberge, personne n'a essayé à l'enlever, et pourtant elle était tout aussi jolie alors qu'à présent. Mais la v'là duchesse ! crac !... enlevée, dénichée !... ça n'a pas été long... Oh ! c'est queuque finot qui a fait le coup... Mais sois tranquille, il n'a pas emporté la petite pour la cacher toujours ; quand la mère Bambocheky reviendra, l'enleveur ira lui présenter Marie en lui disant : V'là vot' enfant ; nous nous sommes épousés sans vot' permission ; à présent, ce que vous avez de mieux à faire, c'est de nous la donner, et voilà. Reste à savoir ensuite ce que la mère aux écus répondra.

— Marie enlevée ! Marie au pouvoir d'un autre !

— Après ça, tu comprends ben que ce ne sont que des conjectures... chacun se fait son idée... mais le fait est qu'on ne sait pas ce que Marie est devenue. Quant à madame de Stainville, depuis quinze jours elle est revenue à Paris...

— Si Marie était retournée près d'elle...

— Non... j'ai été m'en informer... j'ai été voir cette dame... je suis pas fier, moi... j'vas partout... elle m'a ben reçu... elle m'a fait rafraîchir. Mais pas pus de Marie que dans mon chapeau. Cette dame m'a encore prié, si je la retrouvais, de la lui ramener ben vite... Elle est vraiment peinée de cet événement-là.

— Et on ne sait rien ?... on n'a aucun indice ?

— Rien du tout. Marie était à la maison de campagne avec le jardinier et sa femme. Un beau matin elle est descendue déjeuner... elle est allée au jardin... et puis bonsoir, pus personne... et ils assurent qu'ils ne l'ont pas vue sortir...

— C'est incompréhensible...

— Mais moi... je me suis rappelé, ce même matin où Marie a disparu, avoir rencontré un cabriolet qui allait comme le vent, et qui suivait la route de Paris par la traverse...

— Un cabriolet... et Marie était dedans ?...

— Pour ça, je ne peux pas te l'affirmer... ça allait si vite; je n'ai pu rien distinguer.

— Oh! n'importe... cette voiture emmenait Marie, cela est certain...

— C'est bon présumable. Voilà tout ce que je sais, Pierre, et maintenant que je t'ai vu... que je t'ai embrassé, j'vas reprendre le chemin de cheux nous.

— Quoi! Gaspard, tu vas déjà repartir!...

— Il le faut ben... j'ai de l'ouvrage là-bas, et ici on dépense vite et on ne gagne rien.

— Et sans avoir de nouvelles de Marie?...

— Si tu en apprends, toi, tu me les écriras... je me ferai lire ça par Martineau...

— Oh! oui... si je la retrouvais, tu le saurais sur-le-champ. De ton côté, Gaspard, si tu apprends quelque chose... jure-moi de me le faire savoir aussitôt...

— C'est convenu...

— Mais déjà me quitter... et pour longtemps peut-être!

— Oh que non! je reviendrai; je ne suis pas chiche de mes pas, moi; je fais dix-huit lieues comme un autre tousse... Je pars à deux heures du matin, et j'arrive à midi, et je bois plus d'une fois en route, encore. Adieu, Pierre; je te le répète, ne te désole pas... ça ne mène à rien... Marie se retrouvera!... et d'ailleurs rappelle-toi qu'elle a repoussé ton amour... qu'elle a ri de tes larmes... et tu trouveras comme moi qu'elle ne vaut pas la peine qu'on s'inquiète d'elle.

Gaspard vide son verre, embrasse Pierre, lui serre cordialement la main, puis reprend le chemin de son village en sifflant un air du pays.

Quant à Pierre, il retourne à la caserne, où son devoir l'appelle; mais il est encore plus triste que de coutume, et la pensée que Marie a été enlevée ne lui laisse pas un moment de repos, et le rend plus que jamais inaccessible aux propositions de Fleur-d'Amour.

CHAPITRE XVI

PARTIE CARRÉE.

Pierre se promenait un matin sur les bords du canal. Le temps était beau, mais froid. Le jeune soldat rêvait sans cesse à Mario; son esprit enfantait mille projets auxquels il lui fallait bientôt renoncer en regardant son uniforme, puis il se disait : « Mais quand même je la retrouverais, elle ne serait pas à moi... D'abord elle ne m'a jamais aimé. Ensuite, puisqu'elle est fille d'une grande dame, elle ne voudra plus me regarder!... Oh! n'importe, si je la savais heureuse, j'aurais du courage, et je ne me plaindrais plus!... »

— Tiens!... de quoi donc que tu fais par ici isolément? dit à Pierre une voix bien connue. Il se retourne, et aperçoit son camarade Fleur-d'Amour marchant près de mesdemoiselles Joséphine et Félicité.

Pierre voudrait éviter cette rencontre, mais déjà son camarade est à côté de lui, et les deux bonnes lui font la révérence.

— Ça n'est pas bien de s'amuser sans les autres! dit Fleur-d'Amour; moi, je me promène avec ces demoiselles... on cause, on batifole... on mange des noix... C'est ben pus divertissant à quatre... d'autant plus que ce matin on s'est débarrassé des mioches... nous sommes libres comme l'air. Viens donc avec nous.

N'osant pas refuser, Pierre se contente de marcher à côté de son camarade sans rien dire, et sans répondre aux œillades de mademoiselle Félicité.

— Monsieur a peut-être du noir dans l'âme? dit la petite bonne en faisant sonner les gros sous qu'elle a dans les poches de son tablier.

— Oui, dit Fleur d'Amour, c'est une passion qu'il a dans le cœur, et de laquelle il n'a point eu d'agrément!

— Monsieur n'aurait pas dû avoir à se plaindre du beau

sexe! reprend Félicité, car il n'est pas d'un physique à repousser l'amour.

Pierre fait semblant de ne pas comprendre ce compliment, et Fleur d'Amour dit tout bas à Joséphine :

— Je crois décidément que le camarade a un cœur en papier mâché, rien ne prend dessus!...

On se promène depuis quelque temps, lorsque Joséphine dit à son amie :

— Comment as-tu fait pour laisser ta maîtresse seule ce matin ?

— Oh! je suis bien plus libre à présent. Le monsieur est de retour à Paris, il vient tous les jours voir mademoiselle Marie..

— Marie! s'écrie Pierre. Votre maîtresse s'appelle Marie, mademoiselle ?...

— Oui, monsieur.

— Et... elle habite Paris depuis longtemps?

— Non... depuis un mois seulement... On l'a enlevée de son village... Oh! c'est toute une histoire...

— Enlevée!... Comment, votre maîtresse?... Si vous vouliez accepter mon bras, mademoiselle ?

— Avec beaucoup de plaisir, monsieur.

Mademoiselle Félicité s'empresse de passer son bras sous celui du beau soldat, et Fleur-d'Amour dit tout bas à Joséphine :

— Tiens... tiens... on dirait que ça veut prendre... Oh, fameux! si nous enflammons Pierre.

— Tu m'avais toujours promis de me conter ce qui regarde ta maîtresse, dit Joséphine à son amie. Pendant que nous avons le temps, dis-nous ça, faut ben causer... Moi, quand je sais une histoire sur mes maîtres, je vous réponds qu'elle ne moisit pas sur ma langue.

— Je vais vous dire ce que j'ai appris touchant ma nouvelle maîtresse. Dame, c'est un secret... mais je sais que les militaires sont gens d'honneur...

— Vous pouvez vous fier à nous, dit Fleur-d'Amour, nous sommes des muets du sérail.

— Parlez... parlez...mademoiselle, reprend Pierre en s'efforçant de cacher son agitation, dites-nous tout ce que vous savez !...

— Eh ben, vous saurez que la jeune personne chez qui je

sars est, à ce qu'il paraît, fille d'une grande dame... mais elle ne connaît pas ses parents...

— C'est comme moi, dit Fleur-d'Amour, je n'ai jamais connu mes parents...

— Elle a été, à ce que je crois, élevée dans un village... dans une auberge.

— Dans une auberge? dit Pierre, dont l'espoir augmente à chaque mot.

— Oui. Puis une dame riche, connaissant sa famille, l'a prise avec elle depuis peu. Cette dame habitait une maison de campagne...

— De quel côté, mademoiselle?

— Aux environs de la Roche-Guyon...

— C'est elle! c'est Marie! se dit Pierre, et, dans son trouble, il serre avec tant de force le bras de Félicité, que celle-ci pousse un petit cri qui fait dire à Fleur-d'Amour :

— Quoi donc! est-ce que vous avez marché sur un crapaud?

— Ce n'est rien! répond la jeune bonne, qui pense avoir fait la conquête de Pierre, ce n'est rien...

— Continuez donc, mademoiselle.

— Chez cette dame, un jeune homme de Paris est devenu amoureux de mademoiselle Marie... mais je suppose que celle-ci ne l'écoutait guère. Alors, savez-vous ce qu'il a fait? Profitant d'un moment où la dame était à une fête, il a été chercher la demoiselle; et, lui faisant croire qu'il venait de la part de madame de Stainville... c'est le nom de la dame, il a conduit mamselle Marie à Paris, dans un petit logement qu'il avait loué. Il m'a mise près d'elle, et la jeune personne se croit ici chez sa protectrice, dont elle attend chaque jour l'arrivée.

— Ah! elle est bonne la frime... elle est bien bonne! dit Fleur-d'Amour.

— Le misérable! se dit Pierre.

— Comment avez-vous dit, monsieur Pierre?

— Rien, mademoiselle... Mais ce monsieur n'est donc pas resté... près de cette demoiselle?

— Non, pour qu'on ne devinât pas qu'il était l'auteur de l'enlèvement, il est resté près de madame de Stainville : ce n'est que depuis une quinzaine de jours qu'il est revenu à Paris, et depuis ce temps, vous pensez bien qu'il vient tous les jours voir mademoiselle. Il lui a fait accroire que madame de Stainville faisait un voyage, qu'elle l'avait chargé de veiller sur la fille de son amie. Mademoiselle Marie donne là-dedans... Pendant ce temps, vous concevez que le jeune homme fait sa cour... et tâche d'enjôler la demoiselle...

— Oh! fameux... Oh! c'est un séducteur fini, celui-là! dit Fleur-d'Amour.

— Et votre maîtresse l'écoute-t-elle avec plaisir? dit Pierre en serrant convulsivement le bras de mademoiselle Félicité.

Celle-ci lui fait un doux sourire en murmurant :

— Mais, je ne crois pas,... Comme vous me serrez! Elle pense, je crois, à un autre?... Aïe! vous me faites des bleus.

— A un autre?... Vous croyez qu'elle songe à un autre?

— Dame! je le suppose, parce qu'elle n'a pas du tout l'air de s'amuser près de M. Daulay...

— Ah! c'est M. Daulay qui a enlevé... cette jeune personne?

— Oui... Est-ce que vous le connaissez?

— Moi... pas du tout.

— Je suis une bavarde, j'aurais pas dû dire les noms... mais j'adore les militaires, et je ne peux jamais avoir rien de caché pour eux.

— Ils vous le rendent avec mesure, mamselle! dit Fleur-d'Amour en passant le bout de sa langue sur ses lèvres.

— Pour en revenir, ce M. Daulay fait tout son possible pour plaire à mamselle Marie et lui procurer de l'agrément... Par exemple, il ne veut pas qu'elle sorte sans lui!... mais il la fait promener en voiture, et ce soir, il me paraît qu'il doit la mener au spectacle...

— Ce soir? s'écrie Pierre. Et auquel?

— Ah! dame, je ne sais pas... mais ils ne choisiront pas le plus mauvais, allez! Par exemple, mamselle mettra un chapeau et un voile... Oh! elle ne sort pas sans ça.

— Comme tu es heureuse, Félicité! dit la grande Joséphine, ce soir, tu pourras encore faire tout ce que tu voudras.

— Ah! mon Dieu, oui... je puis même recevoir qui bon me semble... D'abord, la portière est mon amie... ensuite j'ai tout à ma disposition chez nous... les comestibles, le vin... les liqueurs... car M. Daulay a fait des provisions pour que mamselle ne manque de rien ; et moi, je nage là-dedans à pleine eau... et je fais les mémoires aussi gros que je veux!...

— C'est ça qui est une condition séduisante!...

— C'est-à-dire, reprend Fleur-d'Amour, que la vie de mademoiselle doit s'écouler dans des divertissoirs de toutes les espèces.

— Oh! je ne m'amuse pas tant que vous croyez! dit Félicité; quand on est seule... que voulez-vous qu'on fasse?

— Mais vous ne devez pas manquer d'occasions pour vous accoupler? dit Fleur-d'Amour.

Pierre ne disait rien, il semblait réfléchir; mais il serrait toujours le bras de Félicité, et celle-ci se disait : « Il n'a pas envie que je le quitte, toujours! » Tout à coup le jeune soldat se tourne vers la petite bonne, et lui dit d'une voix tremblante :

— Mademoiselle... ce soir... il faut absolument que vous me receviez chez vous...

Félicité fait une petite mine en affectant un air timide, et Fleur-d'Amour s'écrie :

— Voyez-vous comme il y va, le camarade!... il paraît qu'il ne faut que le mettre en train; et puis il fait l'amour comme sur des roulettes... Ah! scélérat de Pierre!... va-t-il droit à la chose!...

— Mais qu'ai-je donc dit à mademoiselle pour que vous ayez de telles pensées? demande Pierre, j'avais cru... j'avais seulement le désir...

— Eh! mon Dieu! ne prends pas tant de détours; t'as des désirs, c'est tout simple... mamselle a les yeux assez noirs pour ça! gnia pas là de quoi se mordre la langue!... le militaire n'est pas *feignant*, d'ailleurs...

— Oh! mon Dieu! je ne me fâche pas, moi, dit Félicité en reprenant son air déluré; au contraire, j'aime bien les gens sans façon. Et tenez, si vous le voulez, je vais vous faire une proposition...

— Voyons votre proposition, fille des Amours?... Joséphine, je vous range dans la même famille...

— Je l'espère bien! Parle, Félicité.

— Écoutez-moi. Ce soir, ma jeune demoiselle sort, elle va au spectacle avec M. Daulay... elle ne refusera certainement pas, elle n'a pas encore été au spectacle de sa vie. Par ainsi, je serai seule et libre depuis sept heures jusqu'à onze heures au moins : eh bien, si vous voulez venir tous, je vous préparerai une collation soignée... de la charcuterie avec du punch, des gâteaux, des liqueurs; nous nous régalerons, nous rirons, nous jouerons à des jeux innocents et autres, et nous ne craindrons pas qu'on vienne nous déranger... Eh bien! que dites-vous de mon projet?

— Approuvé, dit Joséphine; oh! c'est charmant!.. comme nous nous amuserons!...

— Fameuse la proposition! s'écrie Fleur-d'Amour, nous l'adoptons à la majorité!... Un repas, de jolies femelles... des liqueurs et de l'amour!... me voilà dans mon esphére!... Et toi, Pierre, ça te va-t-il!

— Moi... oh! je jure à mademoiselle d'être chez elle ce soir... dussé-je y perdre la vie!

— Allons! il a toujours l'air de jouer la tragédie, lui!... mais c'est pas tout ça... une réflexion à présent : pour rester chez mademoiselle passé la retraite, il nous faut une permission,...

— Nous la demanderons, dit Pierre; j'en fais mon affaire, je te réponds de l'obtenir.

— Oh! va-t-il à présent!... est-il chaud, le camarade!... Il paraît qu'il ne s'agit que de le mettre en train.

— Moi, dit Joséphine, je vais compter une colle en rentrant à mes bourgeois; je dirai que ma tante est très-malade, qu'elle a avalé de l'eau de javelle pour de la vinaigre, et qu'il faut absolument que je passe la soirée près d'elle.

— C'est ça! une tante avec des coliques... oh! les femmes, c'est des boutiques d'esprit! Mais nous deux, Pierre, nous allons rentrer tout de suite au quartier, afin de trouver le lieutenant.

— Allez, dit Joséphine, moi je rentre chez mes bourgeois... je vas me faire des yeux rouges pour les attendrir.

— Et moi, dit Félicité, je vais faire toutes mes dispositions, afin que ce soir nous ne manquions de rien... Au revoir... monsieur Pierre.

— A ce soir, mademoiselle.

— Ah! minute! s'écrie Fleur-d'Amour, nous nous en allons comme des serins! et le rendez-vous pour ce soir?

— Contre le Château-d'Eau, dit Joséphine, j'y serai, et je vous conduirai chez Félicité, qui demeure en face.

— C'est dit : contre le Château-d'Eau, à sept heures moins le quart.

— D'ailleurs, dit Félicité, je me tiendrai à la fenêtre qui donne sur le boulevard, et dès qu'on sera parti, je vous ferai signe en agitant mon mouchoir.

— Ça y est... ô femme spirituense, va!... Adieu! à ce soir.

Fleur-d'Amour et Pierre regagnent leur quartier. Tout le long du chemin, le premier se réjouit d'avance du plaisir qu'il goûtera le soir; il ne cesse d'en parler à son camarade; mais Pierre ne répond que par monosyllabes, car son cœur, son esprit sont trop pleins pour qu'il puisse entendre ce que lui dit Fleur-d'Amour. Pierre n'a plus qu'un espoir, qu'une pensée, c'est d'arracher Marie des mains de son ravisseur : il ne sait pas encore comment il y parviendra, mais il est décidé à tout entreprendre pour arriver à ce but.

La conduite régulière du jeune soldat lui avait valu l'estime et la confiance de ses chefs, et on lui accorde la permission qu'ils demande pour le soir; cependant elle n'est que pour neuf heures.

— C'est tout le temps qu'il nous faut pour avaler toute la collation et vider les bouteilles! dit Fleur-d'Amour; d'ailleurs, je mange très-vite, moi... ô quelle soirée bachique et voluptueuse!... Dis donc, Pierre, tu n'es pas fâché maintenant que je t'aie fait faire la connaissance de mamselle Félicité?

Pierre répond quelques mots d'une voix entrecoupée, et Fleur-d'Amour se dit :

— C'est drôle!... le camarade n'est pas plus gai quand il est amoureux!... O être singulier!... Enfin, ce soir faut espérer qu'il se déridera devant les carafons.

La soirée est venue. Pierre presse Fleur-d'Amour pour partir, celui-ci ne finit pas de blanchir sa buffleterie et de brosser son habit.

— On nous attend, dit Pierre.

— Oh! que non!... il n'est que six heures... Moi d'abord, quand je vas avec du sexe, je tiens à être éblouissant dans ma tenue... je ne veux pas qu'un poil passe l'autre.

— Mais tu es très-bien...

— Non... voilà encore un grain de poussière sur la guêtre... Je m'étonne, Pierre, que tu ne te donnes pas aussi une allure plus séductrice... tu gardes trop de sévérité dans ta tournure...

— Eh! il s'agit bien de cela!...

— Il me semble que ce n'est pas pour parler politique que nous allons souper avec les demoiselles... Drôle de corps, va!... tu fais l'amour comme si tu mangeais de mauvais z'haricots!...

Enfin Pierre a emmené son camarade; ils arrivent sur le boulevard du Château-d'Eau, et il n'est encore que six heures et demie.

— Nous avons une bonne petite faction à faire, dit Fleur-d'Amour, et le vent n'est pas du midi; mais une chose à laquelle nous n'avons pas pensé...

— Quoi donc?

— Il fait nuit.

— C'est vrai, mais cela ne nous empêchera pas de reconnaître ta Joséphine.

— Non, sans doute... et de son côté je suis ben sûr qu'elle me reconnaîtrait rien qu'à l'odorat. Mais l'autre qui doit nous faire des signes par la fenêtre, quand elle sera seule... avec son mouchoir... ça ne sera pas commode à distinguer!

— Sois tranquille! j'ai de bons yeux... je les verrai, moi... mais ta maîtresse ne vient pas...

— Une minute donc!... nous ne faisons que d'arriver. D'ailleurs, vois-tu, les bonnes ne sont pas maîtresses de leur temps... je te dis ça pour ta connaissance future. Quand on a des relations avec une cuisinière, il faut toujours lui accorder le quart d'heure de *graisse*; c'est l'usage.

Sept heures viennent de sonner, lorsque mademoiselle Joséphine arrive sur le boulevard. Les deux soldats la reconnaissent et vont à elle.

— Je vous ai peut-être fait attendre, dit la bonne; dame, ce n'est pas ma faute... Concevez-vous des brutes comme mes bourgeois, qui me refusent la permission d'aller chez ma tante... sous prétexte qu'ils vont ce soir au spectacle et qu'ils veulent que je garde les enfants; c'est-y de la tyrannie!... Oh! la vilaine race que les maîtres!... quand donc qu'il n'y en aura pus, pour que je me fasse servir à mon tour.

— Eh bien, douce amie, comment donc que vous avez fait pour lors? dit Fleur-d'Amour.

— Pardi! j'ai rongé mon frein; je les ai laissés partir, et puis ensuite j'ai couché les enfants... au lit, et plus vite que ça! Les petites voulaient raisonner... elles prétendaient qu'il n'était pas l'heure de se coucher!... je leur ai appliqué une demi-douzaine de claques, elles ont fermé l'œil tout de suite.

— Les claques, ça fait parfaitement dormir, d'ailleurs! Enfin, vous voilà, nous voici... gnia pus d'affront...

— Où sont les fenêtres de mademoiselle Félicité? demande Pierre avec impatience.

— Là-bas... tenez... au troisième... mais on n'y voit guère... ça sera difficile d'apercevoir les signaux.

— Le camarade a des yeux de chat. Il y voit la nuit. Promenons-nous un brin, tendre amie, pendant qu'il va guetter la fenêtre.

Fleur-d'Amour prend Joséphine sous le bras, et tous deux se promènent autour du Château-d'Eau, pendant que Pierre reste les yeux fixés sur les croisées qu'on lui a indiquées. Dix minutes s'écoulent. Pierre a peine à modérer son impatience; vingt fois il est sur le point de s'élancer dans la maison où demeure Marie, de monter, de réclamer la jeune fille; mais il sent que sa précipitation peut tout gâter; il n'a aucun titre pour se présenter ainsi. On pourrait nier, on pourrait le chasser, et, en apprenant que ce n'est pas pour elle qu'il vient, mademoiselle Félicité ne serait plus disposée à le recevoir; il faut donc dissimuler et cacher ses tourments jusqu'à ce que le moment d'agir soit venu.

Une fenêtre du troisième est ouverte, un mouchoir est agité en dehors de la croisée. Pierre court vers les amoureux qui se promènent, en leur criant :

— Venez! venez! on nous attend...

— Alors, en avant! dit Fleur-d'Amour.

Pierre arrive le premier; son camarade lui crie en vain :

— Pas si vite donc! on ne monte pas chez les demoiselles comme sur un rempart!...

Le jeune soldat est au troisième, lorsque mademoiselle Joséphine n'est encore que devant la portière, à laquelle elle dit :

— Nous allons chez mon amie Félicité... en soirée...

— Très-bien! montez, messieurs, mesdames.

— Belle maison! dit Fleur-d'Amour; diable! les domestiques ont de l'ouvrage... on frotte tout le long des escaliers!...

Mademoiselle Félicité attendait sa société, et elle a tout disposé pour la recevoir. Le logement que Daulay avait loué pour Marie se composait d'une jolie salle à manger, de laquelle on allait dans une petite cuisine, puis dans la chambre de la bonne.

Une autre porte de la salle à manger donnait dans un petit salon qui conduisait à une chambre à coucher.

Mademoiselle Félicité a pensé que la salle à manger suffirait à sa compagnie. Elle a fait un grand feu dans le poêle et allumé plusieurs lampes. Sur un buffet, une partie de la collation est déjà en évidence. Enfin, Félicité a soigné sa toilette... parce qu'elle veut achever de tourner la tête au beau soldat qui lui a serré les bras le matin.

— Nous voilà, dit Joséphine, j'espère que nous sommes exacts.

— Oh! vous êtes bien aimables... mon monde est sorti tard, et cela me contrariait bien; mais enfin les voilà partis, et nous sommes les maîtres ici...

— Bon, bravo! fameux! dit Fleur-d'Amour; tiens... mais c'est propre ici...

— Bonsoir, monsieur Pierre, dit Félicité, vous vous portez bien ce soir?...

— Oui, mademoiselle... oui, répond Pierre d'un air distrait et en regardant autour de lui avec curiosité. C'est donc ici... que demeure... mademoiselle Marie... votre maîtresse?...

— Oui... Oh! le logement est bien gentil... J'ai ma chambre de ce côté, après la cuisine.

— Ah! tu es sous la même clef, dit Joséphine, c'est incommode...

— Oh! mon Dieu! je t'assure... que si je voulais recevoir... des visites... ça ne me gênerait pas du tout. Mademoiselle ma maîtresse a si peu l'habitude du monde...

— Et sa chambre, où donc est-elle? dit Pierre.

— Là-bas... après le salon... Dites donc, trouvez-vous qu'il fasse assez chaud ici?... Faut pas ménager le bois, d'abord.

— Très-bien... délicieuse chaleur, dit Fleur-d'Amour; avec la nôtre, c'est plus qu'au Canada.

— Voyons-nous assez clair? J'ai allumé deux carcels... mais je peux allumer encore des bougies... C'est pas moi qui paye tout ça!

— Nous sommes suffisamment éclairés... nous pourrions lire dans le blanc de nos yeux. Mais si nous missions tout de suite la table et le couvert... il me semble que nous sommes venus ici pour jouer de la mâchoire.

— Il a raison, M. Fleur-d'Amour, mettons le couvert!

Fleur-d'Amour place la table et les assiettes, Joséphine et Félicité vont chercher à la cuisine tout ce qu'il faut pour le souper. Pendant ce temps, Pierre s'est approché de la porte du salon; il l'ouvre, prend une lumière, s'avance doucement dans cette pièce, et de là entre dans la chambre de Marie.

— Diable! dit Fleur-d'Amour en examinant ce qu'on met sur la table, mamzelle Félicité fait bien les choses... nous allons nous faire des bosses... Joséphine, je veux absolument que tu te trouves une condition équivalente à celle-ci.

— Sois tranquille... j'vas seulement patienter jusqu'au jour de l'an pour avoir mes étrennes; mais ensuite comme je vous lâcherai mon ménage à deux liards!...

— Monsieur Pierre ne nous aide pas trop, dit Félicité; où donc est-il allé?

— Il est entré là-dedans, dit Fleur-d'Amour, pas gêné le camarade, il veut voir les appartements... il a peut-être cru que c'était le chemin de votre chambre, mamzelle...

Mademoiselle Félicité sourit, puis va à la recherche de Pierre, qu'elle trouve immobile et comme en contemplation devant le lit de Marie.

— Qu'est-ce que vous faites donc là, monsieur Pierre? dit Félicité en frappant sur l'épaule du jeune soldat.

— Ah! pardon, mademoiselle... j'étais entré... je regardais...

— Je vois bien que vous regardez. Mais ce n'est pas ma chambre ici, c'est celle de la demoiselle dont je vous ai conté l'histoire. Ma chambre est bien gentille aussi... je vous la ferai voir si vous êtes sage.

Les yeux de mademoiselle Félicité s'étaient fixés avec malice sur Pierre. Celui-ci pousse un soupir que la jeune bonne interprète très-favorablement, et, prenant Pierre par la main, elle l'entraîne en lui disant : Allons... venez... et ne soupirez pas comme ça!... on tâchera d'adoucir vos souffrances...

En revenant par le salon avec Pierre, Félicité y trouve Fleur-d'Amour qui s'était couché tout de son long sur un divan, et avait mis une chancelière sur sa tête en guise de bonnet de nuit.

— Fameux! le petit lit de camp... et le bonnet de coton fourré!... dit Fleur-d'Amour. Ce lieu me semble un séjour de bayadère!

— Ce n'est pas un lit cela, c'est un divan; et ce que vous avez mis sur votre tête, c'est pour mettre les pieds.

— Allons donc, pas possible!... les pieds dans un joli portefeuille en maroquin!...

— Eh bien! est-ce qu'on ne soupe pas? dit Joséphine. Si vous flânez ainsi, nous n'aurons pas le temps de manger.

— Elle a raison. A table.

— A table.

Tout le monde revient à la salle à manger et l'on se met à table. Fleur-d'Amour près de sa Joséphine, et Félicité à côté de Pierre. Celui-ci fait tous ses efforts pour paraître gai et prendre part à la conversation; mais sa préoccupation, son air distrait, agité, n'échappent point aux autres convives.

Fleur-d'Amour, qui boit et mange comme quatre, dit à chaque instant :

— Tu ne manges pas, Pierre, tu ne bois pas!... on voit bien que t'es amoureux!... tu te nourris de sentiment.

— Il ne faut pas que l'amour empêche de manger, dit Joséphine; au contraire, il faut nourrir sa passion.

— Supérieurement parlé, dit Fleur-d'Amour, la mienne ne mourra pas d'inanition!... Ce jambon réveillerait un mort.

— Si par hasard on sonnait pendant que nous sommes à table? dit Joséphine.

— Tant pis! mais je n'ouvrirais pas!... je serais censée sortie aussi. Dame! faut ben que chacun s'amuse.

— C'est juste, dit Fleur-d'Amour, vous avez d'excellents principes... Je vas en prendre encore une tranche.

— Mais, d'ailleurs, ils ne reviendront pas avant la fin du spectacle!... reprend Félicité, et puis ensuite...

— Ensuite? dit Pierre en la regardant avec anxiété.

— Ah! dame... j'ai mon idée.

— Quelle idée?... parle donc!

— Ah! oui, voyons l'idée... Je vas prendre un peu de gras, moi.

— Eh bien! je ne sais si je me trompe... mais je crois que M. Daulay veut en venir à ses fins avec mademoiselle Marie...

— Quoi!... vous pensez...

— Prends donc garde, Pierre, tu verses sur la table! dit Fleur-d'Amour qui tendait son verre à son camarade, dont l'agitation venait d'augmenter.

— Écoutez donc, dit Félicité, ce jeune homme dépense beaucoup d'argent ici pour mademoiselle, et je n'ai pas idée qu'il soit bien riche ; enfin, ce qui me fait supposer que ce soir il a des intentions, c'est qu'il m'a dit tout bas en sortant : Quand nous serons rentrés du spectacle, au lieu de rester pour m'éclairer et fermer la porte, va te coucher tout de suite et ne reparais plus.

Pierre fait un mouvement convulsif.

— Allons! voilà qu'il mange son couteau, à présent, dit Fleur-d'Amour. Je crois, comme vous, mamselle Félicité, que votre maîtresse... ce soir... Hom!... Je vas prendre un morceau de maigre.

— Ce ne sont pas mes affaires, dit Félicité. Monsieur Pierre, prenez donc quelque chose... Tenez, buvez de ceci... c'est bien bon, c'est du vin de Malaga.

— Merci, mademoiselle.

— Ah ben! moi je vas lui dire deux mots à votre vin de tralala!... et puis, si vous voulez, pour achever de vous égayer, je vas vous chanter une petite chanson que je me suis apprise *soi-même* pour la récréation du dessert.

— Vous serez bien aimable de nous chanter quelque chose, monsieur Fleur-d'Amour...

— Oh! mon objet est l'être le plus gracieux que j'aie jamais connu, dit Joséphine que le vin rend très-tendre. Eh! Dieu merci, je puis dire que j'ai connu ben des militaires pourtant.

— Je n'en ai jamais douté, belle amie. Je vas prendre de l'entre-lardé, à c't'heure.

— Monsieur Pierre, chantez-vous? demande Félicité à son voisin. Celui-ci a les yeux baissés et ne répond pas.

— Pierre, on te parle... on te demande si tu chantes? crie Fleur-d'Amour à son camarade. Eh bien!... réponds donc... sois donc aimable, franc et troubadour... t'as l'air d'un canon encloué!... bois donc... A votre santé, sexe aimable!...

— Voyons, monsieur Fleur d'Amour, votre chanson?

— M'y voilà... mais je veux qu'on fasse chorus au refrain qui imite le roulement du tambour.

— C'est convenu.

Fleur-d'Amour passe sa main sur ses lèvres et se met à chanter en criant comme un sourd :

> Lison est une jeune fille...
>   Troutrou !
> Quand on la voit chacun grille...
>   Troutrou !...
> D' lui dir' vous êtes ben gentille...
>   Troutrou !
> Vous faites un joli bijou.
>   Troutrou ! troutrou !...

Les deux bonnes font chorus; Pierre seul ne répète pas le refrain, et Fleur-d'Amour lui crie :

— Allons, chante donc, tu ne vas pas, toi... t'as pas dit troutrou !

— Monsieur Pierre, dit Félicité en posant sa main sur le bras de son voisin, pourquoi ne faites-vous pas *troutrou* avec nous? c'est bien gentil pourtant cette chanson-là !...

— Pardon, mademoiselle... mais je n'avais pas entendu...

— Je me flatte cependant d'avoir une voix vibrante, dit Fleur-d'Amour. Voyons, je vas vous dire le second couplet... Encore un verre de tralala, d'abord... Ah ! au refrain du second l'on tape sur la table avec les manches de couteau ; au troisième on casse les assiettes, et au dernier on bat la mesure sur ce que vous savez.

— Oh ! que ça doit être amusant ! dit Joséphine.

— Oui, oui, nous allons avoir de l'agrément... Attention, je commence...

Fleur-d'Amour va chanter, lorsqu'une pendule, placée dans le salon, sonne neuf heures.

— As-tu entendu ? dit Pierre à son camarade.

— Ma foi, non... de quoi que c'est?

— Neuf heures viennent de sonner.

— Neuf heures !... Ah ! mille citadelles ! et notre permission qui n'est que pour jusque-là... Allons, il faut nous sauver comme des lapins... heureusement la caserne n'est pas loin.

— Comment ! vous allez déjà partir ? dit Félicité.

— Il le faut, aimable fille ; le devoir avant tout : n'est-ce pas, Joséphine ?...

— Ah ! je ne serais pas bon soldat, moi.

— Encore un verre de tralala... et en route...

— Je m'en vais avec vous, dit mademoiselle Joséphine.

— Volontiers, bonne amie, mais tu marcheras au pas redoublé.

Fleur-d'Amour a bu; puis il s'est levé de table; il reprend son sabre et s'apprête à partir; mais Pierro n'a pas bougé, il est resté sur sa chaise. Son camarade va lui secouer le bras en lui disant :

— Eh bien! Pierre... est-ce que tu dors?...
— Pourquoi?
— Tu vois bien qu'il faut partir... il est l'heure.
— Tu peux t'en aller... moi, je reste ici.

Ah bon!... en v'là une bonne! s'écrie Fleur-d'Amour tout surpris du sang-froid avec lequel son camarade vient de lui faire cette réponse, tandis que mademoiselle Félicité baisse les yeux et que Joséphine dit :

Eh bien... après... est-ce que ça te regarde, toi, Fleur-d'Amour?... Si M. Pierre a queuque chose de secret à communiquer à Félicité, est-ce qu'ils ne sont pas leurs maîtres?

— O mon Dieu! dit Félicité en chiffonnant son tablier, moi, je n'ai pas de raison pour... Certainement je ne mets personne à la porte... Il est possible que M. Pierre ait quelque chose à me dire... mais il s'en ira tout de même après... ce n'est pas là l'histoire.

— Nous n'en sommes pas là-dessus, dit Fleur-d'Amour, je dis seulement à Pierre que s'il ne rentre pas maintenant, il sera puni.

— Cela m'est égal, je reste.
— Alors, c'est ton affaire; comme tu voudras!
— Cet homme-là t'adore, ma chère! dit à demi-voix Joséphine à son amie.

— Le fait est que c'est héroïque ce qu'il fait là!... Mais je peux bien te jurer qu'il n'en sera pas plus... Nous allons causer... voilà tout.

— Ah! dis donc, est-ce que tu me prends pour une panade?...
— Allons, encore un petit verre de liqueur, et en route!
— C'est ça! trinquons... c'est gentil de trinquer.

Fleur-d'Amour se verse un petit verre, et trinque avec les deux bonnes en disant : — A la santé des amours! et à un prochain souper dans le même style!... Allons, Pierre, fais-nous raison, corbleu!

Pierre feint de boire pour satisfaire son camarade, celui-ci prend alors le bras de Joséphine et l'emmène en disant :

— Bonsoir, la compagnie... beaucoup de plaisir !

— Attendez donc que je vous éclaire, dit Félicité.

— C'est inutile, il y a de la lune.

Bientôt on entend la porte d'en bas qui se referme sur Fleur-d'Amour et sa maîtresse.

CHAPITRE XVII

IL ÉTAIT LA.

Pierre est toujours sur sa chaise ; ses yeux sont fixés vers le parquet, il semble enseveli dans ses réflexions.

Félicité referme la porte du carré et revient s'asseoir près du jeune soldat en se pinçant la bouche et tâchant d'avoir l'air ému et craintif. Mais ne pouvant parvenir à se donner cette expression d'embarras et de pudeur qui ne va pas à sa physionomie, le jeune homme ne tarde pas à reprendre ses manières habituelles.

— Ils sont partis ! dit enfin Félicité, qui s'étonne que son beau convive ne lui souffle pas mot.

Pierre pousse un profond soupir et ne répond pas.

— Mais il n'est guère que neuf heures et quart... mon monde ne reviendra certainement pas avant onze heures... nous avons encore bien le temps... de jaser...

Pierre soupire de nouveau et ne répond rien.

— Ah ça ! mais ce n'était pas trop la peine qu'il restât, s'il ne veut pas m'en dire davantage, pense Félicité, qui est fort étonnée du silence que garde le jeune soldat depuis qu'ils sont en tête-à-tête.

La petite bonne attribue la conduite de Pierre à l'amour et à la timidité. Pour donner un peu d'assurance à celui qu'elle croit épris de ses charmes, Félicité propose à Pierre de prendre un petit verre de doux.

— Merci, mademoiselle, je ne prendrai plus rien, répond le jeune soldat d'un ton fort sérieux.

— Mon Dieu, comme vous êtes sobre, monsieur Pierre! vous ne buvez pas plus qu'une demoiselle.

— Ah!... c'est que ce soir... j'ai autre chose qui m'occupe... Vous verrez bientôt, mademoiselle, que ce n'est pas pour votre souper que je suis venu ici.

— Ah! vous êtes bien honnête, monsieur Pierre, certainement... on voit bien que ce n'est pas la gourmandise qui vous fait agir... et je suis bien sensible... Moi non plus je ne suis pas grande mangeuse... Eh bien, alors, je vas ôter le couvert, ce sera autant de fait.

Félicité se lève et commence à ranger; Pierre est toujours à sa place, il ne semble pas s'occuper de ce que fait la petite bonne. Cependant, tout en allant et venant, celle-ci lui adresse souvent la parole.

— Moi, j'ai beaucoup d'ordre d'abord, dit Félicité ; je ne laisse jamais rien traîner... comme Joséphine, par exemple! Ah! Dieu, sa cuisine est un vrai chenil... Je ne sais pas comment elle reste huit jours en condition, celle-là... Dans cinq minutes il n'y paraîtra plus, et on ne se doutera pas que nous avons rien gobichonné... Ah! passez-moi donc ce plat-là, s'il vous plaît... dites donc, ce plat qui est devant vous.

Absorbé dans ses pensées, Pierre n'entend ni ne répond.

— Par exemple! se dit Félicité, j'ai eu bien des bons amis, mais voilà le premier de ce genre-là... est-ce que l'amour le rendrait imbécile?... ça commence à devenir très-ridicule... avec tout ça l'heure se passe... Est-ce qu'il dort donc?... mais non, il a les yeux bien ouverts... Tra, la, la... deri, dera... *Ah! que l'amour est agréable*... tra, la, la, deri, dera... Connaissez-vous cette chanson-là, monsieur Pierre?

Pierre ne répond rien. Félicité va lui secouer le bras en lui disant :

— Est-ce que vous dormez, monsieur Pierre?

— Non, mademoiselle... oh!... je n'en ai pas envie, je vous assure.

— On le croirait pourtant; vous ne dites rien... vous ne me regardez même pas... pourquoi donc?... pourquoi... alors... avez-vous voulu rester?... je pensais, moi, que c'est que vous aviez quelque chose d'intéressant... à me faire... savoir...

Pierre se lève et parcourt la salle à grands pas. Dix heures sonnent à la pendule.

— Dix heures! s'écrie le jeune soldat; il n'est encore que dix heures!

— Ah! vous en êtes fâché?... c'est gentil!

— Comme le temps va lentement!...

— Le temps! dame! pour la manière dont vous l'employez, je conçois qu'il vous semble long... voyons, tenez, venez voir ma chambre... ça vous distraira.

— Votre chambre... ah! oui, que je vole où je pourrai me cacher d'abord.

— Vous cacher, mais puisque... je vous dis qu'on n'y va jamais, dans ma chambre... venez... mais vous serez sage au moins!

Ces mots étaient dits d'un ton qui engageait à faire tout le contraire... mais Pierre n'y a pas fait attention. Il suit Félicité, qui a pris une lumière et traverse une cuisine d'où l'on entre dans une petite chambre, assez mal rangée, où est un lit qui n'est pas fait.

— Voilà ma chambre... monsieur Pierre, dit Félicité; je n'ai qu'une chaise... mais quand je reçois du monde, je m'assieds sur mon lit... c'est très-commode... Tiens! j'ai oublié de le faire, mon lit... Ah ben! tant pis!... il restera comme ça... Je suis lasse... j'aime mieux me reposer...

En disant cela, Félicité se jette sur son lit en riant comme une folle, puis elle fourre sa tête sous son oreiller, et quand elle la relève elle s'aperçoit que Pierre n'est plus là.

— Ah!... est-il malhonnête! s'écrie la petite bonne en quittant son lit, comment!... il me laisse là toute seule... mais c'est donc un jobard que ce jeune homme-là! ou bien si c'est qu'il a voulu se moquer de moi... Oh! mais nous allons voir... je veux qu'il m'explique pourquoi il a voulu rester ici... et puisqu'il se moque de moi, je vais joliment le mettre à la porte.

Félicité rarrange son bonnet, qu'elle a mis un peu de travers en se jetant sur son lit, puis elle retourne dans la salle à manger. Pierre y était, il avait l'oreille collée contre la porte du carré pour entendre le moindre bruit qui se ferait dans l'escalier.

— Que faites-vous donc ainsi contre cette porte? lui dit Félicité avec humeur.

Pierre ne répond rien, mais de la main il lui fait seulement signe de se taire.

— Monsieur, dit Félicité, je ne comprends rien à vos gestes, je ne sais pas si vous avez voulu rester seul avec moi pour jouer la pantomime; mais je vous préviens que ça ne m'amuse pas du tout. J'aime un amoureux qui parle, qui s'explique! Vous ne me dites rien, il vaut autant vous en aller. D'ailleurs voici l'heure qui s'avance, ma jeune maîtresse va revenir, et...

— Ah! je l'espère bien! dit Pierre d'une voix altérée.

— Comment! vous l'espérez bien?...

— Oui... car c'est elle que j'attends...

— Elle... mademoiselle Marie?...

— Oui, Marie... que j'adore... Marie pour qui je donnerais ma vie, et que je veux arracher à un infâme séducteur.

— Ah! mon Dieu! qu'ai-je entendu!... Comment! ce n'est pas pour moi que vous êtes venu ici? Comment! vous n'êtes pas amoureux de moi? Ah! monsieur Pierre, allez-vous-en, je vous en prie.

— Non!... non!... je ne partirai qu'avec Marie.

— Ah! j'ai fait là une belle chose, moi... Songez que M. Daulay va revenir avec elle...

— Tant mieux...

— Mais s'il vous voit... je suis perdue...

— Silence... on a frappé en bas...

— O mon Dieu! que dois-je faire?...

— Ne pas me trahir... sinon, tremblez! Pour sauver Marie, je suis capable de tout.

Pierre a porté la main sur son sabre, et en ce moment son regard a une expression qui porte la terreur dans l'âme de Félicité. Elle devient pâle et tremblante; elle joint les mains en murmurant :

— Ah! monsieur Pierre... je ne dirai rien, mais je...

— Taisez-vous... on monte l'escalier... on approche... j'entends sa voix... c'est elle... c'est Marie!

— Ah! je suis toute tremblante...

— Je vais me cacher dans votre chambre pendant qu'ils entreront... mais pas un mot, un signe à cet homme qui est avec elle... sans quoi... vous le payeriez cher.

— Oh! je ne dirai rien.

— Chut! les voici.

On venait de sonner à la porte du carré. Pierre se cache dans la cuisine, dont il tire la porte tout contre. Alors Félicité va ouvrir.

C'est Daulay qui ramène Marie du spectacle. C'était la première fois que la jeune fille de Vétheuil prenait ce plaisir, et elle en aurait eu beaucoup si la conduite de celui qui était avec elle n'avait troublé sa joie en lui inspirant de secrètes inquiétudes. Depuis quelques jours Marie commençait à s'étonner de ce que madame de Stainville ne revenait point à Paris. En allant voir celle qu'il a enlevée, Daulay lui a fait une histoire, pour motiver l'absence prolongée de madame de Stainville, et Marie a dû croire qu'on lui disait la vérité. Cependant les visites de Daulay sont devenues très-fréquentes, et ses assiduités ont pris un caractère qui inquiète, qui embarrasse celle qui en est l'objet.

De son côté, Daulay, qui a dépensé le peu qu'il possédait pour avoir Marie en sa puissance, n'entend pas que cette possession lui soit stérile. Il veut triompher de la vertu de la jeune fille, vertu qu'il ne croit pas bien rigide, parce qu'au retour de la duchesse de Valousky, en lui rendant sa fille, il veut pouvoir lui dire :

— Ce que vous avez de mieux à faire maintenant, c'est de nous marier.

Ayant de telles intentions, on conçoit que Daulay soit devenu très-galant, très-tendre près de Marie. Il l'a conduite au spectacle, mais il a eu soin de la mener dans une loge grillée ; car il ne faut pas qu'elle soit vue, et il veut pouvoir lui parler de son amour. Marie n'a pas eu l'air de l'entendre. Toute au spectacle, elle n'a pas répondu aux déclarations de Daulay ; et celui-ci en la ramenant chez elle s'est promis d'y obtenir une victoire complète.

Félicité est allée porter une lampe dans le salon aussitôt après avoir ouvert. Sur un regard que lui a jeté Daulay, elle va s'éloigner lorsque Marie lui dit :

— Félicité, vous allez éclairer monsieur, qui a eu la bonté de me ramener jusqu'ici...

— Je vous demanderai la permission de me reposer un moment avant de vous quitter, dit Daulay.

Marie semble contrariée, cependant elle n'ose refuser ; elle entre dans le salon en disant à sa bonne :

— Vous n'allez pas vous coucher encore, n'est-ce pas ?
— Non, non, mademoiselle...
— Qu'avez-vous donc ce soir, Félicité?... Vous êtes bien pâle... Êtes-vous malade?
— Moi... mon Dieu non, mademoiselle...
— Le repos lui fera du bien, dit Daulay.

Félicité quitte le salon, et Daulay va refermer la porte après elle. Marie, après avoir jeté de côté son chapeau, son voile et son châle, s'assied près de la fenêtre. Daulay s'approche d'elle et lui prend la main :

— Eh bien ! chère Marie, avez-vous eu du plaisir ce soir?
— Oui, monsieur... Oh ! c'est bien amusant le spectacle.
— Je me ferai une loi de ne suivre que vos goûts... Avec moi, Marie, vous serez toujours la maîtresse...
— Avec vous?... Vous êtes bien honnête, monsieur; mais quand madame de Stainville reviendra, je ne ferai plus que ses volontés... Comme elle est longtemps absente!... Est-ce qu'elle ne va pas revenir bientôt?...
— Ma chère Marie, vous n'avez pas du tout répondu à ce que je vous ai dit au spectacle... ce n'est pas bien...
— Au spectacle? Je n'ai pas entendu... je n'ai pas fait attention...
— Venez, Marie, venez donc causer près de moi.

Daulay tient la main de Marie, il l'attire du côté du divan et s'y assied près d'elle. La jeune fille cherche à maîtriser sa crainte, et s'efforce de paraître rassurée; mais ses yeux regardent la porte du salon qui est fermée, et elle voudrait bien appeler Félicité.

— Marie... je ne veux plus vous cacher mes sentiments, dit Daulay, je vous aime... oui, je vous aime passionnément...
— Monsieur, c'est pour plaisanter que vous me dites cela?
— Je parle très-sérieusement, et pourquoi cet amour vous étonnerait-il? N'êtes-vous pas assez jolie pour l'inspirer?... Rassurez-vous... Marie, mes vues sont honnêtes... je veux être votre époux... c'est là mon plus cher désir...
— Mais, monsieur... ce n'est pas à moi qu'il faut dire cela... c'est à madame de Stainville; nous verrons si elle trouvera bien que vous m'aimiez.
— Hom! petite espiègle! je comprends votre malice; non, non, ce n'est pas à madame de Stainville que je m'adresserai.

Et d'ailleurs, quel pouvoir a-t-elle sur vous? Elle vous a recueillie pour vous rendre à votre mère... Eh bien! moi, j'en ai fait autant, car il n'est plus temps de feindre, Marie, je vous ai enlevée à la tutelle de madame de Stainville, tutelle qui ne pouvait servir mes projets, et maintenant vous êtes ici... chez moi.

— Oh! mon Dieu! serait-il vrai!...

Et Marie fait un mouvement pour se lever et s'éloigner de Daulay, mais celui-ci la retient près de lui en passant un de ses bras autour de sa taille.

— Oui, chère Marie, oui, vous êtes en ma puissance... Mais ne voyez en moi que l'amant le plus tendre, le plus sincère... Dites que vous agréez mon hommage, et je tombe à vos genoux.

— Non, monsieur, non, répond Marie, je ne veux pas de votre hommage... je ne veux pas de votre amour... car je ne vous aime pas, moi, et je ne vous aimerai jamais.

— Ah! nous le prenons sur ce ton, ma belle : tant pis!... mais vous serez à moi. Si vous m'aviez dit : Votre amour me touche, je consens à être votre femme, peut-être me serais-je fié à votre promesse, et n'aurais-je point exigé davantage ; mais mademoiselle rejette bien loin mes vœux!.. Alors je vais prendre des arrhes, et j'aurai de force ce que l'on ne veut pas me laisser espérer.

— Monsieur Daulay... vous ne voudriez pas vous conduire ainsi... Félicité! Félicité!...

— Vous l'appelez en vain... elle a reçu mes ordres, elle ne viendra pas.

— Mon Dieu! suis-je donc perdue... Laissez-moi, monsieur!

Marie veut fuir Daulay, celui-ci la retient, l'enlace, il va l'emporter dans sa chambre, lorsque la porte du salon s'ouvre avec violence. Pierre paraît, et, aussi prompt que la foudre, arrache Marie aux mains de son séducteur et repousse celui-ci à l'autre bout du salon.

— Un soldat!... s'écrie Daulay d'une voix étouffée par l'étonnement et la fureur.

— Pierre!... s'écrie à son tour Marie en s'attachant à son défenseur : Oh! oui... c'est lui... c'est Pierre!... qui vient me sauver!

— Oui, mademoiselle, dit le jeune soldat, c'est Pierre, votre ami en tout temps, en toute circonstance, et qui sera toujours très-heureux de pouvoir donner sa vie pour vous.

— Ah! monsieur est une connaissance de mademoiselle, dit Daulay en s'efforçant de sourire. Je ne m'étonne plus s'il se charge si chaudement d'être son chevalier; mais ce que je veux savoir, c'est comment il est entré ici... de quel droit il y est venu... et par quel hasard un soldat est caché chez moi.

— Oh! ce n'est pas par hasard que je suis ici! dit Pierre. Dès que j'ai su que Marie y était, j'ai formé la résolution de la voir, de te l'arracher... car tu n'es qu'un misérable, toi! Tu l'avais attirée ici dans un piége, dans l'espoir de la déshonorer.

— Je vous trouve bien hardi de...

— Ah! tu me trouves hardi... parce que je défends une femme... une jeune fille que tu voulais perdre. Tu crois donc qu'on ne peut avoir de la hardiesse que pour faire du mal?

— Savez-vous que vous êtes ici chez moi?...

— Oh! sois tranquille, nous n'y resterons pas longtemps. Venez, Marie, laissons monsieur chez lui...

Pierre va emmener Marie; Daulay court se placer devant la porte en s'écriant:

— Emmener Marie!... et vous croyez que je le souffrirai!...

— Je t'engage même à ne pas essayer de t'y opposer.

— Et moi je vous ordonne de quitter ces lieux, ou je vous fais arrêter comme un malfaiteur.

Pierre porte la main à son sabre, et le sort du fourreau en s'écriant:

— Si tu as du cœur, si tu veux bravement me disputer Marie, prends une arme et défends-toi... Mais non... tu trembles déjà... ceux qui insultent les femmes sont toujours des lâches avec les hommes... Venez, venez, Marie!

— Félicité! Félicité! crie Daulay en courant dans la salle à manger.

— Oh! tu l'appelles en vain, dit Pierre, elle ne viendra pas, je l'ai enfermée dans sa chambre.

Daulay s'élance alors vers la porte du carré; il l'ouvre et va sortir, lorsque Pierre, qui a deviné son dessein, court à lui, le rattrape, le saisit par le milieu du corps et le porte dans le salon. Là, à l'aide d'un mouchoir, il lui attache fortement les deux bras derrière le dos. Daulay est si tremblant qu'il ne cherche plus à se défendre. Pierre le pousse au milieu du salon, et l'y enferme à double tour; il en fait autant à la porte du carré; puis, prenant Marie par la main, il lui fait descendre rapidement l'escalier. La portière tire le cordon sans difficulté, et ils sont sur le boulevard.

Marie a pris le bras de Pierre, car elle est toute tremblante et peut à peine avancer.

— Appuyez-vous sur moi, lui dit le jeune soldat, je vous soutiendrai... je vous porterai même, s'il le faut.

Ils n'ont pas fait vingt pas qu'ils entendent du bruit, des cris. C'est Daulay qui a cassé un carreau avec sa tête, et crie de toute sa force :

— Arrêtez un soldat qui emmène une jeune fille... arrêtez-le... c'est un ravisseur...

— O mon Dieu! nous sommes perdus! dit Marie.

— Ne craignez rien... Doublons seulement le pas... Il fait nuit, on ne prend pas garde à nous.

Les cris de Daulay n'avaient d'ailleurs produit aucun effet. Quelques passants s'étaient arrêtés, et avaient levé la tête en l'air. Les uns avaient dit :

— A qui diable en a ce monsieur?

— Est-ce qu'il est fou?

— Un soldat qui emmène une jeune fille!... Qu'est-ce qu'il y a là de surprenant?... Si elle va avec lui, c'est qu'elle le veut bien.

Puis chacun avait suivi son chemin; ce qui ne serait pas arrivé si Daulay avait crié : *Au feu!* parce que la vue d'un incendie est un spectacle auquel on est toujours curieux d'assister.

Pierre et Marie ont gagné du terrain. Bientôt le jeune soldat dit à celle qui tient son bras :

— Nous pouvons ralentir le pas... Personne ne nous suit!... personne ne pense à courir après nous.

— Ah! Pierre!... que je suis heureuse que vous vous soyez trouvé là! répond Marie, ce monsieur m'avait trompée, je croyais être à Paris chez madame de Stainville, ma protectrice... car il est arrivé bien des changements dans ma position, Pierre!... savez-vous que je suis la fille d'une duchesse?... que je serai bien riche un jour?

— Oui, mamselle Marie, oui... on m'a dit tout cela; mais je vous aurais également arrachée des mains de cet homme, quand même vous n'auriez encore été que la fille adoptive de M. Gobinard.

— Oh! je le crois bien, Pierre!... Ah! ce M. Daulay... je ne me serais jamais attendue à cela de sa part...

— Dans le grand monde, mamselle, je crois que vous serez plus exposée à de semblables événements que si vous étiez restée simple fille d'auberge...

— Oh! c'est égal, j'aime mieux être une grande dame!... Ah! mon Dieu, que je suis fâchée...

— De quoi donc, mademoiselle?

— D'avoir oublié d'emporter mon châle et mon chapeau!

— Ah! en effet... vous avez froid, sans doute?..

— Non, ce n'est pas cela : mais mon chapeau était si joli, il m'allait si bien!... et mon châle était charmant!...

— Maintenant, mademoiselle, je crois que le plus essentiel est de penser à ce que vous allez devenir.

— Ah! oui, à propos, où me conduisez-vous, Pierre?

— Nous voici tout près de ma caserne, mademoiselle... mais je réfléchis que je ne peux pas vous loger là...

— Non, certainement!... dans une caserne!... la fille d'une duchesse!... ce serait joli?

— Tenez, mademoiselle Marie, quoique je n'aie pas de permission pour m'absenter, moi je m'exposerais à tout pour vous savoir en sûreté. Si vous voulez retourner au pays, nous allons sur-le-champ nous mettre en route; nous ne manquerons pas de rencontrer quelque charrette, quelque carriole dans laquelle il y aura une place pour vous, vous y monterez, moi je suivrai à pied, et demain nous serons arrivés.

— Oh! non, Pierre, non, je vous remercie, mais je ne veux pas retourner au village... Ah! si madame de Stainville était à Paris... c'est chez elle que j'irais sur-le-champ.

— Madame de Stainville, mais elle y est, mademoiselle, elle est à Paris... Gaspard me l'a dit... il l'y a été voir pour s'informer de vous...

— Ah! quel bonheur!... En ce cas, Pierre, menez-moi tout de suite chez madame de Stainville.

— Il y a encore un embarras, mademoiselle... c'est que je ne sais pas où elle demeure... Gaspard ne me l'a pas dit.

— Quel contre-temps... et moi, je ne le sais pas non plus... et Paris... c'est bien grand, n'est-ce pas, Pierre? on ne trouve pas facilement ceux qu'on cherche?...

— Hélas! non... et pourtant il faut que vous passiez la nuit quelque part... Ah! mademoiselle... je crois avoir trouvé le seul parti qui vous reste à prendre.

— Voyons, Pierre.

— Je vais vous conduire chez une bonne femme qui demeure près d'ici. C'est une vieille dame bien honnête, qui travaille, qui ravaude chez elle pour le monde. J'ai fait sa connaissance en allant lui porter de l'ouvrage. Comme elle m'a vu souvent triste et toujours seul, elle m'a pris en amitié, elle m'a donné de bons avis, de bons conseils... Oh! c'est une bien bonne femme que la mère Dumont!

— Mais qu'est-ce que cela me fait à moi, Pierre?...

— C'est pour vous dire, mademoiselle, que je suis sûr qu'elle partagera volontiers son logement avec vous. Pendant que vous serez chez la mère Dumont, moi j'écrirai à Gaspard, je lui dirai que je vous ai retrouvée, et lui demanderai l'adresse de madame de Stainville; il me la fera savoir, et alors je vous conduirai chez cette dame.

Marie ne paraît pas très-enchantée de la proposition de Pierre ; cependant elle lui répond :

— Allons, conduisez-moi chez votre vieille ravaudeuse... je vais bien m'ennuyer là...

— Oh! mademoiselle, c'est une très-brave femme!...

— C'est égal, je m'y ennuierai; mais puisque nous n'avons pas d'autre endroit... Encore, si j'avais emporté mon châle et mon joli chapeau!... Au moins, Pierre, vous me promettez d'écrire tout de suite à Gaspard, pour avoir l'adresse de madame de Stainville?

— Je vous le promets, mademoiselle.

— Et alors vous viendrez me chercher tout de suite pour me conduire chez ma protectrice?

— Pouvez-vous en douter, mademoiselle?

— Eh bien, allons chez la mère Dumont.

Pierre fait rebrousser chemin à Marie. Il la conduit rue de Crussol. Ils arrivent devant une maison à allée, dont le jeune soldat connaît le secret; il monte devant, et Marie le suit tout en soupirant et en se disant : « Ça me paraît bien vilain, la maison de la ravaudeuse. »

Pierre a frappé, tout en criant :

— C'est moi, mère Dumont; moi, Pierre, le jeune troupier...

je vous amène une personne dont je vous ai souvent parlé... mamselle Marie... qui vient vous demander à coucher.

— Vous lui avez souvent parlé de moi?... dit Marie d'un air surpris.

— Oui, mademoiselle... cela vous étonne?... mais songez donc que, ne pouvant plus vous voir, parler de vous était tout le bonheur qui me restait!...

— Ah! Pierre... vous n'oubliez pas les gens, vous!...

— Vous oublier... vous... Marie... mademoiselle...

— Ah! quel dommage que j'aie oublié mon châle et mon chapeau... Mais frappez donc; elle dort toujours cette bonne femme...

Pierre refrappe; enfin on entend marcher, et une vieille femme, en bonnet rond, en camisole, en petit jupon, ouvre la porte aux deux jeunes gens : c'était la mère Dumont, femme de soixante et quelques années; sa figure respirait la bonté, son langage et ses manières inspiraient la confiance. Dans l'humble position où l'avait placée le destin, elle n'avait jamais envié le sort des riches, et avait encore trouvé moyen d'obliger de plus pauvres qu'elle. La mère Dumont était l'homme que Diogène voulait trouver.

— Comment! c'est mon ami Pierre... à une heure aussi avancée... et avec une demoiselle! s'écrie la bonne femme en apercevant les jeunes gens. Pierre commence par faire entrer et asseoir Marie, puis il explique à la mère Dumont ce qui est arrivé à la jeune fille pour laquelle il vient lui demander l'hospitalité, jusqu'à ce qu'on ait su l'adresse de sa riche protectrice.

— Vous avez bien fait de venir chez moi, mes enfants, dit la bonne femme, je suis toujours heureuse quand je puis rendre service!... D'ailleurs, j'aime bien notre brave Pierre, qui est un honnête garçon... qui fera son chemin... Par ainsi, ma belle demoiselle, vous resterez chez moi tant qu'il vous fera plaisir... J'ai justement le lit de sangle de ma nièce, qui est en Bretagne maintenant; vous le prendrez... ou ben mon lit, comme vous voudrez... vous choisirez; moi, je me trouve toujours bien.

— Excellente femme! dit Pierre; j'étais sûr que vous ne nous repousseriez pas... quoique nous ayons troublé votre sommeil!

— Mes enfants, je suis toujours bien aise d'être réveillée

quand c'est pour obliger quelqu'un; mais cette belle demoiselle doit avoir besoin de se reposer.

— Je vais vous laisser, dit Pierre, demain je reviendrai vous voir... je viendrai pendant tous les moments que mon service me laissera de libres... Vous le voulez bien, n'est-ce pas, mamselle Marie?

— Certainement, monsieur Pierre... Mais, je vous en prie, écrivez vite à Gaspard... qu'il nous donne l'adresse de madame de Stainville...

— Comptez sur moi... Adieu, Marie... Pardon, j'oublie toujours... adieu, mademoiselle, ou plutôt au revoir.

— Au revoir, monsieur Pierre, à demain.

La mère Dumont éclaire le jeune soldat; quand ils sont sur l'escalier, Pierre dit à la bonne femme :

— Madame Dumont, je vous en prie, que Marie ne manque de rien chez vous... Je vous tiendrai compte de toutes les dépenses qu'elle vous occasionnera... Vous savez que je n'ai qu'une parole!...

— Mon cher Pierre, dit la vieille, c'est mal ce que vous me dites là.. croyez-vous donc que j'aie besoin de faire payer mes services?... Allons... allons... prenez du repos... et à demain... Moi, j'aurai bien soin de votre jolie Marie.

Le soldat baise les mains de la vieille femme, et retourne en courant à sa caserne.

CHAPITRE XVIII

UN AUTRE.

La mère Dumont n'avait que deux petites pièces : dans l'une elle fit un second lit, puis elle dit à Marie de choisir. Celle-ci répondit : — Oh, mon Dieu, cela m'est égal! Cependant elle prit le meilleur.

Elle se coucha en se disant : « Ce n'est pas beau ici! Quelle différence d'avec mon joli appartement sur les boulevards... c'est-à-dire l'appartement de M. Daulay, puisque tout cela était à lui. Ah! le méchant!... Qui est-ce qui se serait jamais douté de cela?... m'enlever pour m'épouser!... Mais ce n'est pas lui que je veux épouser... je ne l'aime pas du tout... Ah! si le comte d'Aubigny m'avait enlevée!... quelle différence!... Il ne pense pas à moi, lui!... il ne songe qu'à madame Dormentière. Oh! je la déteste, cette femme-là... Je suis sûre qu'elle est enchantée que je ne sois plus là... Mais patience! je retournerai chez madame de Stainville!... et puis la duchesse, ma mère, arrivera... et puis... nous verrons!... Je serai bien riche... mais en attendant, je suis bien fâchée de ne plus avoir ce chapeau et ce châle, qui me donnaient tout de suite l'air d'une grande dame. »

Marie s'endort en songeant à tout ce qui lui est arrivé, et à ce qu'elle voudrait qu'il lui arrivât. Elle dort très-bien, parce qu'elle n'a encore aucune raison de s'inquiéter de l'avenir, qui, au contraire, s'offrait à elle *sous les plus riantes couleurs!* ce qui signifie, pour une jeune fille, avec l'amour de l'homme qu'elle préfère, de riches toilettes, des bals, des spectacles et des friandises.

Les plus riantes couleurs sont toujours les choses qui nous font le plus de plaisir.

Le lendemain, en s'éveillant, Marie aperçut la bonne femme qui lui avait donné l'hospitalité, préparer déjà sur une table le café pour son déjeuner.

— J'ai dormi tard; je suis bien paresseuse! dit Marie. Excusez-moi, madame...

— Eh mais, ma chère enfant, je suis enchantée que vous ayez bien dormi! dit la vieille mère. D'ailleurs, vous n'avez rien de mieux à faire ici. Voici maintenant le déjeuner... il n'est pas bien brillant, mais...

— Oh! je ne suis pas bien difficile, madame... quoique depuis quelque temps je vive dans le grand monde... mais il n'y a pas longtemps que je suis duchesse.

— Quoi! vous êtes duchesse, mon enfant!

— Oui, madame. Comment! Pierre ne vous l'a pas dit?

— Non... il me disait souvent : J'ai laissé au village une jeune fille que j'aimais bien... que j'aimerai toujours... Elle s'appelle Marie; elle est plus jolie que les plus belles filles de Paris...

— Il vous disait cela?... Pauvre Pierre!...

— Oui ; mais il ne me disait jamais : Je pense à une duchesse !...

— Je vais vous conter mon histoire en déjeunant.

Marie se lève, déjeune, et raconte à la mère Dumont tout ce qui lui est arrivé. La jeune fille aimait beaucoup à parler de la manière singulière dont on avait découvert sa naissance, et du sort opulent qui lui était réservé lorsque la duchesse de Valousky serait de retour.

La bonne femme a écouté Marie sans l'interrompre. Quand celle-ci a cessé de parler, la mère Dumont secoue la tête en s'écriant :

— Ma chère enfant, je désire que toutes vos espérances se réalisent... Mais, tenez, je ne suis qu'une pauvre vieille femme... je puis me tromper... cependant...

— Eh bien ?

— Eh bien, il me semble qu'une mère qui aime sa fille ne la laisse pas pendant dix-sept ans... dix-huit ans !... sur les bras d'un étranger qui pouvait n'avoir pas pour elle tous les soins que M. Gobinard a eus pour vous.

— Mais, madame, vous ne comprenez donc pas que c'est un mystère ?

— Le mystère n'empêche pas d'aimer ses enfants.

— Mais c'est que je suis un enfant de l'amour... on m'a expliqué ça, à moi. Madame de Stainville m'a même montré en secret la lettre qu'elle a reçue de ma mère, où celle-ci lui dit des choses qui prouvent... que ce n'est pas exprès... que c'est par prudence... Enfin, madame de Stainville m'a dit que dans le grand monde ces choses-là arrivaient très-fréquemment.

— Dans le grand monde... c'est possible, mon enfant ; on y a sans doute une manière d'aimer tout autre que dans le petit !... je ne suis qu'une pauvre ravaudeuse... je ne connais pas les grandes manières, moi. Enfin, devenez riche... devenez heureuse, surtout. . c'est ce que je vous souhaite du fond de mon cœur.

— Puis la bonne femme ajoute tout bas : « Pourtant, j'aurais bien voulu que ce bon Pierre le fût aussi ! »

Après avoir déjeuné, Marie a bientôt fait le tour du logement de madame Dumont. Les deux pièces étaient meublées très-modestement en vieux meubles de noyer ; mais tout était propre.

tout annonçait l'ordre, la prévoyance, et une sage économie. Quelques mois auparavant, Marie eût trouvé ce logement suffisant; mais depuis qu'elle a vécu au sein du grand monde et de l'opulence, ses goûts ont changé avec sa fortune. Elle trouve le local de sa vieille hôtesse fort laid, fort triste, dépourvu de mille choses qu'elle juge maintenant indispensables, et son plus grand désir est de ne point faire un long séjour chez madame Dumont.

Marie se met à la fenêtre, mais la rue de Crussol n'est point gaie, et il y passe fort peu de monde. La jeune fille quitte bientôt la croisée en disant :

— Oh! quelle vilaine rue vous avez là, madame! quelle différence avec les boulevards!... c'est si gai, si beau, les boulevards! Pourquoi donc n'y demeurez-vous pas?

— Ma chère enfant, c'est que les loyers y sont trop chers.

— Ah! c'est cher sur les boulevards?

— Certainement; et puis cette rue vous semble triste parce que vous n'y êtes pas habituée... Moi, je l'aime beaucoup, car j'y habite depuis quarante ans!

— Quarante ans! oh, c'est bien long, cela!... Enfin, Pierre va venir, car il me l'a promis.

— Je suis bien sûre qu'il ne manquera pas à sa promesse.

Cependant la matinée s'écoule, puis la journée, et Pierre ne vient pas. Marie ne cesse d'aller de sa chaise à la fenêtre, tandis que la mère Dumont travaille à des bas. La jeune fille s'impatiente, elle s'écrie à chaque instant :

— Mais pourquoi donc Pierre ne vient-il pas?... qu'est-ce que cela veut dire?... il m'a donc oubliée?...

— Non, mon enfant, dit la bonne vieille, non, Pierre ne peut pas vous avoir oubliée... Ce pauvre garçon qui me parlait toujours de vous!... vous ne devez pas croire cela.

— Mais alors, pourquoi ne pas venir me tenir compagnie, me dire s'il a écrit à Gaspard!

— Peut-être des obstacles imprévus... Un soldat n'est pas toujours son maître!... Mais il viendra; en attendant, nous dînerons, parce qu'il faut toujours dîner.

Marie fait la moue; elle soupire, elle se met à table de mauvaise humeur, et le dîner frugal de son hôtesse ne lui rend pas sa gaieté; car depuis quelque temps Marie avait une cuisine délicate. Chez madame de Stainville, la chère était constamment recherchée, et avec mademoiselle Félicité, qui prenait chez le traiteur, on avait aussi une table très-bien servie. On s'habitue vite aux douceurs de la vie, quoi qu'en disent ces gens qui font de la philosophie à froid, et donnent des leçons de sobriété et de sagesse qu'ils se garderaient bien de pratiquer. Il est dans notre nature d'aimer ce qui est bon, comme ce qui est beau, et lorsqu'on en a goûté, on revient difficilement aux privations. C'est pourquoi Marie dîna peu, ne parla presque pas, et fut se remettre à la fenêtre jusqu'à la nuit ; mais Pierre ne vint pas.

— Consolez-vous, mon enfant, dit la bonne vieille; Pierre viendra demain. En attendant... dame! je voudrais bien trouver le moyen de vous amuser... J'ai là trois ou quatre vieux livres... ce sont des volumes de roman que m'a laissés ma nièce; je crois qu'ils sont tous dépareillés; mais c'est égal, ça amuse toujours.

— Je vous remercie, madame, dit Marie, je n'aime pas la lecture.

— Ah! c'est dommage... Eh bien, alors, ma belle amie, si vous voulez jouer au domino... j'en ai un là... nous ferons une partie toutes les deux.

— Non, madame, je ne sais pas le domino; d'ailleurs j'y ai vu jouer souvent quand j'étais une paysanne, et ce jeu-là ne me plaisait pas du tout.

— N'en parlons plus, mon enfant : j'aurais pourtant voulu vous amuser... Ah! si vous me chantiez quelques chansons... vous devez en savoir de jolies?

— Non, madame, et puis je n'ai pas envie de chanter.

— Moi, je n'en sais que de bien anciennes; cependant, ma belle, si cela pouvait vous distraire...

— Oh! non, madame, je vous remercie, mais j'aime mieux me coucher.

— Comme vous voudrez, mon enfant.

La jeune fille se couche et s'endort. La vieille femme veille et travaille : dans le monde, il n'est pas rare que les personnes ne soient point à leur place.

Le lendemain, même attente, même impatience de Marie, et Pierre ne vient toujours pas.

— Il m'a oubliée, dit la jeune fille; sa vieille hôtesse lui répond :

— Non, ne croyez pas cela... mais c'est bien extraordinaire qu'il ne vienne pas.

Marie s'ennuie horriblement chez madame Dumont; la bonne femme, qui s'en aperçoit, lui dit le troisième jour :

— Ma chère enfant, je n'ai rien ici qui puisse vous distraire... mais si vous vouliez vous occuper un peu... il n'y a rien qui fasse passer si vite le temps comme de faire quelque chose... J'ai là des bas à remonter... des fichus à repasser... mais vous ne savez ni ravauder, ni repasser, peut-être?...

— Oh! pardonnez-moi, madame, dit Marie, mais je ne veux plus rien faire de tout cela; au contraire, je veux l'oublier, car ma protectrice m'a dit que dans ma nouvelle position il ne fallait jamais avoir l'air de savoir travailler comme le petit monde.

— Ma chère enfant, dans telle position que l'on soit placé, je crois qu'il est toujours utile de savoir travailler... cela peut être une ressource dans l'adversité, et l'on se trouve bien heureux alors de n'avoir pas dédaigné de modestes travaux... Au reste, ce que j'en dis n'est pas pour vous faire prendre l'aiguille, ou le fer à repasser... Je voudrais seulement que vous pussiez trouver les journées moins longues, moins ennuyeuses chez moi.

— Si j'avais eu mon petit chapeau et mon châle, je serais sortie un peu... j'aurais été me promener... cela m'aurait amusée...

— Promener!... seule!... Hom!... ma chère, vous ne savez pas qu'à Paris, lorsqu'une jeune fille est jolie comme vous, on la remarque, on la suit .. et souvent on lui parle... Dame! il y a fièrement de galants dans Paris, et qui passent leur temps à guetter les jolis minois!...

— Eh bien! si l'on m'avait fait des compliments, cela ne m'aurait pas fait de peine; si l'on m'avait tenu des propos malhonnêtes, je ne les aurais pas écoutés!...

— Ah! mon enfant, les jeunes gens sont bien dangereux à Paris!... Ensuite ne pourriez-vous pas rencontrer ce M. Daulay, que vous fuyez... et qui voudrait vous remmener chez lui?...

— Si je le voyais de loin, je me sauverais bien vite!...

— Et puis, que dirait Pierre, s'il venait et ne vous trouvait pas?

— Mais vous voyez bien qu'il ne vient pas... il me laisse là... Oh! c'est bien vilain de sa part!

— Mon enfant, vous ferez ce que vous voudrez, car je ne prétends pas vous tenir prisonnière ici; mais, je vous le répète, vous êtes trop jolie pour ne pas être remarquée.

— Ah! je resterai... puisque je n'ai ni chapeau, ni bonnet à mettre sur ma tête.

Six jours se sont écoulés, et l'on n'a pas entendu parler de Pierre. La mère Dumont, ne pouvant croire que le jeune soldat ait oublié Marie, pense que peut-être son régiment a subitement quitté Paris; elle sort avec le dessein de s'en assurer; elle va rôder aux environs de la caserne, et ne tarde pas à rencontrer des soldats; elle apprend d'eux qu'aucun changement n'a eu lieu, et que le régiment dans lequel sert Pierre est toujours dans le même quartier.

— Alors, je n'y comprends plus rien, se dit la bonne femme en retournant chez elle; et Marie, à qui elle fait part de ce qu'elle vient d'apprendre, s'écrie encore :

— Vous voyez bien que votre Pierre ne vaut pas mieux que les autres!...

Il y a quatorze jours que Marie habite chez la mère Dumont. Ces quatorze jours ont paru un siècle à la jeune fille. Au risque de tout ce qui peut en arriver, elle se décide à sortir, parce qu'elle veut absolument changer de position, et qu'à la rigueur elle aimerait encore mieux retourner au Tourne-Bride que de rester chez la vieille ravaudeuse. Cependant elle espère bien ne point être obligée d'en venir là.

Marie a emprunté à son hôtesse un petit fichu de couleur qu'elle met sur sa tête et avec lequel elle est encore charmante, parce qu'une jolie femme embellit tout ce qu'elle porte, ou plutôt parce que rien ne saurait rendre laid un joli minois de dix-huit ans. Marie prend sous son bras un petit panier (la mère Dumont lui a dit que cela donnait un maintien plus convenable), et la voilà qui sort, se hasarde seule dans la rue et se dirige du côté du canal qui est au bout de la rue de Crussol.

Marie respire avec joie en se retrouvant dehors; le grand air fait toujours du bien à l'esprit et au corps, elle trouve les bords du canal infiniment plus gais que la rue de Crussol; elle se promène en jetant un regard furtif sur chaque soldat qui passe, et dans lequel elle voudrait retrouver Pierre. Quelques hommes sourient en la regardant, quelques-uns même lui font un compliment en passant; mais cela ne va pas plus loin, et

Marie pense que la mère Dumont lui a exagéré les dangers que courait une jeune fille en se promenant seule dans Paris. C'est pourquoi au lieu de se borner à parcourir les environs de la rue de Crussol, Marie va toujours en marchant tout droit devant elle et arrive ainsi à la place Saint-Antoine, où elle retrouve les boulevards.

La vue de cette belle promenade fait battre le cœur de la jeune fille ; elle se croit alors tout près de son ancienne demeure, et se figurant déjà que Daulay va l'apercevoir et courir après elle, sans songer à retourner sur ses pas, ce qui eût été le plus sage, elle traverse la chaussée, entre dans la première rue qu'elle aperçoit, et marche très-vite pendant assez longtemps.

Marie éprouve le besoin de se reposer ; elle est alors sur la place Royale. Elle s'assied sur un banc de pierre, et pour la première fois se demande comment elle retrouvera son chemin ; puis elle soupire en pensant qu'il faudra retourner chez madame Dumont, et, réfléchissant à tout ce qui lui est arrivé, se désole de ne point savoir la demeure de madame de Stainville, où elle ne doute pas qu'on ne désire aussi sa présence. Tout à coup, cédant à une pensée subite, elle court à la première personne qu'elle voit passer, et lui dit :

— Pourriez-vous m'indiquer la demeure de madame de Stainville?

— Qu'est-ce que c'est que madame de Stainville ?

— C'est une dame riche.

— Que fait-elle!

— Mais rien.

— Et dans quel quartier demeure-t-elle ?

— Je n'en sais rien, puisque je vous le demande.

— Et pourquoi voulez-vous que je le sache, moi!

On quitte Marie en lui riant au nez ; plusieurs tentatives ne sont pas plus heureuses, et la jeune fille revient tristement sur son banc en se disant .

— C'est singulier, personne ne se connaît à Paris!

La journée s'avançait, et déjà le jour commençait à baisser, Marie se lève en se disant :

— Retournons chez la ravaudeuse... je la retrouverai, celle-là ! Je sais son adresse, et on saura bien m'enseigner la rue de Crussol.

La jeune fille se remet en marche, mais elle n'a pas fait quatre pas qu'un cri de joie lui échappe.

— C'est lui ! dit-elle... Oh ! oui, c'est bien lui... quel bonheur !

Et courant de toute sa force, elle a bientôt rejoint un monsieur qui traversait la place Royale ; elle s'arrête devant lui en s'écriant :

— Ah ! monsieur Bellepêche ! que je suis contente de vous rencontrer !...

C'était en effet le vieux beau célibataire que Marie venait d'apercevoir, et dont jamais, jusqu'alors, la présence ne lui avait fait autant de plaisir. Bellepêche est demeuré frappé d'étonnement en voyant une jeune fille se poser devant lui et lui barrer le chemin, car d'abord il n'a pas reconnu Marie ; mais lorsque sous le modeste fichu de couleur il a retrouvé les traits de celle à laquelle il a fait une cour assidue, il pousse à son tour un cri de surprise.

— Ah ! mon Dieu !... dois-je en croire mes yeux !... mademoiselle Marie ?...

— Oui, monsieur Bellepêche, c'est moi.

— Mademoiselle Marie... la fille de la duchesse de Valousky, avec un fichu sur sa tête !

— Oui, et un fichu qu'on m'a prêté, encore... car je n'avais plus rien !...

— Et un panier sous le bras... pauvre demoiselle !... Vous me rappelez les petites Suissesses qui font du fromage dans les chalets... au lieu d'un fichu elles ont un petit bonnet en velours... avec des nattes qui tombent par derrière... quelquefois jusqu'au mollet... Les Suissesses ont généralement la jambe bien fournie.

— Ah ! monsieur, il m'est arrivé bien des aventures depuis que je ne vous ai vu !

— Je le crois ! vous avez disparu si subitement. Mais dites-moi donc pourquoi, vous... qui devez avoir un jour une grande fortune, vous êtes dans Paris avec un fichu sur votre tête ?... c'est extrêmement inconvenant !

Marie se hâte de raconter tout ce qui lui est arrivé depuis qu'on lui a fait quitter la maison de campagne de madame de Stainville. Elle n'omet aucun détail, et Bellepêche qui l'écoute avec la plus grande attention, s'écrie, lorsqu'elle a fini :

— C'était Daulay qui vous avait enlevée?... qui diable aurait deviné cela!... Moi, j'aurais plutôt soupçonné le comte d'Aubigny.

— Oh! non, dit Marie en réprimant un soupir, il ne pense pas à m'enlever, lui!

— Ma foi, ce Daulay est un garçon bien adroit!... il a joué parfaitement son rôle! Figurez-vous qu'il est revenu nous trouver au château où nous étions tous, il y est resté avec nous. Puis, en arrivant chez madame de Stainville, lorsqu'on découvrit votre fuite, il fut un des premiers à mettre tout le monde en l'air pour vous retrouver... Madame de Stainville n'eut pas le moindre soupçon de la vérité... Ah! il voulait vous forcer à être... sa femme!... Le plan était habilement conçu... parce qu'une fois à lui, madame la duchesse n'aurait pu vous marier à un autre... C'est extrêmement adroit!... Mais Daulay ne devait pas se flatter de vous plaire... Ce n'est pas un bel homme... il est trop petit...

Tout en disant cela, Bellepêche considérait la jeune fille, puis se grattait l'oreille et jetait de temps à autre un regard autour de lui; mais la nuit était venue, et le peu de personnes qui passaient sur la place Royale ne faisaient aucune attention à ceux qui étaient arrêtés pour causer.

— Monsieur Bellepêche, dit Marie, je suis bien heureuse de vous avoir rencontré, car vous savez où demeure madame de Stainville, et vous voudrez bien me conduire près d'elle, et ça fait que je ne retournerai plus chez cette vieille ravaudeuse, où je m'ennuie à mourir.

— Mademoiselle, dit Bellepêche en parlant fort lentement, comme quelqu'un qui n'est pas bien sûr de ce qu'il va dire; certainement!... je suis tout à vos ordres... vous connaissez mon... mon dévouement à votre charmante personne... et je vous ai plus d'une fois laissé voir que ce même dévouement...

— Eh bien! monsieur Bellepêche, est-ce que vous ne savez pas non plus l'adresse de ma protectrice?

— Si, parbleu! je la sais... je la sais très-bien... je vais chez elle assez souvent... Oh! ce n'est pas l'embarrassant...

— En ce cas, si vous voulez, nous allons y aller tout de suite...

— Moi, je ne demanderais pas mieux... mais je dois avant tout vous faire part d'une circonstance assez fâcheuse...

— Qu'est-ce donc encore ?
— Madame de Stainville n'est pas à Paris en ce moment.
— Elle n'est pas à Paris ?
— Non... elle est partie il y a huit jours... pour les eaux.
— Qu'est-ce que c'est que cela, les eaux ?...
— C'est un pays, une ville... où il y a une source thermale des eaux qui sont bonnes pour la santé et que l'on ordonne aux malades... En Suisse, il y en a beaucoup de sources... je m'y suis plongé en simple caleçon, et j'en ai éprouvé un effet extraordinaire.
— Est-ce que madame de Stainville est malade ?
— Elle se sentait des douleurs... dans les régions dorsales... son médecin lui a conseillé de prendre les eaux.
— Ah ! mon Dieu ! quel contre-temps ! Et sera-t-elle longtemps absente ?
— Je ne le pense pas... peut-être trois semaines... un mois...
— C'est bien long encore ! mais il me semble que l'absence de ma protectrice ne doit pas m'empêcher d'aller m'établir chez elle : certainement elle ne le trouvera pas mauvais, et j'y attendrai son retour bien plus agréablement que chez ma vieille ravaudeuse.

Bellepêche se gratte encore l'oreille, et secoue la tête en murmurant :

— Certainement... vous pourriez toujours aller chez elle... cela ne souffrirait aucune difficulté... mais... je dois encore vous faire part d'une circonstance... fâcheuse pour vous...
— Parlez... parlez donc, monsieur !
— Madame de Stainville a laissé chez elle à Paris quelqu'un pour tenir la maison et soigner ses affaires en son absence... ce quelqu'un c'est M. Daulay.
— M. Daulay !
— Par conséquent, si vous allez maintenant chez madame de Stainville, vous y trouverez M. Daulay et vous retomberez en son pouvoir... puisqu'en l'absence de votre protectrice il commande en maître chez elle.
— Retourner avec M. Daulay... après sa conduite infâme avec moi... ah ! jamais ! jamais !... D'ailleurs, je le hais ! je le déteste, cet homme... Oh ! non, non ! je ne veux pas retomber en sa puissance !... Mon Dieu ! que je suis malheureuse !... Enfin,

puisqu'il le faut, je retournerai chez madame Dumont... rue de Crussol, où je m'ennuie tant!... Vous aurez la bonté de m'y reconduire, n'est-ce pas, monsieur, car je ne saurais plus trouver mon chemin.

— Ma belle demoiselle, dit Bellepêche en prenant un air gracieux, si j'osais vous faire une proposition... une offre... Vous connaissez mon dévouement à votre personne... c'est qu'en vérité il me peine de penser que la fille de la duchesse de Valousky loge chez une ravaudeuse, et sort avec un fichu sur la tête : cela n'est pas admissible! c'est même très-inconvenant!...

— Aussi, monsieur, c'est bien parce que j'y suis forcée!...

— Eh bien! mademoiselle Marie, veuillez accepter un logement chez moi... j'ai un fort bel appartement composé de cinq pièces, dont une chambre d'ami... qui m'a toujours servi de bibliothèque; vous serez là aussi bien que chez madame de Stainville, et j'ose me flatter que rien ne vous y manquera.

— Que j'aille loger chez vous! monsieur Bellepêche, dit Marie en regardant le vieux garçon d'un air surpris, mais est-ce que cela ne serait pas mal?

— Mademoiselle, j'ai avec moi une gouvernante, une femme respectable, qui possède toute ma confiance... et fait parfaitement la cuisine; sans cela, je ne vous eusse point fait une telle proposition.

— Ah! vous avez une dame avec vous!... alors, c'est bien différent!

— Je loge sur le quai des Lunettes, dans un des plus beaux quartiers de Paris; on voit couler l'eau toute la journée.

— On voit la rivière, ah! c'est si gentil!

— Enfin je n'ai pas besoin de vous dire que vous trouverez chez moi tout ce qui pourra vous être agréable, et que ma gouvernante veillera à ce qu'il ne manque rien à votre toilette.

— Oh! bien, en ce cas, j'accepte, monsieur Bellepêche; je logerai chez vous jusqu'à ce que madame de Stainville soit de retour à Paris.

— Voilà qui est parler, mademoiselle; veuillez venir avec moi... Je ne vous offre pas le bras, parce que vous avez un fichu... et que cela nous ferait remarquer; mais à deux pas d'ici il y a une place de fiacres, et nous allons prendre une voiture qui nous conduira chez moi. Ah! pardon, mademoiselle Marie... pendant que j'y pense, si vous le voulez bien, chez moi je vous appelerai ma nièce.... et je me dirai votre oncle...

— Pourquoi donc cela, monsieur?

— Parce qu'à Paris on est très-méchant, les mauvaises langues sont toujours disposées à médire... Nous ne pouvons pas conter à tout le monde votre naissance mystérieuse et vos aventures. Mais un oncle et une nièce, cela va tout seul, et on trouve cela fort naturel.

— Mon Dieu! comme vous voudrez, monsieur; d'ailleurs c'est pour si peu de temps!

— Voilà qui est convenu... Partons... Ah! j'aperçois justement une voiture... Holà, cocher!... es-tu pris?...

— Montez, not' bourgeois.

Le cocher arrête sa voiture : Bellepêche y fait monter Marie et se place près d'elle en se disant tout bas : — La petite duchesse est à moi!

Laissons rouler la voiture vers le quai des Lunettes, et sachons pourquoi Pierre n'était pas revenu chez la mère Dumont après lui avoir confié Marie.

Une circonstance bien naturelle, et que tout autre que le jeune soldat aurait dû prévoir, avait mis obstacle à ses projets. En arrivant à sa caserne, Pierre avait reçu l'ordre de se rendre à la salle de police, à laquelle il avait été condamné à rester quinze jours, pour n'être rentré qu'après minuit lorsqu'il n'avait qu'une permission de neuf heures.

Il fallait obéir; toutes réclamations eussent été inutiles. Pierre se rendit à la salle de police en disant : — Pauvre Marie!... que va-t-elle penser de moi... quinze jours sans la voir!... Heureusement je suis certain que la bonne mère Dumont aura soin d'elle et ne la laissera manquer de rien.

Le lendemain, Pierre n'en écrivit pas moins à Gaspard pour lui demander l'adresse de madame de Stainville. Il le priait de la lui envoyer le plus vite possible, en chargeant M. Martineau de l'écrire pour lui. Pierre pensait que Gaspard s'empresserait de lui envoyer cette adresse; alors il comptait prier son camarade Fleur-d'Amour de la porter chez la mère Dumont et de s'offrir à Marie pour la conduire jusque chez sa protectrice, si elle n'aimait pas mieux attendre que le pauvre Pierre fût libre de l'y mener lui-même.

Mais Gaspard était absent du pays lorsque la lettre arriva. Il était allé travailler à une ferme aux environs. Il fut huit jours sans revenir à Vétheuil, et il y en avait déjà six qu'il était de retour, et venait, comme à son ordinaire, passer sa soirée au Tourne-Bride, lorsqu'après avoir trinqué avec lui et le professeur Martineau, maître Gobinard s'écria :

— Ah ! parbleu ! Gaspard, pendant que j'y pense !... il y a là une lettre qui est arrivée de Paris pour toi. Elle est arrivée ici pour que je te la remette... c'est franc de port... il y a au moins une douzaine de jours qu'elle est là.

— C'est ben heureux alors que ça te revienne à la mémoire !... S'il y avait des choses pressées dans c'te lettre, tu serais cause du retard, toi.

— Je ne pouvais pas te la donner quand elle est arrivée, puisque tu étais absent !

— Et depuis six jours que tu me vois tous les soirs... tu ne le pouvais pas non plus, hein ?... Voyons, voyons vite ce papier, qu'est-ce qu'i' chante ? J'ai dans l'idée que c'est de mon ami Pierre ; car il n'y a guère que lui qui puisse m'écrire... Il nous donne peut-être des nouvelles de Marie... Le père Martineau va nous traduire tout ça.

On cherche la lettre. On la trouve avec peine dans le fond d'un égrugeoir, et Gaspard la donne au professeur en lui disant :

— Dichiffrez-nous ce qu'il y a là-dedans, savant !

— Ah, Gaspard ! dit Martineau en prenant la lettre d'un air digne ; à votre âge ! vous devez être honteux de ne pas savoir lire !...

— C'est justement à mon âge qu'on n'apprend pus rien... Pourquoi donc que je m'amuserais à être honteux d'une chose qu'est la faute de mes parents ?... Du reste, je ne leur en veux pas pour ça... car si j'avais su lire... je ne saurais pas ce que je sais...

— Vous ne sauriez pas ce que vous savez... en sachant lire ? Je ne vous comprends pas... Gaspard.

— Eh ben, pourvu que je me comprenne, moi, ça suffit. Voyons, lisez-nous donc ça.

Le professeur décachète la lettre, regarde la signature, et s'écrie : — En effet, c'est de mon élève Pierre.

— C'est do Pierre !... j'en étais sûr ! dit Gaspard. Qu'est-ce qu'i' me veut ce pauvre garçon ?... dites-nous vite ça...

M. Martineau pose ses lunettes sur son nez, et se met en devoir de lire. Gaspard et Gobinard attendent avec impatience ce qu'il va leur faire savoir; au bout d'un instant, le professeur s'écrie :

— C'est dommage... Ah ! c'est bien dommage !...

— Quoi donc ? dit Gaspard. Il est arrivé un malheur à Pierre ?...

— Je dis que c'est dommage, reprend Martineau, parce que mon élève avait autrefois une belle cursive, et que sa main a perdu depuis qu'il est soldat !

— Que le diable vous patoflole avec vot' belle poussive !... J'ai cru que vous parliez de ce qu'il m'écrit... Y arriverez-vous enfin ?

— M'y voici.

— C'est heureux.

Le professeur lut à haute voix :

« Mon cher Gaspard, je suis bien heureux, car j'ai retrouvé Marie... »

— Il a retrouvé Marie ! s'écrie Gaspard.

— Cette pauvre petite Marie ! dit l'aubergiste ; ah ! je suis bien content qu'elle soit retrouvée !... car je l'aime toujours comme mon enfant !...

— J'en éprouve une vive satisfaction, dit Martineau, car Marie fut aussi mon élève... *consilio manuque*...

— Après, papa Martineau ; voyons la suite de la lettre.

— Je poursuis : « j'ai retrouvé Marie... je l'ai arrachée aux mains de son infâme ravisseur... » — Il paraît qu'il y a eu un ravisseur, alors ?

— Pardi ! c'te bêtise ! elle ne s'est pas ravie toute seule, c'te petite. Après ?

« ...infâme ravisseur... mais il me faut sur-le-champ l'adresse de madame de Stainville, pour que Marie puisse retourner près d'elle. Je ne pourrai l'y conduire moi-même, car je suis pour quinze jours à la salle de police. N'importe, envoie-moi vite cette adresse, mon cher Gaspard ; il s'agit de servir Marie, et je compte sur ton amitié.

      « Ton dévoué,

        « PIERRE. »

— Oh! il a raison de compter sur mon amitié, dit Gaspard, elle ne lui manquera jamais... Mais pourquoi diable a-t-il quinze jours de prison?...

— Ah! dame... quelque faute.., une bagatelle! dit Gobinard; mais dans le militaire on ne plaisante pas.

— Et il ne nous dit pas le nom du ravisseur de Marie?...

— La lettre ne le donne point.

— C'est égal, il me le dira à moi...

— A toi, Gaspard? est-ce que tu as le projet de retourner toi-même à Paris? Tu pourrais envoyer à Pierre l'adresse qu'il te demande. M. Martineau aurait bien la complaisance de lui écrire pour toi.

— Très-volontiers, dit le professeur. En ronde ou en bâtarde? cela m'est égal...

— Non, non, merci, j'aime mieux faire mes commissions moi-même. D'ailleurs, je suis ben aise de voir Pierre. S'il est en prison, ma présence le distraira, et puis je ne serai pas fâché non plus de revoir Marie... de savoir tout ce qui lui est arrivé... enfin je vais partir.

— Quand donc cela?

— Tiens, tout de suite! nous allons boire encore un coup, et puis je me mets en chemin... Ah! je n'ai pas de cors aux pieds, moi!...

— Comment! tu vas partir ce soir... et il est près de huit heures?

— Eh ben! justement, je vas m'en aller tout doucement, à la fraîche, et j'arriverai à Paris demain matin au jour... Allons, un coup de piqueton et en route! Quand il s'agit d'obliger un ami, faut pas être feignant.

— Au moins, as-tu de l'argent sur toi pour ton voyage?

— J'crois ben, j'ai trois francs quinze sous!... j'espère ben que je ne dépenserai pas tout. Allons, à vot' santé!

Gaspard trinque, boit, prend son chapeau, son bâton, et se met en route pour Paris, comme s'il allait faire une petite promenade dans les environs.

Le lendemain, à huit heures du matin, Pierre, qui avait fait ses quinze jours, venait d'être rendu à la liberté, et se disposait à courir chez la mère Dumont, lorsqu'il voit Gaspard devant lui.

— Te voilà! dit le soldat en sautant au cou du paysan.

— Eh, sans doute, on ne m'a lu ta lettre qu'hier... parce qu'elle a été oubliée dans un égrugeoir... j'ai dit : Pierre a besoin de moi, je suis parti, et me v'là!...

— Ce bon Gaspard!

— Je croyais que tu étais prisonnier, moi?

— J'ai fini mon temps ce matin.

— Tant mieux, ça fait que nous pourrons aller nous rafraîchir ensemble...

— Oh, Gaspard! Marie d'abord, Marie avant tout!... Que doit-elle penser de moi? voilà quinze jours qu'elle ne m'a vu, qu'elle n'a eu de mes nouvelles... quinze jours! Sens-tu combien cela est long?

— Pas plus pour elle que pour toi qui étais sous les verrous.

— Mais elle ne savait pas le motif qui m'empêchait d'aller près d'elle... Elle a pu m'accuser... croire que je l'avais oubliée... elle a pleuré, peut-être!... Moi, faire pleurer Marie!... Ah! Gaspard!... je ne m'en consolerais pas.

— Elle t'a pourtant fait pleurer plus d'une fois, elle!... et elle s'en est toujours consolée... Tu l'aimes donc encore, toi?...

— Si je l'aime!.. Ah! si tu savais combien j'ai été heureux en la revoyant!... elle est toujours si belle... plus belle même qu'autrefois.

— Et tout aussi coquette, sans doute?... Mais enfin, qu'en as-tu donc fait de cette belle fille?

— Je l'ai conduite chez une brave et honnête femme qui veillera sur elle... Oh! la mère Dumont est si bonne... Viens, viens, hâtons-nous de nous rendre chez elle.

Gaspard suit Pierre : chemin faisant, il lui raconte comment il a retrouvé Marie, et quel était le ravisseur.

— Ah! c'est M. Daulay! dit Gaspard, ce criquet qui faisait tant son faraud et donnait toujours le bras à la vieille muscadine de Paris!... Pardi! j'étais ben sûr que c'était un de ces messieurs qui avait fait le coup. Il se sera dit: C'est une petite duchesse! j'vas me l'approprier... elle m'enrichira, et ça me payera mes dettes!... Oh! j'avais deviné leurs malices, moi... Et tu dis que Marie t'a suivi sans difficulté?

— Marie!... mais elle m'a cent fois remercié de l'avoir sauvée... de l'avoir délivrée de ce Daulay qu'elle déteste!... Pauvre petite, c'est le ciel qui m'avait envoyé là... Sans moi, Marie était perdue!... Cet homme ne rougissait point d'employer la violence pour triompher d'elle!...

— Ah, bah! laisse donc... quand une femme ne veut pas, elle a bec et ongles! et au Tourne-Bride, la petite servante savait bien donner une tape aux garçons qui voulaient l'embrasser... Le plus heureux dans tout ça, c'est que le M. Daulay n'était pas de son goût.

— Nous voici arrivés, Gaspard : c'est ici que demeure la bonne mère Dumont.

— Ici... diable, ça n'a pas l'air ben huppé!... c'est égal! les honnêtes gens ne sont pas toujours les mieux logés.

Pierre monte le premier. Il gravit l'escalier si lestement que Gaspard est encore au premier étage lorsque le jeune soldat frappe à la porte de la ravaudeuse ; mais comme la vieille femme n'était pas leste à ouvrir, le paysan a le temps de rejoindre son ami, ce qu'il fait en criant :

— Ah çà, est-ce que tu es devenu un oiseau, Pierre? il faudrait des ailes pour te suivre, et j'ai des souliers ferrés, ce qui n'est pas la même chose.

Pierre frappe de toutes ses forces ; enfin le pas lent de la vieille femme se fait entendre. On ouvre la porte. Le jeune soldat se donne à peine le temps de dire bonjour à la mère Dumont; il court dans la seconde chambre en criant :

— Me voilà... Marie a dû bien s'impatienter... mais ce n'est pas ma faute ; j'étais à la salle de police... Gaspard est avec moi... il arrive aussi... il... Eh bien!... où est donc Marie?

Après avoir fait le tour de la chambre et être revenu dans la première, Pierre s'est aperçu que celle pour laquelle il brûlait d'arriver n'est pas là et ne l'entend pas. Il revient alors vers la bonne vieille, en lui disant encore :

— Où donc est Marie?

Mais la bonne femme baisse la tête sans répondre. Pour la première fois, Pierre remarque l'air profondément affligé de la mère Dumont, et il s'écrie :

— Ah! mon Dieu!... il est arrivé quelque chose à Marie!

Gaspard, qui vient seulement d'entrer, regarde autour de lui, et se jette sur une chaise en murmurant :

— Il paraît que les oiseaux sont dénichés!

— Marie!... Marie!... où est-elle?... qu'en avez-vous fait,

mère Dumont? reprend Pierre d'une voix tremblante. Je vous l'avais confiée... vous deviez me la rendre...

— Eh, mon Dieu! mon ami, répond la bonne femme, ce n'est pas ma faute!... Vous m'aviez amené cette jeune fille, c'est vrai; mais vous ne m'aviez pas dit de la retenir de force, de la garder prisonnière chez moi... ce qui d'ailleurs ne m'eût pas convenu. J'ai fait tout ce que j'ai pu pour lui rendre ma demeure agréable; mais je ne pouvais y réussir. Mademoiselle Marie s'ennuyait beaucoup chez moi. Elle soupirait... elle était triste... et elle ne voulait rien faire pour se distraire, parce qu'elle croit qu'une duchesse ne doit point travailler...

— Oh! que je la reconnais bien là! dit Gaspard.

— Vous ne veniez pas... elle a pensé que vous l'aviez oubliée...

— Moi, l'oublier... elle ne devait pas le croire.

— Je lui répétais en vain que vous reviendriez... Chaque jour elle semblait plus ennuyée de rester ici... Elle trouvait ma rue vilaine... elle voulait aller se promener. J'avais beau lui dire : A Paris, une jolie fille ne va pas se promener toute seule. Enfin, hier sur les deux heures, elle a voulu sortir...

— Hier?

— Je lui ai prêté un joli fichu pour mettre sur sa tête, car je n'avais à lui offrir que mon chapeau de paille dont elle n'a pas voulu... vu qu'il a bientôt sept ans. Elle a pris un panier à son bras, puis elle est sortie en me disant : Je ne serai pas longtemps... et je retrouverai bien mon chemin; en tous cas, je saurai bien redemander la rue de Crussol. Enfin... elle est partie... et depuis ce temps... elle n'est pas revenue...

— Pas revenue... depuis hier!...

— Non, mon cher garçon... Ah! j'en ai eu bien du chagrin... J'ai pleuré aussi, moi, depuis hier, car j'étais sûre que vous reviendriez, et je me disais : Il va bien m'en vouloir en ne retrouvant pas celle qu'il aime tant... et pourtant vous voyez qu'il n'y a pas de ma faute.

Et la bonne vieille verse des larmes en disant ces mots; Pierre ne le voit pas, car il semble accablé par ce nouvel événement. Mais Gaspard se lève, et va prendre les mains de la ravaudeuse en lui disant :

— Allons, sacrebleu, la mère, faut pas vous désoler!... Pardi! on voit ben que c'est pas votre faute! On la retrouvera, c'te

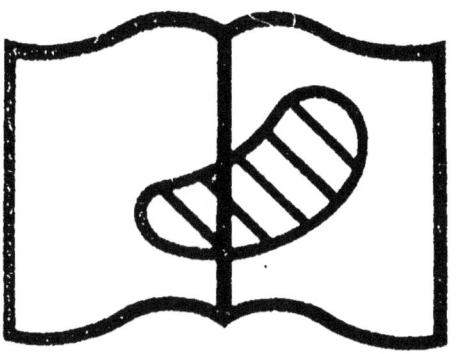

Foliotation partiellement illisible

demoiselle!... elle a voulu se promener... elle se trouvait trop renfermée ici... Dame! depuis qu'on lui a dit qu'elle était duchesse, il lui faut beaucoup d'air... Le malheur de tout ça, c'est ce pauvre Pierre, qui aime une fille qui ne pense pas à lui, et qui se flattait peut-être que cette fois elle allait lui rester!... Moi, je me doutais ben que la petite lui ferait encore queuque bricole! et c'est pour ça que je sommes venu nous-même à Paris, au lieu de lui envoyer l'adresse qu'il me demandait.

— Partie depuis hier! s'écrie de nouveau Pierre en marchant à grands pas dans la chambre. Mais que lui est-il donc arrivé?... Serait-elle retombée au pouvoir de ce Daulay?... Il faut la retrouver, Gaspard, il le faut... Voyons, mère Dumont, quel côté a-t-elle pris?...

— Elle m'a dit, mon ami, qu'elle irait se promener tout le long du canal... qui est ici près.

— Sur le bord du canal?... Mon Dieu! si quelque évènement... Viens, Gaspard, viens, il faut absolument retrouver Marie.

En achevant ces mots, Pierre sort, sans écouter son ami, qui lui crie de l'attendre.

— Allons, faut que je coure après lui, maintenant, dit Gaspard en reprenant son bâton. Ce pauvre Pierre... l'amour le rendra fou... Je vais tâcher de le calmer... Adieu, mère Dumont, je reviendrai vous voir quand je passerai à Paris, car vous êtes une bonne femme, vous... Soyez tranquille... la jolie fille se retrouvera... Avec tout ça, vous en êtes toujours pour vot' fichu et vot' panier!...

— Ah! monsieur!... ce sont des misères! Et pourvu qu'il ne soit arrivé aucun mal à cette jeune fille...

— Oh! que non!... Encore queuque amoureux! queuque séducteur, peut-être!... mais les filles ne meurent pas de ça! et à Paris on dit, au contraire, qu'il y en a à qui en vivent. Adieu, mère Dumont, je reviendrai vous voir.

Gaspard secoue la main de la bonne femme comme s'il disait adieu à un ancien ami, puis il descend aussi vite que le lui permet sa chaussure, et se met à courir dans la rue pour rattraper Pierre. Il le retrouve sur les bords du canal, marchant avec agitation, regardant souvent autour de lui, s'arrêtant quelquefois pour questionner les marchands, les gens qui stationnent près de là, leur faisant le portrait de Marie, et leur demandant s'ils l'ont vue passer la veille.

Mais Pierre n'obtient aucun renseignement; car il ne faut pas demander aux habitants de Paris des souvenirs de la veille : c'est souvent avec peine qu'ils se rappellent ce qu'ils ont vu dans a journée. Au milieu de ce monde qui sans cesse va et vient, de ces passants qui se succèdent constamment, les yeux ont trop de distraction pour conserver des souvenirs. Ce n'est qu'en province qu'il est permis de demander si l'on a vu passer telle personne. Il y a des villes où une figure étrangère est remarquée, où une mode nouvelle fait accourir tous les habitants sur leur porte et à leurs fenêtres, où une voiture enfin fait événement.

Gaspard a longtemps marché à quelques pas de Pierre, laissant celui-ci regarder, s'arrêter, questionner à son aise. Lorsqu'il voit le jeune soldat plus abattu et ne sachant de quel côté diriger ses pas, il se rapproche de lui et lui prend le bras en lui disant :

— Et la caserne?... N'est-il pas bientôt l'heure d'y retourner?

Pierre laisse tomber sa tête sur sa poitrine en murmurant :

— Puis-je rentrer sans avoir retrouvé Marie?

— Oui, tu le dois, parce que tu es soldat, d'abord. Tu as déjà eu quinze jours de salle de police à cause de cette jeune fille ; il ne faut pas qu'elle te fasse encore mériter quelque punition... Parce que mamselle Marie a envie de courir, de se promener, ça ne doit pas t'empêcher de faire ton devoir... d'être un bon soldat... Allons, Pierre, du courage, Marie se retrouvera; d'ailleurs, je la chercherai, moi, et je te promets de t'en donner des nouvelles aussitôt que j'en aurai.

— O mon cher Gaspard, tu me le promets... tu chercheras Marie... tu courras dans tout Paris... tu t'informeras d'elle à tout le monde...

— Oui... oui, sois tranquille.

— Moi, de mon côté, j'emploierai à la chercher tous les moments que j'aurai de libres.

— Ça, je n'en doute pas; mais, je te le répète, ne manque pas à tes devoirs ; faut jamais rien faire à demi... je ne connais que ça!... Quand on commence une bouteille, faut la vider ; quand on se bat, faut s'éreinter ; quand on prend un état, faut l'exercer. Allons, viens à la caserne.

Pierre se laisse conduire, et quoique ses yeux cherchent toujours Marie, il marche sans s'arrêter jusqu'au quartier. Là, avant de rentrer dans la caserne, il embrasse encore Gaspard en lui disant :

— Tu la chercheras partout, n'est-ce pas?... et à la moindre nouvelle... sur le plus léger indice, tu viendras me prévenir...

— Oui, c'est convenu; mais toi, de ton côté, n'abandonne pas le poste, sacrebleu!...

— Non, Gaspard, je ferai mon devoir... car je veux toujours être digne de Marie.

— V'là qui est parlé... et ce que je souhaite, c'est qu'elle soit toujours digne de toi.

Gaspard se sépare de nouveau de Pierre, et, lorsqu'il l'a vu rentrer dans la caserne, il se dit :

— Le plus souvent que je vas user mes souliers à chercher Marie!... Non, non; d'ailleurs, les filles c'est trop capricieux : pus qu'on court après, et moins qu'on les attrape. J'vons retourner cheux nous, et j'y attendrai des nouvelles de Paris. D'ailleurs, j'sommes ben tranquille, on ne fera pas Marie duchesse sans m'en avertir.

Et Gaspard se remet en route pour son village.

CHAPITRE XIX

L'INTÉRIEUR D'UN VIEUX GARÇON.

Le fiacre qui emmenait Marie et M. Bellepêche s'est arrêté sur le quai des Lunettes, devant une assez belle maison, et la jeune fille se dit :

— C'est déjà bien mieux que chez la mère Dumont.

Durant tout le trajet que l'on a fait en voiture, Bellepêche a cherché comment il ferait entrer dans sa maison une jeune fille coiffée en fichu, sans éveiller l'attention de son portier. Le vieux garçon se gratte l'oreille, le front et tout ce qu'il croit pouvoir lui donner des idées; mais lorsque la voiture s'arrête, il n'a rien trouvé, et il se dit :

— Ma foi!... les portiers penseront ce qu'ils voudront! pour épouser une riche duchesse on doit se mettre au-dessus des cancans.

Il descend du fiacre, paye le cocher, donne la main à Marie, frappe hardiment à la porte cochère. On ouvre. Bellepêche entre avec la jeune fille en ayant soin de crier bien haut :

— Venez, ma nièce... ne quittez pas mon bras, ma nièce... laissez votre oncle vous conduire.

Puis, Bellepêche avance la tête contre la loge du portier en disant :

— C'est moi, monsieur Leveau... moi, qui ramène ma nièce... Elle arrive de la campagne... et passera quelques jours chez moi. Venez, ma nièce, montez chez votre oncle.

Marie monte l'escalier en s'efforçant de retenir l'envie de rire que lui donne sa nouvelle qualité, tandis que le portier la regarde passer en lui disant :

— Tiens!... M. Bellepêche a une nièce... c'est la première fois qu'il en parle... Elle a une drôle de mise, sa nièce... Je voudrais bien savoir de quelle campagne elle arrive avec un panier sous le bras... elle vient de vendange apparemment.

On parvient au troisième étage. Là, Bellepêche sonne en disant :

— Marie, laissez-moi parler, et surtout ne me démentez pas.

On ouvre. C'est une grande femme, maigre, sèche, dont le cou ressemble beaucoup à celui d'une autruche et les yeux à ceux d'une chouette; elle tient un flambeau à la main, et manque de le laisser tomber en apercevant la jeune et jolie fille qui est avec son maître.

Bellepêche fait passer Marie devant lui en criant de toute sa force :

— Madame Grosbec, voilà ma nièce... qui arrive de la campagne... et passera quelque temps chez moi... Vous allez lui préparer la chambre d'ami... où je n'ai jamais personne... Ma nièce a été volée en route... avec la diligence... c'est pourquoi elle n'a pu mettre sur sa tête qu'un fichu... mais demain matin nous ferons avertir une couturière et une marchande de modes...

— Oh! oui, c'est le plus pressé, dit Marie, car je n'oserais pas me présenter comme cela chez ma protectrice...

Bellepêche fait un signe à Marie pour qu'elle n'en dise pas davantage et il la conduit dans son salon, où la jeune fille s'assied sur un sopha, jetant les yeux autour d'elle et se disant :

— A la bonne heure, ici... au moins cela ressemble à mon joli logement du boulevard.

Cependant madame Grosbec avait suivi son maître, tenant toujours sa lumière à la main ; et jetant de temps à autre sur Marie des regards qui n'avaient rien de bienveillant.

— Allez donc préparer la chambre pour ma nièce, dit Bellepêche en approchant sa bouche de l'oreille de sa gouvernante.

Celle-ci ne bouge pas.

— Elle a le tympan un peu dur, dit Bellepêche à Marie, mais, du reste, c'est une femme qui a d'excellentes qualités... elle fait parfaitement le café à la crème.

Le vieux garçon, voyant que la gouvernante ne s'empresse pas d'exécuter ses ordres, essaye de se faire comprendre par signe : il fait aller ses mains, ses bras, ses doigts, et lorsqu'il croit que madame Grosbec a parfaitement compris, celle-ci lui dit avec un grand sang-froid :

— Qu'est-ce que cette demoiselle vient donc faire ici ?

— Cela devient impatientant ! s'écrie Bellepêche, il faut que ses oreilles soient bouchées plus hermétiquement qu'à l'ordinaire ; je n'ai plus qu'un moyen pour me faire comprendre : c'est celui que j'emploie toutes les fois que madame Grosbec ne m'entend pas.

Le moyen de Bellepêche consistait à prendre la gouvernante par le bras et à aller avec elle chercher ce qu'il désirait, ce qui obligeait le vieux garçon à se servir à peu près comme s'il n'avait pas eu de domestique. Cette fois encore il emmène madame Grosbec et sort du salon avec elle pour aller faire lui-même ce qu'il veut que fasse sa gouvernante.

Restée seule dans le salon, Marie s'occupe à examiner l'appartement ; ensuite elle ouvre la fenêtre pour connaître la rue. Quoiqu'il fit nuit, on pouvait encore distinguer la rivière et les quais.

— Voilà qui me plaît beaucoup plus que la rue de Crussol ! se dit Marie, ce doit être fort gai ici... d'ailleurs je n'y resterai que jusqu'au retour de madame de Stainville... Quel malheur qu'elle soit justement allée prendre les eaux ; ça ne m'amusera pas beaucoup de demeurer avec M. Bellepêche et sa gouvernante.. Ah ! si j'avais rencontré le comte Alfred d'Aubigny !... mais je ne l'aperçus pas, lui... et sans doute il ne songe guère à moi... et pourtant dans le jardin... sous le bosquet... il me regardait encore bien tendrement !...

La jeune fille est plongée dans ses réflexions, elle a tout à fait oublié le présent ; ses souvenirs remplissent son âme, elle s'y abandonne entièrement, et ne s'est point aperçue que Bellepêche est revenu ; il a été tout disposer lui-même pour que rien ne manque à Marie, et s'écrie en entrant dans le salon :

— Mes ordres sont exécutés !... madame Grosbec a préparé votre chambre... avec mes conseils... et je me flatte, belle Marie, que vous serez bien... Voilà la porte de votre chambre... là, en face...

— En vérité, monsieur, je suis honteuse de tout l'embarras que je vous cause, dit Marie en faisant à Bellepêche un gracieux sourire. Celui-ci, qui croit déjà avoir conquis le cœur de la jeune fille, va s'asseoir près d'elle et lui baise la main d'un air respectueux, en murmurant :

— Trop heureux... de prouver mon attachement à l'aimable fille de la duchesse de Valousky... disposez entièrement de tout ce qui m'appartient... agissez ici comme chez vous... tout ce que j'ai est à vous... même cette belle canne que vous voyez là-bas... elle est en bois de cornouiller... c'est un bois excessivement dur ; elle m'a été donnée par un bon habitant de Berne, lors de mon voyage en Suisse... voyage que je ne me repens pas d'avoir fait, bien au contraire ; je compte même écrire tout ce que j'ai observé pendant mon séjour dans les montagnes... où j'ai aussi cueilli des simples... cela se prend comme du thé...

— Pardon, monsieur, dit Marie en interrompant Bellepêche, mais puisque vous me permettez d'agir ici sans façon... je vous avouerai que je n'ai pas dîné aujourd'hui... et je sens que j'ai faim...

— Vous n'avez pas dîné !... Eh quoi ! mademoiselle, vous n'avez pas dîné, et vous ne le disiez pas !... ah ! que je suis donc fâché... mais nous allons tout réparer... Madame Grosbec !... Holà ! madame Grosbec !...

La gouvernante n'arrive pas ; le maître du logis va prendre sur la cheminée une sonnette qui ressemble à une cloche, et il la secoue à plusieurs reprises. A ce bruit, qui réveillerait toute une communauté, madame Grosbec arrive d'un air effaré et s'écrie :

— Qu'est-ce qu'il y a?... qu'est-ce que c'est donc?... est-ce qu'on fait du bruit comme cela?... c'est ridicule... ça fait peur.

— Madame Grosbec, ma nièce n'a pas dîné, et elle désire prendre une réfection... voyons, procurez-lui quelque chose...

— Hein?... mademoiselle veut s'en aller?... elle en est bien la maîtresse... ce n'est pas moi qui la retiens!...

— Ma nièce désire dîner... ou souper... n'importe! crie Bellepêche en se penchant sur l'oreille de sa gouvernante... Je crois qu'il ne reste rien du dîner, il faut aller chez le traiteur.

Madame Grosbec ne bouge pas; elle se contente de faire la grimace à Marie. Bellepêche emploie encore son grand moyen. Il prend son chapeau et entraîne sa gouvernante avec lui, en s'écriant :

— Ah! corbleu, madame Grosbec, je vous ferai bien aller chez le traiteur... j'entends qu'on m'obéisse, et sur-le-champ.

Le maître et la domestique sont sortis. Marie prend la lumière et va voir la chambre qu'on lui destine.

C'est une bibliothèque dont on a fait une chambre à coucher, et dont auparavant on avait fait une pharmacie ; car sur les rayons destinés à recevoir des livres, on voit des fioles, des petits pots, des boîtes, des flacons, plusieurs paquets de poudre et des savons destinés à la toilette. Les meubles ne sont pas à la mode, les housses qui recouvrent les fauteuils sont jaunies par le temps, et quelques vieux tableaux pendus à la muraille attestent du respect de Bellepêche pour les objets qui ont appartenu à ses aïeux; enfin, le dessus de la cheminée, paré d'une grotte en coquillages et de deux petits rochers en carton, achève de donner à cette pièce l'aspect de ces boutiques de vieilleries dont les propriétaires se nomment orgueilleusement antiquaires, parce qu'ils possèdent quelques épées couvertes de rouille et une collection d'oiseaux empaillés.

Marie ne trouve pas cette chambre aussi agréable que celle qu'elle avait eue sur le boulevard ; elle regrette aussi Félicité, dont le goût la guidait pour l'achat d'un chapeau, dont le bavardage l'amusait, et qui l'habillait parfaitement ; mais elle espère ne pas faire un long séjour chez M. Bellepêche, et ne pense déjà plus à sa vieille hôtesse de la rue de Crussol.

Bellepêche revient avec sa gouvernante. Ils portent chacun quelque chose. Le vieux garçon fait mettre le couvert; il en met lui-même une partie afin que les choses aillent plus vite. Enfin, Marie se place à table et mange d'un très-bon appétit ce que lui offre son nouvel hôte, qui la sert avec beaucoup de courtoisie, tandis que madame Grosbec tourne et retourne dans la chambre en parlant toute seule, mais assez bas pour qu'on ne puisse distinguer qu'un grognement continuel.

— Je boirais volontiers, dit Marie en tendant son verre.

— C'est juste! vous n'avez pas encore bu, répond Bellepêche en jetant les yeux sur la table, et moi qui oubliais de vous offrir... Je suis devenu fort distrait depuis que j'ai voyagé... On a tant de souvenirs! tant de choses dans la tête... surtout lorsqu'on est observateur... J'ai rencontré une fois dans une vallée de la Suisse... et quelle vallée!... superbe! admirable, de l'herbe qui m'allait jusqu'au nez!... j'ai rencontré...

— Je vous demande pardon; mais vous ne m'avez pas donné à boire...

— En vérité, je suis impardonnable... mais aussi madame Grosbec oublie de mettre du vin sur la table!... A quoi pense-t-elle?... Madame Grosbec, donnez-nous du vin!... ma nièce a soif.

Quoique Bellepêche ait crié très-fort, la gouvernante ne fait pas mine d'obéir; il répète son ordre en l'accompagnant de gestes... Madame Grosbec le regarde, secoue la tête et répond :

— Il n'y a pas de dessert.

— Je vous dis que je veux du vin... Oh! je vous ferai entendre, moi!

Et Bellepêche, se levant, sort de la chambre en tirant après lui madame Grosbec; puis il revient d'un air fier, suivi de sa gouvernante qui porte une bouteille de vin.

— Je savais bien qu'elle finirait par m'entendre, dit Bellepêche à Marie. Elle a l'ouïe dure, mais elle sert parfaitement.

Marie achève son repas, pendant lequel Bellepêche ne s'est levé que quatre fois pour aller avec sa gouvernante chercher ce qu'il lui a demandé. Ensuite la jeune fille prend une lumière et se retire dans sa chambre, où son hôte la laisse en criant d'une voix de stentor :

— Dormez bien, ma nièce, je vous présente mes hommages.

Le lendemain, une couturière et une marchande de modes sont mandées. Bellepêche soupire en songeant aux dépenses qu'il va être forcé de faire; mais ces sacrifices sont indispensables s'il veut se faire bien venir d'une jeune fille qui est excessivement coquette, et d'ailleurs, pour devenir l'époux d'une duchesse qui sera fort riche, on peut bien sacrifier quelques centaines de francs. Ce raisonnement apaise les soupirs du vieux garçon. Quant à Marie, elle accepte sans hésiter des robes et des chapeaux ; car elle pense que madame de Stainville tiendra compte à Bellepêche des dépenses que celui-ci fait pour elle, et que la duchesse de Valousky se chargera ensuite de rembourser sa protectrice ; ou peut-être croit-elle qu'étant fille d'une grande dame, il est tout simple qu'on lui fasse des cadeaux. Il y a tant de gens dans le monde qui trouvent naturel qu'on leur donne, et à qui cela semble fort extraordinaire de rendre.

Marie, ayant de nouveau une jolie toilette, ne veut pas rester toute la journée enfermée chez M. Bellepêche. Quoique la vue des quais soit animée et qu'elle passe son temps à la fenêtre, elle veut aussi apprendre à connaître Paris. Bellepêche se dit :
— Je serai le conducteur de la jeune fille, je lui donnerai le bras, et j'aurai soin de ne jamais la mener dans le quartier habité par madame de Stainville, ni dans les promenades où l'on pourrait la rencontrer.

Et Bellepêche promène Marie par les rues les moins fréquentées, sur les boulevards neufs, dans le haut des faubourgs.

— Je croyais Paris plus gai que cela, dit souvent la jeune fille.

— Paris est une ville de boue et de fumée! répond Bellepêche, qui a lu Jean-Jacques Rousseau, et voudrait dégoûter la jolie petite duchesse de son goût pour la promenade.

Tout en donnant le bras à Marie, Bellepêche veut faire l'aimable et gagner le cœur de la jeune fille ; pour cela il commence de tendres discours, de jolis compliments ; mais cela se termine toujours par une description de la Suisse et une course sur le mont Righy, et alors Marie ne l'interrompt pas, car elle aime encore mieux entendre Bellepêche lui parler de ses voyages que d'écouter ses fades galanteries.

Plusieurs jours s'écoulent. Bellepêche devient à chaque instant plus tendre et la gouvernante plus hargneuse. Madame Grosbec est constamment d'une humeur de dogue ; elle fait entendre des murmures, des demi-mots parmi lesquels on distingue toujours :
— Sa nièce !... sa nièce !... à la façon de Barbari, mon ami !

Marie s'inquiète peu de l'humeur de madame Grosbec, mais

elle demande souvent à M. Bellepêche si sa protectrice est de retour; celui-ci répond qu'elle n'est pas encore revenue des eaux, et la jeune fille soupire en disant :

— Son absence est bien longue!

De son côté, Bellepêche voit avec peine que ses affaires n'avancent point; quand il veut parler d'amour à Marie, celle-ci le fait retourner sur-le-champ dans la Suisse, dont il ne peut plus se tirer, et pourtant il ne veut pas loger, nourrir, habiller et voiturer la jolie fille pour que ensuite elle devienne la femme d'un autre. Il a déjà déboursé huit cents francs pour Marie; cette somme semble considérable à un homme qui de sa vie n'avait dépensé avec les femmes que des bouquets de violette de deux sous.

Comme il veut absolument que son argent lui rapporte, il se dit :

— Il faut agir... il faut me pousser! il faut être plus téméraire... les femmes aiment la témérité... Marie est femme... cela doit aller tout seul dès que je le voudrai bien. Je vais le vouloir ce soir.

Bellepêche commande à sa gouvernante une jolie collation qu'il compte prendre avec Marie au retour du spectacle, car la jeune fille a témoigné à son hôte le désir de goûter encore d'un plaisir qui est nouveau pour elle, et Bellepêche n'a eu garde de refuser; seulement il conduit Marie à un petit théâtre où il est bien certain de ne rencontrer personne de la société de madame de Stainville.

On revient du spectacle. Marie est plus gaie parce qu'elle s'est amusée; Bellepêche plus aimable parce qu'il a son projet. La collation est prête sauf deux plats qui manquent et le vin de liqueur qui n'est point sur la table; mais Bellepêche prend sa gouvernante par le bras et va avec elle exécuter ses ordres.

Marie mange de fort bon appétit, Bellepêche se verse souvent à boire; il compte sur le vin muscat pour se donner de la témérité, et en effet, après en avoir bu quelques verres, il souffle comme un bœuf et fait aller ses yeux comme des roulettes. De temps à autre il prend la main de Marie, la presse fortement, ce qui fait rire la jeune fille; et il pousserait plus loin ses entreprises si madame Grosbec n'était pas toujours là, le regardant fixement et observant ses moindres actions; plus d'une fois il a voulu éloigner sa gouvernante, mais celle-ci n'a pas entendu, ou a fait comme si elle n'entendait pas. Pour être quelques moments seul avec Marie, Bellepêche s'écrie :

— Nous n'avons point de quatre-mendiants... je vous en avais demandé, madame Grosbec; j'adore les quatre-mendiants! je suis surtout fou des amandes!... Oh! les amandes... En Suisse il y en a... Non... je ne veux pas penser à la Suisse. Madame Grosbec, allez sur-le-champ nous chercher des quatre-mendiants.

La gouvernante regarde son maître et se contente de faire jouer sa mâchoire comme les singes. Bellepêche se lève et va crier son ordre dans l'oreille de madame Grosbec de façon à rendre sourd quelqu'un qui ne le serait pas.

— Je n'irai point chercher de quatre-mendiants à l'heure qu'il est, reprend la gouvernante, les épiciers sont couchés.

— Vous irez! crie Bellepêche. Il y a encore des épiciers ouverts.

— Non...

— Si...

— Non...

— Ah! corbleu!... je vous y ferai bien aller, moi!...

Bellepêche entraîne vivement madame Grosbec par le bras et descend avec elle chez un épicier chercher des mendiants, qu'il rapporte en s'écriant :

— Il faut se faire obéir!... je ne connais que ça; on est maître, c'est pour se faire servir.

Puis le vieux garçon se verse de nouveau du muscat et veut recommencer ses agaceries; mais Marie prend sa lumière, lui souhaite le bonsoir, et le laisse avec madame Grosbec et les quatre-mendiants.

Marie s'était couchée, mais elle ne dormait pas; elle bâtissait des châteaux en Espagne : c'est un plaisir de tous les âges, mais qui doit être surtout celui des jeunes filles. Marie se voyait duchesse; elle avait un hôtel, une voiture, des laquais; et un homme, dont le souvenir se mêlait toujours à ses rêveries, était auprès d'elle et partageait son bonheur : ce n'était pas ce pauvre Pierre auquel elle avait déjà tant d'obligations, c'était le brillant Alfred, le séduisant comte d'Aubigny, qui l'avait toujours traitée fort cavalièrement.

Tout à coup Marie croit entendre gratter à sa porte; elle prête l'oreille, le bruit continue; bientôt on tourne doucement la clef et l'on ouvre la porte en tâchant de faire le moins de bruit possible; mais déjà Marie s'est jetée en bas de son lit, et elle s'écrie avec terreur :

— Qui est là?... qui donc vient ici?

On est quelque temps sans répondre, enfin une voix murmure :

— C'est moi... ma chère Marie... c'est moi... n'ayez aucune peur...

— Comment! c'est vous, monsieur Bellepêche... et que voulez-vous donc si tard... et sans lumière?...

Avant que le vieux garçon ait trouvé une réponse, madame Grosbec accourt avec une lumière et s'écrie :

— Ah! je vous y prends... c'est gentil!... vous allez trouver votre nièce au milieu de la nuit à ce qu'il paraît?

Marie aperçoit alors M. Bellepêche, coiffé d'un beau foulard rouge, mis avec une certaine coquetterie, et le corps enveloppé dans une robe de chambre dans laquelle il semble très-libre de ses mouvements.

— Que me vouliez-vous donc, monsieur? répète la jeune fille en se couvrant d'un châle, tandis que madame Grosbec met sa lumière presque sous le nez de son maître.

Bellepêche est tout confus, il baisse les yeux et balbutie :

— Je venais... je voulais vous demander... de la pommade de concombre... qui est là sur une tablette... parce que j'ai des démangeaisons... aux mollets...

— Prenez, monsieur, prenez ce que vous désirez, dit Marie, mais une autre fois, je vous en prie, ne venez plus chercher cela au milieu de la nuit, car cela m'a fait très-peur.

Bellepêche va prendre sur une tablette le premier pot qui se présente, puis il retourne dans sa chambre sans souffler mot, et en ayant soin de bien s'entortiller dans sa robe de chambre. Sa gouvernante le regarde aller, et ne s'éloigne que quelques minutes après en murmurant :

— Joli oncle!... jolie nièce!... joli gâchis que tout ça!

Quant à Marie, cette visite nocturne lui donne des soupçons, et, avant de se recoucher, elle a soin de retirer la clef de sa porte, de manière à ce qu'on ne puisse plus entrer dans sa chambre sans sa permission.

CHAPITRE XX

UN TRAITEUR SUR LES BOULEVARDS NEUFS.

Depuis sa tentative nocturne, Bellepêche s'aperçoit que Marie n'est plus la même avec lui. La jeune fille semble craindre les tête-à-tête ; elle retire sa main lorsqu'il veut la baiser ; elle l'interrompt lorsqu'il va lui parler d'amour. Enfin elle se retire de bonne heure dans sa chambre, et le vieux garçon a aussi remarqué qu'elle ne laissait plus sa clef sur sa porte.

La gouvernante suit une autre marche, mais qui a évidemment le même but. Elle est sans cesse sur le dos de son maître ; il ne peut faire un pas, aller dans une chambre sans que madame Grosbec le suive des yeux. S'il cause avec Marie, la gouvernante a mille prétextes pour entrer, sortir et être sans cesse à ses côtés ; la nuit même elle ne ferme pas l'œil, afin de surveiller toutes les actions de son maître.

Placé entre la jeune fille qui l'évite, et la vieille qui l'espionne, Bellepêche voit bien qu'il atteindra difficilement le but qu'il s'est proposé. Cependant la collation et le vin muscat avaient produit de forts bons effets ; le séducteur aurait été téméraire, il s'était senti capable de faire des prouesses ; il était donc bien malheureux que l'occasion ne se présentât plus de renouveler le souper, et surtout le tête-à-tête.

Chaque jour Marie s'informait si madame de Stainville était revenue. Bellepêche lui répondait qu'elle était toujours absente. Mais il sentait bien que ses réponses finiraient par sembler suspectes à celle qui n'était venue chez lui que provisoirement. Alors Marie pouvait le quitter, le fuir comme elle avait fui Daulay, et il en aurait été pour ses dépenses, ses sacrifices, les propos de madame Grosbec, et les regards malins de son portier ; le vieux garçon jure qu'il n'en sera pas ainsi.

— Je ne réussirai jamais chez moi, se dit un matin Bellepêche en admirant dans une glace le beau nœud de sa cravate. Mais qui m'empêche d'être heureux ailleurs ?... Oh! quelle idée délicieuse... comment ne l'ai-je pas eue plus tôt!... Il est vrai que j'en ai eu tant d'autres depuis mon voyage en Suisse... Mais aujourd'hui même je la mets à exécution.

En déjeunant, Bellepêche dit à Marie :

— Ma belle demoiselle, depuis que je vous promène dans Paris, je n'ai pas encore songé à vous mener au Jardin des Plantes, où il y a des animaux ; on voit des ours, des biches, des lions, des léopards ; on leur donne à manger. C'est très-gai, très-varié ! c'est là que se réunit la meilleure société de Paris. Si vous le voulez, aujourd'hui nous réparerons cet oubli.

Marie, qui ne cherchait que des occasions de plaisir et de distraction, accepte la proposition de son hôte. Elle s'occupe sur-le-champ de sa toilette, et bientôt elle se présente à Bellepêche, ravissante de fraîcheur, de charmes et de coquetterie. Ce n'était pas pour son conducteur que Marie se faisait si jolie ; mais elle était femme, et elle s'étudiait à plaire. En devenant duchesse, elle pensait que ce serait sa seule occupation.

Bellepêche se sent plus enflammé à l'aspect de celle dont il se flatte d'être l'heureux vainqueur ; mais il cache ses transports pour ne point éveiller les soupçons de Marie.

Madame Grosbec est dans un coin du salon, qui regarde d'un air colère la jolie toilette de Marie.

— Allez nous chercher une voiture ! crie Bellepêche en se tournant vers sa gouvernante ; ma nièce ne peut sortir à pied... le pavé est gras.

Au lieu de faire ce qu'on lui dit, madame Grosbec va s'asseoir dans une bergère.

— Je vous demande une voiture, un fiacre, madame Grosbec, répète Bellepêche en faisant tourner ses deux poings pour imiter le roulement d'un carrosse.

— Oui, je vois bien que vous allez sortir, dit la gouvernante d'un air railleur. Oh ! vous promenez votre nièce ; Dieu merci, elle en a de l'agrément !

— Madame Grosbec, une voiture... et sur-le-champ, reprend Bellepêche en allant placer sa bouche sur l'oreille de la vieille fille. Celle-ci fronce le sourcil en murmurant :

— Une voiture...
— Oui.
— Pourquoi faire?
— Pour ne point aller à pied, apparemment.

— Je ne sais pas où il y en a.
— Vous vous en informerez.
— D'ailleurs, il ne pleut pas.
— Ah !... je vous dis qu'il me faut une voiture... et que vous irez en chercher une... quand j'ai donné un ordre, vous savez bien qu'il faut qu'on l'exécute.

Madame Grosbec regarde son maître et prend une prise de tabac. Alors celui-ci exaspéré saisit sa gouvernante par le bras, la fait sortir du salon..., et sort avec elle pour aller chercher une voiture.

Un fiacre vient, ramenant Bellepêche et madame Grosbec, qu'on a beaucoup de peine à décider à en descendre. Enfin, le vieux garçon est allé chercher Marie; il la fait monter en voiture, et se fait conduire avec elle au Jardin des Plantes.

Là, le conducteur de Marie s'érige en véritable cicerone, il fait parcourir à la jeune fille toutes les parties du jardin, lui fait voir les animaux, les plantes et le cabinet d'histoire naturelle. Rien n'est oublié, tout est examiné avec un soin minutieux, et Marie ne trouve pas le temps long, parce qu'elle voit pour la première fois à Paris quelque chose qui l'amuse et captive son attention.

Cependant nos promeneurs ont passé près de quatre heures au Jardin des Plantes; ils songent à le quitter; et Bellepêche dit :

— Cette promenade m'a donné un grand appétit... c'est comme lorsque je faisais des excursions dans les montagnes de la Suisse... j'avais une faim dévorante... j'aurais mangé un daim !... On en mange beaucoup en Suisse... c'est très-bon rôti... avec un filet de citron.

— J'ai très-faim aussi, dit Marie.

— Ah ! fort bien... c'est là que je voulais en venir ! Parbleu, au lieu de retourner chez moi... et il y a loin ; qui nous empêche de dîner par ici ?...

— Comment ! est-ce qu'on peut dîner hors de chez soi ?

— Certainement, belle Marie ; à Paris il y a des restaurateurs dans tous les quartiers... c'est même d'un fort bon genre d'y mener des dames... et par ici, sur le boulevard neuf, il y a des restaurants où l'on est très-bien, où il y a surtout d'excellentes matelottes... Je crois que vous l'aimez ?

— Oui, monsieur.

— Voulez-vous que nous dînions sur le boulevard voisin?
— Tout ce que vous voudrez, monsieur.
— Allons-y, en ce cas. Je vous réponds que nous y dînerons fort bien. Oh! je connais les bons endroits.

Bellepêche est rayonnant. Marie se laisse conduire sans aucune défiance, car elle croit que les traiteurs de Paris sont comme les auberges de village, et elle ne suppose pas à son compagnon d'autre intention que de faire un bon dîner.

On arrive chez un traiteur des boulevards neufs. La maison est sur le devant, et on aperçoit un jardin sur le derrière. Une petite femme, qui a l'air d'être excessivement complaisante pour le public, vient au-devant du monde qu'elle aperçoit en faisant force révérences, et s'écriant comme les paillasses des petits spectacles :

— Entrez, monsieur et madame, vous serez bien servis, vous trouverez tout ce qui vous fera plaisir... J'ose me flatter que vous ne serez pas mécontents... la cuisine est très-bien fournie... Donnez-vous donc la peine d'entrer.

Marie ne peut s'empêcher de sourire, car elle se rappelle le Tourne-Bride et se dit :

— Monsieur Gobinard aimait bien quand il lui venait du monde! mais il n'en a jamais tant dit que cela aux passants.

C'est Bellepêche qui porte la parole, Il entre sous un vestibule, en tenant toujours Marie sous son bras; et il regarde la dame du restaurant d'un air très-significatif, tout en lui disant :

— Madame, nous voudrions dîner... et fort bien dîner... je ne regarderai pas au prix... surtout d'excellents vins!... Nous prendrons du champagne... dès le second service.

— Monsieur sera satisfait du nôtre!... Il mousse et il part que c'est une bénédiction !... Il nous a déjà taché trois plafonds et cassé trente bouteilles... mon mari en est enchanté... Où désirez-vous dîner ?

Bellepêche fait jouer son œil et ses sourcils, mais Marie répond :

— Dans le jardin... il me semble que c'est plus gai.

— Oh! madame, je ne vous y engage pas, s'écrie la petite femme qui a compris les clignements d'yeux du monsieur... D'abord, la saison n'est pas propice... Il fait froid; et puis, dans le jardin, nous avons des soldats qui boivent. Je crois que leur société ne vous conviendrait pas...

— Fi donc! fi donc! s'écrie Bellepêche, ces gens-là disent tout ce qui leur passe par la tête. Mettez-nous...

— Dans votre salon, alors, dit Marie.

Bellepêche cligne toujours des yeux. La petite femme reprend :

— Ah! mon Dieu, mais j'y songe... je n'ai plus de place dans a salle... toutes les tables sont occupées... C'est étonnant comme j'ai du monde aujourd'hui!... Mes cabinets sont pris aussi... tout est pris!...

— Alors, madame, ce n'était pas beaucoup la peine de nous engager à entrer, dit Marie en se disposant déjà à rebrousser chemin. Mais la femme l'arrête en s'écriant :

— Permettez, permettez!... avec des gens comme il faut il y a toujours moyen de s'arranger ; savez-vous ce que je vais faire, je vais vous donner ma chambre ; elle a vue sur le jardin, vous y serez parfaitement... vous pensez bien que je ne la donnerais pas à tout le monde... mais on voit bien à qui l'on a affaire.

— Va pour votre chambre! dit Bellepêche en souriant.

— O mon Dieu! cela m'est bien égal, dit Marie.

Et la petite femme fait monter son monde au premier, et leur ouvre une pièce dans laquelle il y a un lit, et Marie ne trouve pas cela extraordinaire, puisque la femme du traiteur a prévenu que c'était *sa chambre*, et Bellepêche se frotte les mains, en se disant : — Voilà un dîner qui me coûtera cher!... mais cette fois je veux que mon argent me rapporte.

Bellepêche commande un dîner succulent. Il ne lésine sur rien ; il veut des truffes, des petits pieds, des vins fins. Il est lancé ; il devient un Sybarite. Les avares se montrent quelquefois prodigues ; d'ailleurs, le vieux garçon a ses raisons pour en agir ainsi, et lorsque Marie lui disait : — Mais, monsieur, vous demandez trop de choses!... il lui baisait la main en répondant :

— C'est la première fois que nous dînons ensemble chez un traiteur, je veux qu'elle fasse époque dans ma vie.

— Mais si vous mangez trop, vous vous ferez du mal...

— Je veux me faire du mal!... c'est mon bonheur à moi!... je veux me livrer à mille folies...

— Comment! monsieur...

— Surtout, je vous en prie, ne me parlez pas de la Suisse...

Oh! je ne veux pas entendre parler de la Suisse en dînant, ça me distrait trop... ça m'empêche de manger.

Et Bellepêche se verse force rasades, et il fait son possible pour égayer, pour animer Marie; mais la jeune fille ne cède point aux sollicitations du célibataire, dont les instances commencent à lui paraître singulières, et qu'elle trouve plus ridicule qu'à l'ordinaire.

Pendant que dans la chambre du premier on demandait les mets les plus délicats et les vins les plus généreux, dans le jardin avait lieu un autre écot. Trois soldats, assis contre une table, avaient devant eux une bouteille, un pain, des verres et une énorme omelette.

C'était Carabine qui avait reçu quelque argent de son pays et s'était promis de le manger avec ses camarades. Il ne lui avait pas été difficile d'entraîner Fleur-d'Amour avec lui; il avait eu plus de peine à décider Pierre à les accompagner; cependant il y était parvenu, et, après s'être promenés au Jardin des Plantes, endroit favori de Fleur-d'Amour, les trois soldats étaient entrés pour se rafraîchir dans le jardin d'un restaurateur, où Carabine avait voulu régaler ses deux camarades.

— L'omelette est bien faite, tout de même! dit Carabine en se coupant un énorme morceau de pain, on est trrrès-bien serrrvi *dans* ce rrrestaurrrateur.

— Oh! à Paris, on perfectionne les omelettes! dit Fleur-d'Amour; on m'a même assuré qu'on en faisait sans œufs quand ils sont rares.

— Ah! bah!... et alors comment donc qu'on fait ces omelettes-là?

— C'est tout simple, on ne les fait qu'au lard, probablement!

— Ah! parrrbleu! tu as deviné la chose... sers donc, Fleur-d'Amour.

Fleur-d'Amour donne une petite portion à Carabine, une bouchée à Pierre, et prend pour lui tout ce qui reste dans le plat en disant : — Il est inutile d'en laisser au traiteur... ces gens-là sont déjà trop nourris.

— Mais tu en donnes bien peu à Pierre?

— Je lui en donne encore trop, puisqu'il ne mange pas... tu vois bien qu'il est retombé dans ses idées noires, dans sa *sombrerie*... Allons, Pierre, voyons... tiens-nous donc tête, sacrebleu!

Pierre passe sa main sur son front et s'efforce de sourire en répondant :

— A votre santé, camarades !

— A la tienne !... Tiens, il n'y a plus de vin... Carabine, est-ce que tu aurais l'idée d'en demander une autre bouteille?

— Je le crrrois bien !... je suis en fonds... il est là le bourrrsicaut !... Holà ! du vin !

On apporte du vin aux trois soldats. C'est toujours Fleurd'Amour qui verse et il ne se ménage pas. L'omelette est mangée, il n'en reste plus vestige sur le plat. Fleur-d'Amour bat la retraite avec sa fourchette en disant : — Elle était bonne l'omelette... mais elle était bien petite.

— En veux-tu une autrrre? dit Carabine.

— Je le veux bien, parce que je vois que ça te fera plaisir.

— Garrrçon ! une seconde omelette... la même chose... mais meilleurrre.

— Nous faisons un joli repas ! reprend Fleur-d'Amour, mais ça ne vaut pas celui de mamselle Félicité... Ah ! Dieu ! c'est là que nous avons fait une bombance à cheval !... des plats de toutes couleurs ! des vins de toute façon !... des liqueurs à boire ses moustaches... t'en souviens-tu, Pierre ?

— Oui... oh ! oui, je m'en souviens ! reprend le jeune soldat en poussant un profond soupir.

— Pourrrquoi donc que vous ne m'avez pas mené là ? dit Carabine, j'aurrrais tenu ma place avec agrrrément.

— Ah ! pourquoi !... demande à Pierre ; et les événements, donc !... il y en a eu de fameux ! Moi qui croyais que le camarade y allait tout simplement dans l'intention d'en conter à mamselle Félicité !... j'étais dedans... c'était pas ça. Pierre avait là sa belle, son objet, sa payse, quoi ! qui se trouvait être la maîtresse de sa domestique, qui l'avait enlevée... et qu'il voulait la ravoir... comprends tu, Carabine?

— Oui, oui... Ah ! pourrrtant non, je ne comprends pas.

— Eh bien ! voilà ce qui fait que nous ne sommes pas retournés chez mamselle Félicité... A ta santé... Tiens, il n'y a plus de vin... aurais-tu la fantaisie d'une autre bouteille?

— Cerrrtainement ! puisque je te dis que je suis en fonds !... Garrrçon ! du vin.

On apporte du vin et une seconde omelette que Fleur-d'Amour fait disparaître en très-peu de temps, et dont il n'a point jugé nécessaire d'offrir à Pierre, qui est retombé dans ses réflexions.

— Et sa bonne amie, la rrra-t-il? demande Carabine en se bourrant de pain, tandis que son camarade achève le plat.

— De quoi? de qu'èst-ce? quelle bonne amie que tu veux dire?

— La celle de Pierre?

— Eh non! il l'avait retrouvée, mais je te dis qu'il l'a reperdue, et voilà le pourquoi de son air sauvage et pénible... A ta santé, Carabine. Tu ne veux plus rien demander?

— Moi... si fait, toujours... si nous prrrissions encorrre une omelette?

— J'y consens, parce que je m'aperçois que tu l'aimes.

— Garrrçon! une troisième omelette, et de plus en plus meilleurrre.

— Carabine, je t'estime, parce que tu es un bon enfant.

— C'est mon devoir.

— Et que tu ne manges pas vilainement ton argent en égoïste quand tu en as.

— Les camarrrades avant tout.

— C'est bien ça. Aussi quand je recevrai de l'argent de mes parents, je te rendrai la pareille.

— Il me semble que tu m'as dit que tu n'avais pas de parents.

— C'est vrai; mais ça ne fait rien... il peut m'en arriver... le hasard... A ta santé... Voyons, Pierre, bois donc... que diable!... un soldat ne doit pas se dépérir pour une femme. Moi, je ne vois plus mamselle Joséphine... eh ben! est-ce que ça m'empêche de manger?... jamais!... Ah! voilà l'omelette... elle sent encore plus bon que les autres.

— Veux-tu que je serve? dit Carabine en respirant avec satisfaction le fumet de l'omelette.

— Non!... non... tu ne sais pas découper!... tu te brûlerais les doigts... Avec moi, c'est fait en deux temps.

Effectivement, Fleur-d'Amour, qui a l'air de faire des tours de passe-passe avec les omelettes, fait encore disparaître celle-ci pendant que Carabine goûte au petit échantillon qu'il lui a servi.

— Oui, reprend Fleur-d'Amour en se couchant à demi sur la table pour que son camarade ne voie plus le plat. Oui, j'ai lâché Joséphine, et je n'en ai point de regret : c'était une fille avaricieuse, qui ne m'engageait presque jamais à aller la voir dans sa cuisine, sous prétexte que ses bourgeois lui faisaient des scènes ; je ne tiens pas à un bouillon... mais je veux des procédés. A ta santé... et toi, Carabine, qu'as-tu fait de la grosse?...

— Qui ça... Adélaïde?...

— Oui, je crois que c'était son nom propre.

— Ah! ben, nous sommes fâchés aussi, parrrce qu'un jour qu'elle avait affairrre chez un cousin, elle m'a donné son petit à garrrder... Tu sais, ce petit Auguste qui se perrrdait souvent.

— Oui!... un gaillard qui buvait de l'eau-de-vie... qui voulait déjà fumer! Dieu! que cet enfant promettait pour l'esprit!... Eh ben! est-ce que tu l'as perdu tout à fait, toi?

— Non, au contrairrre, je le garrrdais forrrt bien; l'enfant se plaisait même beaucoup avec moi; si bien que deux jours aprrrès, Adélaïde me prrria encorrre de le prrromener pendant qu'elle irait chez une tante; puis encorrre le jour suivant, pendant qu'elle allait chez un oncle. Finalement, je me dis : Alorrrs je ne suis plus soldat, je suis bonne d'enfant. Mais je ne crois pas qu'on devienne coronel en promenant des moutards ; c'est pourquoi je dis alors à Adélaïde : Chèrrre amie, vous prrromènerez l'enfant vous-même, moi j'en ai assez! Là-dessus elle se *fâchit*, et je la *lâcha!*...

— Tu as bien fait, Carabine, on doit des égards et des complaisances au beau sexe, mais, cependant, le défenseur de la patrie ne doit pas se changer en aiguille à tricoter... A ta santé !

— Eh ben !... où qu'est donc l'omelette?...

— L'omelette !... finie... avalée! tu l'as mangée depuis longtemps !

— Je l'ai mangée ! tu crrrois... c'est drrrôle ! je ne m'en suis pas aperçu !...

— Parce que tu parlais en mangeant... Quand on cause en mangeant, vois-tu, on avalerait un bœuf sans s'en apercevoir.

— Ah ! c'est donc cela !...

— Si elle ne t'a pas rassasié pourtant, et que tu en désires une quatrième... tu es toujours le maître et nous sommes là pour t'obéir !

— Ah ! ma foi, non... puisque je mange sans m'en apercevoir, c'est pas la peine.

14.

— Je pense que tu as raison, et que trop d'omelette te ferait du mal; mais je t'engage à boire par dessus...

— Oh! ça me va... Tiens, il n'y a plus de vin...

— Si tes désirs t'excitent à demander une autre bouteille, je ne te contrarierai point dans tes idées.

— Oui, oui, je veux boirrre... comme tu dis, ça me ferrra couler l'omelette que j'ai mangée en causant... Holà!... garrrçon! du vin!...

— Camarades!... écoutez donc, dit Pierre en sortant tout à coup de sa rêverie, il me semble que j'entends une voix de femme... tout près de nous...

— Qu'est-ce qu'il y aurait d'étonnant qu'il y eût des femmes chez ce traiteur? répond Fleur-d'Amour en se versant à boire, en vient dîner ici avec son amoureux... Mais nous ne voyons plus clair... finissons vite cette bouteille, puis en route, car nous sommes loin de la caserne... Bois donc, Pierre.

Carabine trinque avec Fleur-d'Amour; mais Pierre ne boit pas, il écoute, car cette voix qu'il a cru entendre lui a causé une émotion dont il ne peut se rendre compte. Bientôt on ouvre une fenêtre au premier étage dans une pièce où il y a de la lumière, une femme paraît contre la croisée et prononce fort distinctement ces mots :

— Laissez-moi, monsieur, laissez-moi! ou mes cris attireront bientôt du monde ici!... Votre conduite est infâme! je veux m'en aller sur-le-champ.

Pierre n'a pas entendu la fin de ces derniers mots, et déjà il est sur le mur; il grimpe après un treillage, le bois casse sous ses pieds; mais il s'accroche à tout, il monte toujours, il atteindra la fenêtre, car il a reconnu la voix de Marie, de Marie qui est en danger, qui implore du secours, et qu'il va sauver encore.

En effet, pendant que ses deux camarades ébahis le regardaient grimper au mur, Pierre est parvenu à la fenêtre du premier et il saute dans la chambre au moment où M. Bellepêche, qui venait de ressaisir Marie, cherchait à se porter aux plus coupables excès, parce que le champagne, qu'il avait bu à triple dose, avait fait de lui un profond scélérat.

A l'aspect de ce soldat, qui semble tomber du ciel pour arriver par la fenêtre, Bellepêche reste pétrifié; la jeune fille profite de son étonnement pour s'échapper de ses bras et se réfugier dans ceux du soldat, qu'elle a sur-le-champ reconnu.

— Pierre! Pierre!... s'écrie Marie. Ah! je ne crains plus rien à présent.

— Oui, Marie, c'est moi!... c'est Pierre qui remercie le ciel de l'envoyer toujours près de vous quand il vous faut un défenseur.

— Ah ça! que ce soit Pierre ou Paul!... balbutie Bellepêche en revenant de sa première surprise, je trouve très-singulier qu'on se permette d'entrer par la fenêtre... lorsque je dîne en tête-à-tête avec une jolie demoiselle... Dans ce cas-là, on ne doit pas même entrer par la porte!... C'est indiscret... Soldat, vous allez sortir par où vous êtes venu... sinon, je me porte à des extrémités... Prenez garde!... j'ai la tête montée!... je ferais reculer une armée!...

Bellepêche, qui était rouge comme un homard, et roulait des yeux animés par le vin, l'amour et la colère, s'avance vers Pierre, et fait un geste pour ramener Marie de son côté; mais, au même moment, le jeune soldat, d'un coup de poing qui sentait encore le laboureur, repousse Bellepêche et l'envoie tomber sur la table qui était au milieu de la chambre, et chargée des débris du dessert. Bellepêche était colossal, et son état d'ivresse devait rendre sa chute encore plus lourde; la table ne peut supporter un aussi rude choc, elle se renverse, le gros homme tombe dessus, et il écrase sous lui deux assiettes, un compotier, une bouteille, deux verres, trois poires, une pomme d'api et cinq biscuits de Reims.

Les fruits et les biscuits s'écrasèrent sans faire beaucoup de mal à Bellepêche; mais il n'en fut pas de même des assiettes et des verres, et lorsqu'il se sentit entrer en différents endroits de son corps des morceaux de porcelaine et des tessons de bouteille, le gros monsieur ferma les yeux en criant qu'il était mort.

— Ah! mon Dieu! dit Marie, si vous l'avez tué... qu'allons-nous devenir?

— Et non!... non... il n'a que quelques contusions sans doute... Mais n'importe, il ne faut pas rester ici... il faut nous éloigner promptement...

— Oh! oui, sauvons-nous, sauvons-nous bien vite... car je tremble qu'il ne nous arrive malheur...

Pierre serait bien redescendu par la fenêtre; mais il sent que

Marie ne peut prendre ce chemin. La jeune fille a déjà ouvert la porte; elle regarde dans le couloir, et ne voit personne.

— Venez vite, dit-elle à Pierre, dépêchons-nous... Mais que dira-t-on en bas en me voyant sortir avec vous?

— Donnez-moi le bras, ne tremblez pas, Marie, et je vous réponds qu'on ne se permettra pas de vous rien dire.

La jeune fille suit le conseil de son défenseur. Elle prend le bras de Pierre et descend avec lui. Sous le vestibule, ils rencontrent la dame obligeante qui a bien voulu prêter sa chambre.

— Ce monsieur dort, lui dit Marie, et, pendant son sommeil, je vais me promener un peu avec mon cousin.

— Votre cousin! répond la petite femme en souriant, ah! très-bien... très-bien, je comprends!... Allez, mais par prudence, ne soyez pas trop longtemps.

Pierre et Marie ne lui répondent pas, ils sont déjà dehors. Ils marchent très-vite, n'échangeant encore que quelques paroles.

— Chère Marie!... que je suis heureux de vous avoir sauvée!...

— Ah! Pierre, quel bonheur pour moi que vous ayez été là!

— Mais pourquoi aviez-vous quitté cette bonne madame Dumont, chez laquelle je vous avais conduite?

— Mon Dieu!... j'étais sortie... pour me promener... je m'ennuyais, vous ne veniez pas.

— Ce n'était pas ma faute, j'étais à la salle de police.

— J'ai rencontré M. Bellepêche; c'est un ami de madame de Stainville, il était avec moi à sa campagne. J'étais enchantée de cette rencontre; car je pensais qu'il allait me conduire chez ma protectrice; mais il m'a dit qu'elle était aux eaux; puis, que M. Daulay était chez elle... Enfin il m'a proposé d'attendre chez lui que madame de Stainville fût revenue des eaux... et j'ai accepté!...

— Ah! mademoiselle, quelle imprudence!

— Mais pouvais-je me douter, moi, que ce monsieur, qui serait mon père... qui a l'air respectable, se conduirait de même que M. Daulay?... Mais les hommes sont donc tous des polissons à Paris?

— Ah! mademoiselle Marie... vous êtes si jolie!... On dit que vous serez fort riche, voilà pourquoi tous les hommes vous font la cour.

— Oh! désormais je prendrai bien garde!... je me méfierai de tout!... Mais je n'en puis plus... Ah! voilà qu'il pleut à présent!... Quel dommage! j'ai un si joli chapeau!... il va être abîmé...

— Eh bien... tenez, mettons-nous à l'abri sous cette porte cochère.

— Ah! oui, je le veux bien... car ce serait grand dommage de gâter mon chapeau.

Le soldat et la jeune fille entrent sous la porte d'une belle maison, devant laquelle est arrêté un joli cabriolet dans lequel est étendu un petit jockey. Il faisait alors nuit, la pluie commençait à tomber avec force, et le vent qui soufflait était très-froid.

— Où allez-vous me mener, demande Marie à son conducteur.

— Mais... chez la mère Dumont.

— Ah! j'aimerais bien mieux aller chez madame de Stainville; car sans doute on m'a trompée, et elle est à Paris.

— Je veux bien vous conduire chez elle... savez-vous son adresse maintenant?

— Mon Dieu non! ce vilain Bellepêche ne me l'a pas dite! Toutes les fois que je la lui demandais il se contentait de me répondre :

— C'est fort loin, c'est une rue que vous ne connaissez pas; mais je vous y conduirai moi-même.

— Alors, puisque vous ne savez pas où c'est, vous voyez bien qu'il faut aller chez la mère Dumont.

— Mais c'est que... moi... je m'ennuie beaucoup chez votre ravaudeuse.

— Rassurez-vous, Gaspard doit venir demain à Paris, il me l'a fait dire. Il sait l'adresse de votre protectrice, et dès demain il vous conduira chez elle.

— Oh! tant mieux... en ce cas, allons chez la mère Dumont... Mais c'est encore bien loin d'ici!... et la pluie redouble... et mon pauvre chapeau serait gâté... et il est bien gentil.

— Je ne veux pas que vous alliez à pied... le temps est trop mauvais... nous allons prendre une voiture.

— Oh! je le veux bien ; d'ailleurs j'aime beaucoup à aller en voiture.

— Si ce cabriolet pouvait nous mener...

— Demandez au cocher, il est dedans.

Pierre s'approche du cabriolet, et dit au petit jockey :

— Voulez-vous nous conduire?... nous avons une course à faire...

— Pour qui donc me prenez-vous? répond le jockey avec insolence, est-ce que vous ne voyez pas à qui vous parlez?...

— Ah! pardon!... ne vous fâchez pas! dit Pierre, puis il retourne à Marie qui lui dit :

— Veut-il nous conduire?

— Non, il paraît qu'il ne fait pas de courses, celui-là. Mais attendez-moi un moment ici, Marie, je vais courir chercher une voiture...

— Ne soyez pas longtemps... car il fait froid... et on n'est pas bien sous cette porte.

— Soyez tranquille... je vais courir... il doit y avoir des fiacres par ici... Oh! je vais être bientôt revenu.

Pierre se met à courir en regardant toujours à droite et à gauche s'il verra des voitures arrêtées, mais il pleuvait avec violence et l'on sait que, lorsqu'il fait de l'orage, il n'y a plus de fiacres sur les places. Le soldat criait à chaque voiture qu'il rencontrait :

— Êtes-vous libre?... voulez-vous me mener?...

Les cochers faisaient un signe de tête négatif et continuaient leur chemin. Le pauvre Pierre était désolé, car il sentait bien que plus il courait et plus il s'éloignait de Marie, qui était seule sous une porte cochère. Cependant il ne voulait pas revenir sans voiture, et il allait toujours, s'arrêtant pourtant quelquefois pour bien regarder le chemin qu'il prenait, la rue où il était, afin de retrouver sa route pour revenir; car, connaissant fort peu Paris, il ne savait pas le nom de la rue dans laquelle il avait laissé Marie.

Enfin, au détour d'une rue, Pierre aperçoit un fiacre arrêté. Il court au cocher, qui avait l'air de chercher du foin pour ses chevaux, et lui dit :

— En route, cocher; marchons vite, vite; on m'attend...

— Oh! en route!... vite, vite!... et mes chevaux qui n'ont pas mangé depuis ce matin... ils ont faim.

— Mais je vous dis qu'elle m'attend... Partons, cocher... partons tout de suite.

— Mon brave, vous ne savez pas que de ce temps-ci, nous autres, nous faisons nos conventions.

— Je vous payerai bien, tout ce que vous voudrez... Tenez, voulez-vous cent sous tout de suite? les voici; mais, par grâce, marchons!

— Ah! c'est différent! v'là un langage que je comprends... Écoutez donc, les orages c'est notre récolte, à nous. Montez... nous allons filer... Où allons-nous?...

— Nous allons... nous allons, mon Dieu! je ne sais pas le nom de la rue... mais je sais bien où je l'ai laissée...

— Où vous avez laissé quoi?...

— Une dame qui m'attend sous une porte cochère.

— Diable, elle sera un peu humide de ce temps-ci...

— Écoutez, je vais monter sur le siége à côté de vous; et comme cela je vous indiquerai le chemin qu'il faudra prendre.

— Je le veux bien; mais par le temps qu'il fait, vous seriez mieux dans l'intérieur que sur mon siége! avec ça que vous êtes déjà trempé et que vous n'avez pas comme moi un carrick en toile cirée.

— Oh! qu'importe que je sois mouillé!... C'est elle qui doit s'impatienter! Partons, partons...

— Montez, mon camarade.

Pierre monte sur le siége, le cocher se place à côté de lui; il fouette ses chevaux, la voiture part. L'orage redoublait, la pluie tombait par torrents, mais Pierre ne semblait pas s'en apercevoir, il n'était inquiet que du chemin à prendre pour retrouver Marie; sa main guidait sans cesse le cocher; il lui disait :

— Par là... par là... à gauche... puis à droite.

Et le cocher fouettait ses chevaux, tout en jurant après la pluie qui lui battait le visage.

On arrive dans la rue où Pierre a laissé Marie; le jeune soldat dit au cocher :

— Je reconnaîtrai bien la porte cochère, car il y avait un cabriolet arrêté devant.

— Ah! ben! si vous n'avez que c't' indication-là, nous ne risquons rien!... Par le temps qu'il fait, le cabriolet peut être parti.

— C'est égal... je verrai bien Marie sur la porte.

— La porte... et si on l'a fermée?... C'est même étonnant, à la nuit, quand on en trouve encore d'ouvertes.

— Allez toujours... mon Dieu!... il me semble pourtant que c'était par ici... et je ne vois pas ce cabriolet... point de porte ouverte...

— Fallait prendre le numéro, c'était bien plus simple.

— Je n'y ai pas pensé... Attendez... il me semble que nous passons...

— Faut donc retourner?...

— Non...

— Faut donc arrêter?...

— Non... si...

— Ah ben! décidez-vous; les chevaux, c'est pas comme les hommes, voyez-vous.

— Mon Dieu! ne la retrouverai-je plus?... Ah! laissez-moi descendre, je chercherai mieux à pied...

— Au fait, si vous vous arrêtez à toutes les portes cochères... descendez, mon camarade... Faut-il vous attendre là?

Pierre ne répond pas au cocher. Une fois descendu, il se met à courir, regardant chaque porte cochère, s'arrêtant, revenant sur ses pas, et appelant Marie de toute sa force, mais personne ne lui répond.

Pierre est désespéré; il court comme un fou, puis il revient dans la rue qu'il a quittée. Il reconnaît parfaitement celle où il a laissé Marie, il se décide à frapper à plusieurs portes cochères, on lui dit :

— Que demandez-vous ?

— Une jeune dame que j'ai laissée ici tout à l'heure pour aller lui chercher une voiture.

— Laissez nous donc tranquilles!... Est-ce que nous avons ici des femmes qui attendent des soldats?...

Pierre n'obtient pas d'autres réponses. Il passe plus de trois heures à courir les rues appelant toujours Marie et frappant encore aux portes cochères, où il n'est pas mieux reçu. Le pauvre soldat est trempé par la pluie, et pourtant la sueur coule aussi de son visage. Il se sent frisonner, trembler, sa tête brûle, elle est en feu. Il ne peut se résoudre à retourner à la caserne, et pourtant il voit bien que c'est en vain qu'il appelle Marie.

— Perdue!... encore perdue! se dit-il en se frappant le front.

Tout à coup une espérance le ranime :

— Si Marie, ennuyée de l'attendre, était allée seule chez la mère Dumont?

Pierre se met à courir sans s'arrêter jusqu'à la rue de Crussol. Il arrive épuisé, en nage, ses habits trempés d'eau. La vieille femme s'écrie en le voyant :

— C'est vous, Pierre... Ah! mon Dieu!... dans quel état!

— Marie est-elle ici?... est-elle venue?... l'avez-vous vue?...

— Mademoiselle Marie, mais vous savez bien, mon ami, qu'elle m'a quittée un matin, et depuis ce jour...

— C'en est donc fait, plus d'espoir!... je l'ai encore perdue!... Adieu!... adieu, mère Dumont...

— Mais, mon ami, il faut aller bien vite changer... vous serez malade, j'en suis sûre...

— Eh, qu'importe, moi!... c'est Marie qu'il fallait retrouver... Adieu... demain... je la chercherai encore.

Pierre s'éloigne et retourne à sa caserne. On va l'envoyer à la salle de police, parce qu'il n'est pas rentré à la retraite; mais on s'aperçoit qu'il a la fièvre, qu'il peut à peine se soutenir, et c'est à l'hôpital qu'il est conduit.

Le jeune soldat est huit jours très-malade; il a une fièvre brûlante, et dans son délire appelle sans cesse Marie; enfin au bout de ce temps la nature l'emporte sur la maladie. Pierre est mieux, il recouvre sa connaissance, et la première personne qu'il aperçoit près de son lit est Gaspard, qui a obtenu la permission de venir veiller son ami.

— T'as joliment battu la tramontane! dit le paysan en serrant la main du soldat. Mais j'ons toujours dit : — Il en reviendra! parce qu'à vingt ans on ne dégringole pas sans se retenir!

— Y a-t-il longtemps que je suis ici, Gaspard?

— Neuf jours, mon garçon.

— Neuf jours!... Ah! Gaspard, quel dommage... j'avais retrouvé Marie et je l'ai de nouveau perdue!

— Eh bien! calme-toi, tu la retrouveras encore, tu vois ben qu'elle fait la navette, c't'e petite fille.

Pierre raconte à Gaspard toutes les circonstances de sa rencontre avec Marie et la manière dont il l'a perdue.

— Ah! c'est M. Grossepêche qui l'avait enlevée, c'te fois! dit le paysan. Oh! je me le rappelle bien aussi, celui-là... c'est un grand, gros, vieux, qui a le dessous des yeux tout soufflé!

Quand je te disais !... ils veulent tous avoir la petite duchesse !... Ah ! ah ! ah !...

— Tu ris, Gaspard, quand Marie est encore perdue !

— Je te dis qu'on la retrouvera, c'te fille ; mais je ris parce que tu es sauvé et que je suis content de voir que bientôt tu seras sur tes jambes. Allons, Pierre, ne te laisse pas aller au chagrin, ça ne mène à rien !... et d'ailleurs il faut bien se porter pour chercher une femme qui court toujours !...

— Tu as raison, Gaspard, je veux être homme enfin.

— Je vas retourner d'un pied léger jusqu'au pays, parce que j'y ai affaire. Mais je reviendrai bientôt te voir, et, pour célébrer ta convalescence, nous nous en repasserons queuques coups par la cravate.

Gaspard embrasse Pierre et s'éloigne. Quelques jours après le jeune soldat était dans sa caserne. Mais dès qu'il était libre, il allait se promener dans la rue où il avait laissé Marie.

CHAPITRE XXI

UN ROMAN A DEUX.

Pourquoi Pierre n'avait-il pas retrouvé Marie sous la porte cochère où elle devait l'attendre pendant qu'il courait chercher une voiture ? C'est ce qu'il faut aussi que nous sachions.

Marie grelottait, frissonnait en regardant tomber la pluie, et elle trouvait déjà que Pierre tardait beaucoup à revenir, lorsque tout à coup quelqu'un descendit un escalier derrière elle : c'était un monsieur mis avec élégance. Il passe près de Marie sans la voir, car il faisait déjà nuit ; puis il s'approche du cabriolet en criant : — Allons, Tony !

Le jockey baisse le tablier ; ce monsieur va monter dans son cabriolet lorsque Marie, qui a reconnu sa voix, s'écrie :

— Ah ! mon Dieu... monsieur le comte d'Aubigny !

C'était en effet le brillant Alfred qui venait de faire une visite dans la maison où s'était abritée Marie ; en s'entendant nommer, il s'arrête, aperçoit une femme et s'approche d'elle.

— Qui donc est là, qui me connaît ?...

— C'est moi, monsieur le comte!...
— Vous... eh mais! cette voix!... se pourrait-il?... c'est Marie... la charmante Marie...
— Oui, monsieur, c'est bien moi.
— Eh, mon Dieu! que faites-vous là... seule... sous cette porte?...
— Monsieur, il pleut tant; j'attendais une voiture.
— Mon cabriolet est tout à votre service.
— Comment! c'est votre cabriolet qui est là?
— Sans doute... mais vous êtes mouillée... vous tremblez, je crois...
— C'est que j'ai bien froid.
— Vous ne pouvez pas rester là!... cela n'aurait pas le sens commun... Montez donc dans mon cabriolet...
— Mais... c'est que... j'attendais... on devait revenir.
— Encore une fois, vous ne pouvez pas attendre là... ce n'est pas convenable... vous vous exposez à être insultée... d'ailleurs le portier va fermer sa porte; vous voyez qu'il s'y dispose; que ferez-vous dans la rue par le temps qu'il fait?
— Oh bien! alors... je vais monter avec vous... d'ailleurs il ne revient pas... il est peut-être encore à la salle de police.

Marie a dit ces derniers mots assez bas pour que le comte ne puisse les entendre. Celui-ci fait monter la jeune fille dans son cabriolet; il s'y place à côté d'elle, le petit Tony monte derrière, et le cheval est lancé.

— En vérité, je ne reviens pas encore de ma surprise, dit le comte tout en fouettant son cheval. Comment! c'est vous, mademoiselle, vous que l'on a crue perdue... enlevée!... qui avez disparu si subitement de la maison de campagne de madame de Stainville!... Savez-vous que pendant quelques jours on s'est imaginé que c'était moi qui vous avais fait disparaître!...

— Vous! monsieur... ah! on se trompait bien!
— Certainement qu'on se trompait, et personne ne le savait mieux que moi. Mais enfin il a dû vous arriver bien des aventures!
— Oh! oui, monsieur, et je vous les conterai si vous le voulez...
— Vous me ferez grand plaisir... Mon Dieu, cette pluie nous va dans la figure... heureusement nous voici arrivés...

— Où cela, monsieur?

— Mais chez moi... Ah, mon Dieu !... vous m'y faites penser ! Et moi qui ne pense pas à vous demander votre adresse, pour savoir où je dois vous conduire...

— Mon adresse, mais je n'en ai pas...

— Comment, vous ne demeurez pas quelque part?

— Non, monsieur.

— Ah! c'est fort drôle !... Et où donc comptiez-vous aller ce soir?...

— Je vous dirai tout cela, monsieur... Si vous vouliez me mener... me conduire chez madame de Stainville.

— Chez madame de Stainville? très-volontiers ! mais c'est bien loin d'ici ! rue Saint-Dominique, faubourg Saint-Germain.

— Je ne sais pas où c'est, monsieur.

— Et vous êtes mouillée... ce cabriolet ne vous abrite pas... Tenez, voulez-vous vous reposer un instant chez moi?... nous allons trouver un bon feu... et deux de mes amis qui doivent m'attendre pour dîner... je leur avais donné parole pour six heures; il en est plus de sept... Pendant que vous vous chaufferez, on ira chercher une voiture, puis je vous mènerai chez madame de Stainville... qui sera enchantée de vous revoir ! car elle vous croit perdue... morte même, et elle est désolée !... Eh bien! cela vous convient-il ainsi?

— Oui, monsieur, je le veux bien.

Le cabriolet s'arrête devant une fort belle maison de la rue d'Antin. La porte cochère s'ouvre, la voiture entre dans la cour, d'Aubigny descend, donne la main à Marie, et la fait monter par un superbe escalier jusqu'au second étage; un valet attendait avec de la lumière. La jeune fille se laisse toujours conduire par son guide, qui lui fait traverser plusieurs pièces meublées avec luxe ; enfin il s'arrête dans une chambre plus petite, toute tapissée en cachemire. Là le feu pétille dans une jolie cheminée gothique, là les pieds ne se posent que sur des tapis épais et soyeux ; des globes artistement travaillés sont suspendus au plafond, et recèlent une lumière douce qui a quelque chose de mystérieux ; des coussins disposés tout autour de la chambre invitent au repos, tandis que des glaces fixées au-dessus répètent l'image des personnes qui entrent dans ce délicieux séjour.

Marie s'assied près du feu en jetant les yeux autour d'elle, et l'on voit dans ses regards l'admiration que lui fait éprouver l'aspect de cet élégant boudoir.

— Chauffez-vous... mettez-vous là tout contre le feu, dit d'Aubigny en jetant de côté son surtout. Mais vos pieds sont mouillés...

— Oh! oui... mes jolis souliers sont perdus... j'en suis bien fâchée!

— Qu'importent les souliers!... c'est de vous qu'il faut s'occuper... je n'ai pas ici de souliers de femme, mais j'ai de délicieuses pantoufles fourrées, dans lesquelles vos petits pieds se sècheront... Legris, apportez des pantoufles à madame.

Le valet de chambre s'empresse d'exécuter les ordres de son maître; Marie se laisse faire : elle chausse les pantoufles pendant que le comte dit à son domestique :

— Eh bien! où sont ces messieurs... au salon?

— Monsieur, ces messieurs se sont lassés d'attendre. Ils ont prétendu que vous les aviez invités pour six heures; ils ont attendu jusqu'à sept, et sont partis.

— Quoi, vraiment! Dalville et de Fombreuse?...

— Ils sont partis il y a dix minutes, monsieur.

— Ah! ah! c'est fort plaisant... Comment me trouvez-vous, mademoiselle Marie, j'invite du monde à dîner chez moi, puis j'oublie mes convives, et je ne rentre pas!...

— Moi, monsieur, je vous aurais toujours attendu.

— Oh! mais vous, c'est que vous êtes femme, et que vous êtes bonne... non que je veuille dire que vous êtes bonne parce que vous êtes femme!... A propos, avez-vous dîné?

— Oui, monsieur.

— Ah! c'est dommage, car je vous aurais priée d'accepter mon dîner.

— Vous n'avez donc pas dîné, monsieur?

— Non... j'ai oublié l'heure dans la maison où j'étais, et c'est bien pardonnable quand on est avec celle...

Le comte s'arrête, comme s'il pensait qu'il n'est pas convenable de prendre Marie pour sa confidente; celle-ci le regardait et semblait attendre la fin de sa phrase. D'Aubigny reprend :

— Je vous avouerai que j'ai très-faim!

— Mon Dieu, monsieur, dînez, ne vous gênez pas, je vous en prie, je puis très-bien attendre... Maintenant je ne suis plus sous une porte cochère.

— Oh! que vous êtes aimable! eh bien! je vais profiter de votre permission; mais afin de ne point vous quitter, si vous le permettez, je dînerai ici près de vous.

— N'êtes-vous pas le maître, monsieur?...

— Je ne le suis jamais lorsqu'une dame est avec moi. Legris!... servez-moi à dîner ici... Un seul couvert, madame ne veut rien prendre.

Legris s'empresse d'exécuter les ordres de son maître. Bientôt une petite table élégamment servie est apportée dans le boudoir, et placée près du feu. Marie regardait de temps à autre autour d'elle, comme pour s'assurer qu'elle ne rêvait point. Il lui semblait si extraordinaire d'être maintenant chez le comte d'Aubigny, qu'elle était forcée de rassembler les circonstances qui l'avaient amenée là, pour se dire qu'elle n'était pas le jouet d'un songe; cependant l'émotion qu'elle ressentait n'avait rien de pénible, et les battements précipités de son cœur n'étaient point causés par l'effroi.

D'Aubigny se met à table, puis il dit à Marie:

— Je n'ai point oublié que vous m'avez promis le récit de vos aventures... et je suis bien curieux de l'entendre... Si vous étiez assez aimable...

— Oh!... je ne demande pas mieux... Je vais vous dire tout ce qui m'est arrivé depuis que vous ne m'avez vue.

Marie commence son récit. D'Aubigny l'écoute avec attention; mais il l'interrompt pour s'écrier:

— Daulay!... qui l'aurait cru!... c'est Daulay qui vous avait enlevée!... Cet homme dissimule comme un traître de mélodrame! Pauvre madame de Stainville! si elle avait su cela... elle se serait peut-être repentie de vous avoir offert ses services. Mais continuez, je vous en prie.

Marie poursuit son récit, et le comte s'écrie bientôt:

— Ce Pierre est un brave garçon!... on voit qu'il vous est tout dévoué! Si j'étais colonel de son régiment, je l'avancerais, rien que pour ce qu'il a fait pour vous.

Marie continue de conter; lorsqu'elle arrive à ses aventures avec Bellepêche, d'Aubigny ne peut modérer l'excès de sa gaieté, il rit à en pleurer, en s'écriant:

— Comment! Bellepêche aussi! le vieux garçon est devenu un *Don Juan!...* un roué!... Oh! c'est pour en mourir... Pauvre Marie!... voilà les inconvénients de la grandeur: c'est votre futur titre de duchesse qui vous a fait faire ces deux conquêtes... car... permettez-moi de vous le dire, malgré votre charmante figure, je crois que ces messieurs n'auraient point songé à vous si vous étiez restée... ce que vous étiez autrefois.

— C'est ce que Pierre me disait aussi, monsieur.
— Il vous aime bien ce jeune homme-là.
— Il me l'a dit, monsieur...
— Il vous a connue lorsque vous n'étiez qu'une paysanne?
— Oui... et même alors... il a voulu m'épouser... mais je l'ai refusé... parce que... je n'éprouvais pas d'amour pour lui.

Le comte réfléchit quelque temps, et dit ensuite à Marie :

— Si vous m'en croyez, mademoiselle, lorsque vous serez chez madame de Stainville, vous ne lui parlerez pas de vos aventures avec MM. Daulay et Bellepêche.
— Pourquoi donc cela, monsieur?
— Parce que, dans le monde, il y a beaucoup de choses qu'il faut savoir pardonner. Madame de Stainville ne sera, certes, pas contente de savoir que M. Daulay vous avait enlevée... vous devez en comprendre le motif...
— Ah! vous avez raison, monsieur... je ne voudrais pas lui causer de peine... je ne parlerai point de M. Daulay.
— Fort bien ; mais si vous êtes généreuse pour l'un, pourquoi ne le seriez-vous pas pour l'autre? et, entre nous, la fin de l'aventure, la chute de Bellepêche au milieu des assiettes et des verres cassés, l'aura, je crois, suffisamment guéri de son envie de faire le séducteur!... Le pauvre homme se souviendra de la leçon!
— Si vous me le conseillez, monsieur, je veux bien aussi ne pas parler de la conduite de M. Bellepêche avec moi... mais, mon Dieu!... que dirai-je lorsque ma protectrice me demandera ce qui m'est arrivé... ce que je suis devenue depuis que je suis partie de chez elle?...

D'Aubigny sourit en disant :

— En effet, nous n'avions pas pensé à cela... Il faudra bien que vous disiez quelque chose... car le premier soin de madame de Stainville sera de vous questionner. Ma foi, alors... il faudra inviter un roman... une histoire... n'importe quoi... vous pourrez dire tout ce que vous voudrez, je vous garantis que MM. Daulay et Bellepêche se garderont bien de vous démentir.

— Mais, monsieur, c'est que je ne sais pas faire de romans, dit Marie en fixant ses beaux yeux sur le comte.

— Oh! c'est singulier! toutes les femmes savent en faire! Eh bien, écoutez, je vous aiderai... nous allons chercher tous deux ce que vous pourrez conter à madame de Stainville... Legris, ôtez-nous tout cela.

Le valet de chambre s'empresse d'enlever le couvert, la table, de refermer la porte du boudoir. Alors le comte revient s'asseoir près du feu, tout à côté de Marie, qui depuis longtemps n'avait plus froid.

— Voyons, faisons un roman à nous deux, dit d'Aubigny en regardant la jeune fille qui est près de lui, et qui baisse les yeux depuis qu'elle se voit seule avec le comte.

— Ce doit être une chose fort agréable que de composer un roman en société avec une jolie femme, reprend le comte en souriant.

— Je ne sais pas, répond timidement Marie, j'ignore ce que c'est qu'un roman...

— Je vais vous l'expliquer : on appelle ainsi des aventures imaginaires que l'on compose, et que l'on imprime pour récréer ce pauvre monde, qui a tant besoin d'être amusé. Mais quelquefois aussi, dans un roman, l'auteur ne raconte que ce qu'il a vu, ce qu'il a observé; ses caractères sont pris dans le monde, dans la société; alors il les fait parler naturellement, et comme parleraient les personnages eux-mêmes; il ne donne point à un paysan le langage d'un marquis, à une grisette le bon ton d'une dame, il ne prête point à ses héros des vertus que l'on ne rencontre jamais dans le monde; il n'entasse pas non plus crime sur crime, et forfaits sur forfaits, parce que, grâce au ciel, les criminels sont aussi des exceptions, et qu'il prend ses tableaux dans la généralité; enfin, il peint les mœurs de l'époque avec le langage de l'époque, et ne juge pas nécessaire de fouiller dans un dictionnaire de vieux mots, et d'y prendre des expressions qu'on n'emploie plus pour parler d'objets qu'on emploie encore. Celui-là ne s'adresse pas spécialement à une classe en disant : J'écris pour vous qui savez me comprendre; il tâche d'être compris par tout le monde; et, s'inquiétant peu des critiques pédantes ou des injures grossières de ces aristarques qui méprisent le naturel parce qu'ils ne peuvent y atteindre, il poursuit sa carrière, persuadé que, dans tous les genres, il n'y a de vrais succès que pour le vrai mérite; rendant hommage au talent partout où il le trouve, et ne demandant pour lui que la justice qu'il rend aux autres.

— Je ne comprends pas encore ce qui me regarde dans tout cela, dit Marie en levant un peu les yeux sur d'Aubigny.

— Ah! pardon, pardon, mademoiselle!... je me laisse aller à une digression qui n'a aucun intérêt pour vous. Revenons à notre sujet... ou plutôt cherchons notre sujet, puisque c'est cela qui nous manque. Un roman est souvent un conte... Faisons donc un conte pour madame de Stainville.

— Un conte, je comprends cela beaucoup mieux.

— Il est permis de mentir lorsque c'est pour éviter une peine à quelqu'un. Vous pourrez donc sans remords mentir à madame de Stainville.

— Mon Dieu... je vous ai déjà dit... que je me conduirai comme vous me le conseillerez.

— Vous êtes vraiment trop aimable... Mais revenons à notre roman. Ordinairement, dans ces ouvrages-là, c'est l'amour qui forme le fond de l'intrigue.

— L'amour! répond Marie en baissant de nouveau les yeux.

— Sans doute... Quoi de plus naturel, de plus ordinaire que ce sentiment?... C'est lui qui bouleversa le monde... c'est lui qui le renouvelle sans cesse... Partout où il y aura un jeune homme, une jeune femme, l'amour viendra se mettre en tiers... surtout lorsque la femme sera jolie... comme vous...

Marie rougit en répondant bien bas :

— Vous croyez donc que l'on peut m'aimer?...

— Devez-vous en douter!... ce qui vous est arrivé déjà ne vous le prouve-t-il pas aussi?

— Vous m'avez dit qu'on ne m'avait enlevée que parce que je serai duchesse.

— Cela n'empêche pas que d'autres ne puissent aussi vous aimer pour vous-même...

— Ah!... je l'ai cru... lorsque je n'étais qu'une pauvre fille d'auberge!... mais j'en doute à présent.

— Cependant ce jeune soldat, ce Pierre, vous a prouvé qu'il avait toujours pour vous le même attachement...

— Pierre... oui... Pierre a de la mémoire, lui... mais il en est d'autres... qui m'ont dit des choses... qu'ils ont oubliées depuis.

15.

Marie se tait. D'Aubigny en fait autant; mais il rapproche sa chaise du coussin sur lequel est la jeune fille, et, comme sans y penser, prend la main de Marie qu'il presse dans les siennes.

— Et ce roman? dit Marie après quelques instants de silence.

— Ah! oui, vous avez raison... ce roman... Nous disons d'abord : un jeune homme qui aime une jeune fille... C'est vous qui serez la jeune fille... puisque c'est vous qui devez être l'héroïne du roman que nous allons faire.

— Et puis après, monsieur?

— Un jeune homme est devenu éperdument amoureux de vous... il vous a vue... lorsque vous étiez encore au Tourne-Bride...

— C'était un jeune homme du grand monde... et quoique je ne fusse alors qu'une paysanne... il m'a dit qu'il m'adorait...

— Oh! non... non... pour notre roman, j'aimerais mieux que ce ne fût qu'un villageois... quelque riche fermier...

— Non... moi je veux que ce soit un homme du grand monde.

— Si vous y tenez absolument... Cependant j'aurais préféré un villageois, parce que notre roman allait tout seul... vous aimant déjà, il vous aurait aperçue dans les jardins de madame de Stainville, vous aurait épiée ; puis, profitant du départ de la société, vous aurait enlevée, conduite dans une maisonnette éloignée, où il vous aurait tenue enfermée... vous auriez toujours résisté à son amour, et enfin, un jour, vous seriez parvenue à vous sauver. Vous voyez que le roman va tout seul.

— Comme vous voudrez, monsieur, répond Marie en retirant vivement sa main que d'Aubigny tenait toujours.

— Est-ce que mon roman ne vous plaît pas? dit le comte surpris de la tristesse qu'expriment les traits de la jeune fille.

— J'avoue que j'en avais fait un autre, dit Marie en cherchant à retenir ses larmes prêtes à couler. Oh! oui... j'en avais fait un... car à présent je comprends très-bien ce que c'est qu'un roman.

— Voyons le vôtre, alors...

— Ce n'est pas la peine. D'ailleurs, vous ne voulez pas... vous ne concevez pas qu'un monsieur bien élevé puisse m'aimer... Ah! vous avez raison... et moi j'étais une sotte de le croire... mais c'est fini... oh! c'est fini!... je ne le croirai plus jamais!...

Et Marie sanglote en achevant ces mots, car elle n'est pas maîtresse de cacher ce qu'elle éprouve. En voyant pleurer cette jeune fille si jolie et si naïve encore, le comte se sent vivement ému. Il se rapproche d'elle, l'entoure de ses bras en lui disant :

— Marie, pourquoi donc pleurez-vous ainsi?... qu'avez-vous?
— Ce que j'ai... vous me le demandez!...
— Serais-je assez malheureux pour vous causer du chagrin?
— Vous... Oh! non, monsieur, c'est moi qui ai tort... qui ai cru... Aussi pourquoi m'embrasser si tendrement quand j'étais à l'auberge... pourquoi me dire que vous m'adoriez?... Je me suis toujours rappelé vos paroles...
— Quoi! Marie, c'est pour cela?
— Oh! non, c'est mon roman que je vous conte... c'est une histoire que je fais... Tout cela ne peut pas être, je le sais bien... C'est comme ce jour où, dans un bosquet, dans le jardin de madame de Stainville, vous m'avez rencontrée... alors vous êtes encore venu près de moi... vous m'avez tenue dans vos bras longtemps...
— Vous vous rappelez tout, Marie!...
— Mais c'est encore le roman que je vous raconte... Je me suis imaginé tout cela, car cela n'est jamais arrivé... Est-ce que vous pouvez m'aimer, moi?... non, non, c'est un rêve... je ne sais pas pourquoi je pleure... Ah! tenez, je ne sais ce que je dis.

La jeune fille pleurait toujours. D'Aubigny la presse dans ses bras en s'écriant :

— Non, ce n'est point un rêve, Marie... je vous ai dit que je vous aimais... Ah! je vous le dis encore... qui pourrait voir tant de charmes sans en être épris?... Chère Marie, ne pleurez donc plus...
— Non, non... vous ne pouvez pas m'aimer! répond la jeune fille en repoussant doucement le comte.
— Marie! vous ne pensez pas cela... Chère Marie... c'est peut-être parce que je redoutais le pouvoir de vos yeux que je fuyais les occasions de me trouver seul avec vous.
— Ah! ne me dites pas cela!... je vous croirais encore, et après je serais plus malheureuse.
— Ah! Marie, que vous êtes jolie!... Ah! ne me repoussez pas... vous m'avez avoué que vous m'aimiez...

— Mais ce n'est pas une raison... et ce roman... Oh! laissez-moi, je vous en prie...

— Marie, ne me permettrez-vous pas de vous embrasser comme autrefois?... Vous me laissiez faire quand vous étiez paysanne... la petite duchesse ne sera-t-elle plus la même pour moi?

— Oh! si... toujours la même... mais vous ne m'embrassiez pas ainsi... O mon Dieu... et ce roman... Ah! si vous m'aimiez toujours!

D'Aubigny avait perdu la raison en embrassant Marie; bientôt le roman fut entièrement fini, et cette fois, Pierre ne se trouva pas là pour mettre obstacle au dénoûment.

CHAPITRE XXII

RETOUR CHEZ MADAME DE STAINVILLE.

Il se trouva que le lendemain matin Marie était encore chez le comte d'Aubigny. Où avait-elle passé la nuit?... Je vous le laisse à deviner.

Marie n'était plus la même : ses yeux, pleins d'une douce langueur, brillaient d'amour et de bonheur lorsqu'ils se portaient sur d'Aubigny, et il ne s'écoulait pas une minute sans qu'elle le regardât.

Le comte semblait touché de l'amour que lui témoignait cette jeune fille; souvent il la regardait avec tendresse, il s'arrêtait devant elle, et déposait un baiser sur ses lèvres; mais bientôt après on voyait son front se rembrunir, ses yeux se baisser comme pour éviter les regards de Marie, et alors un sentiment d'inquiétude, de tristesse, se peignait sur tous ses traits.

D'Aubigny a fait apporter à déjeuner dans sa chambre, qui est devenue, depuis la veille, celle de Marie; mais Legris est un valet discret, éprouvé; il voit tout et ne voit rien. Jamais ses yeux ne se portent sur les dames qui viennent chez son maître; c'est un domestique qui sait son monde et auquel on peut se fier.

Tout en déjeunant, Marie ne parle à d'Aubigny que de son amour : elle ne semble plus penser à madame de Stainville ; le nouveau sentiment qui remplit son âme lui fait tout oublier. Pour elle, dans l'univers, il n'y a plus que l'homme auquel elle s'est donnée.

Mais le comte, habitué aux conquêtes, aux triomphes, ne se laisse déjà plus aller à ces douces illusions : le bonheur présent n'est pas tout pour lui, il pense à ce qui peut arriver ensuite. D'Aubigny réfléchit et il soupire, et il se reproche un moment d'agrément, de séduction qui n'a pas été calculé, mais qui peut également avoir des suites graves. Quand on réfléchit, quand on raisonne, il est rare que l'on soit bien amoureux ; en effet, d'Aubigny n'était pas épris de Marie ; mais il la trouvait charmante ; et en voyant couler ses larmes, en entendant cette jeune fille lui dire qu'elle l'aimait, il s'était senti vivement ému, et il avait cédé à cet amour qui s'offrait si naïvement à lui. Quel est l'homme qui eût été plus sage?... Rappelez-vous la position d'Alfred et de Marie, ce tête-à-tête que rien ne pouvait troubler ; cette jolie fille qui versait des pleurs en rappelant au comte ses paroles d'amour, et dites si, à sa place, vous n'auriez pas succombé ! Tous les hommes ne sont pas des saint Antoine, et je crois que les dames ne nous sauraient pas gré de lui ressembler.

Mais ordinairement les réflexions ne suivent pas si vite une nuit de bonheur. Dans plusieurs circonstances semblables, d'Aubigny s'était abandonné au plaisir sans s'inquiéter de l'avenir. Si cette fois il n'est plus le même, s'il est troublé, rêveur près de celle qui lui a donné tant de preuves de tendresse, c'est qu'il y a deux motifs pour se repentir de sa faute. D'abord il n'a point d'amour pour Marie ; ensuite il est passionnément amoureux d'une autre femme. Madame Darmentière est toujours son idole ; sa passion pour elle s'accroît chaque jour : c'est que tout en lui laissant voir qu'elle l'aime, la belle veuve ne lui a rien accordé ; c'est qu'elle lui a bien positivement fait entendre qu'elle ne serait jamais sa maîtresse, et que le comte se trouverait encore trop heureux qu'elle voulût bien l'accepter pour époux. Mais madame Darmentière hésite, balance ; avant de former de nouveaux nœuds, elle veut être bien certaine de l'amour de d'Aubigny ; elle veut aussi qu'il ait renoncé à toutes ces folies, à toutes ces intrigues galantes qui l'avaient rendu si redoutable près des dames, et le comte lui jurait tous les jours qu'il était entièrement corrigé.

Voilà où en étaient les choses lorsque d'Aubigny avait trouvé Marie abritée sous la porte cochère de la maison dans laquelle demeurait madame Darmentière, et voilà pourquoi le comte était inquiet, soucieux, lorsqu'il n'aurait dû songer qu'à parler d'amour à cette pauvre jeune fille qui venait de se donner à lui.

— Mon ami, qu'avez-vous donc? vous ne me regardez plus, dit Marie en mettant sa main dans celle du comte.

— Ah! pardon, Marie, je pensais... je réfléchissais...

— Ah! moi je ne pense plus qu'au bonheur d'être avec vous... de vous aimer... de vous entendre m'en dire autant... car vous m'aimerez toujours, n'est-ce pas? Oh! vous me l'avez juré, et je vous crois...

— Oui, sans doute... je vous aime, mais cela n'empêche pas de songer à ce qui nous reste à faire... à ce que vous direz en retournant chez madame de Stainville...

— Chez madame de Stainville... ah! mon Dieu, je n'y pensais plus. Il faut donc que je retourne chez elle?... Mon ami... je croyais que je resterais avec vous... je dois devenir votre femme... puisque vous m'aimerez toujours... et que je serai duchesse... Eh bien! alors, à quoi bon nous quitter?

— Marie, vous ne connaissez ni le monde, ni les devoirs qu'il impose... Il faut au contraire cacher avec soin ce qui s'est passé entre nous... votre séjour ici doit être un mystère; songez donc que vous devez retrouver votre mère... et si elle apprenait...

— Ah! vous avez raison... Mon Dieu!... je la ferais rougir!... Ah! mon ami, l'amour me faisait tout oublier!... Excusez-moi... et soyez mon guide; dites-moi ce que je dois faire; je ne me conduirai que d'après vos conseils.

— Pauvre petite... que je voudrais vous voir heureuse! dit le comte en soupirant.

— Mais je le serai... et d'ailleurs, ne le suis-je pas déjà, puisque vous m'aimez?... Voyons... que dirai-je à madame de Stainville... un roman, n'est-ce pas?... est-ce celui que nous avons fait... hier... ensemble?...

Marie baisse les yeux et rougit en disant ces derniers mots : en ce moment elle était si jolie, qu'il eût fallu être de marbre pour ne point voler dans ses bras. Je n'ai jamais connu d'hommes de marbre, et le comte, qui était un faible mortel, tomba aux genoux de Marie... Pendant assez longtemps leur conversation fut interrompue.

— Eh bien! mon ami, que conterai-je à madame de Stainville? dit Marie lorsque l'on revint à la conversation.

— Ce que vous lui direz... ah! c'est juste... nous l'oublions toujours... Près de vous, Marie, il est difficile de n'écouter que sa raison.

— J'aime bien mieux que vous écoutiez votre cœur.

— Il faut pourtant nous arrêter à quelque chose... D'abord il est bien convenu que vous ne parlerez ni de Daulay, ni de Bellepêche, ni de moi.

— Oui, c'est bien entendu... Mais enfin que dirai-je?... car depuis près de quatre mois que j'ai quitté la maison de campagne de madame de Stainville, il faut bien que j'aie été quelque part...

— Oh! sans doute...

— Il faut refaire un roman à nous deux, mon ami.

Le comte sourit; mais comme on ne peut pas toujours faire des romans, même avec une jolie femme, il s'écrie : — Après tout !... dites la première chose venue! Madame de Stainville sera trop contente de vous revoir pour vous chicaner sur votre récit... Cette pauvre dame est d'autant plus désolée de votre disparition, qu'elle a pris sur elle de vous retirer de chez maître Gobinard, et que c'est à elle maintenant que l'on vous réclamera.

— Il est bien certain que sans madame de Stainville je serais encore au Tourne-Bride.

— En arrivant chez elle, vous vous jetterez dans ses bras... elle vous embrassera, et vous lui conterez d'une voix bien émue que des hommes... inconnus vous ont enlevée de chez elle, qu'on vous a placée dans une voiture, que l'on vous a conduite dans un château... où un monsieur... que vous n'aviez jamais vu est venu vous déclarer son amour. Vous ne l'avez pas écouté, mais il vous a gardée prisonnière, et tous les jours il revenait vous parler de sa flamme sans plus de succès. Enfin un matin on a oublié de vous enfermer, vous êtes descendue dans un jardin... vous y avez trouvé une petite porte... il y en a dans tous les jardins... vous l'avez ouverte, et vous vous êtes trouvée dans la campagne. Ne sachant où vous étiez, vous avez marché longtemps... bien longtemps... enfin un paysan vous a dit que vous n'étiez plus loin de Paris; vous avez rassemblé vos forces pour y arriver et vous jeter dans les bras de votre protectrice. Voilà votre roman; comment le trouvez-vous?

— Oh ! très-bien...

— Retiendrez-vous tout ce que je vous ai dit?

— Je n'oublierai pas un mot! Il n'y a qu'une chose que je ne m'explique pas... puisque je ne savais pas l'adresse de madame de Stainville, comment aurais-je pu y aller seule?...

— Mais il sera censé que vous la saviez... que vous l'aviez entendu dire... Eh, mon Dieu ! quand on fait une intrigue, il ne faut pas s'effrayer des invraisemblances... ce n'est pas roman de mœurs que vous faites, c'est du romanesque, du dramatique. Je vous le répète, contez tout cela avec assurance, et personne ne se permettra de mettre en doute cette singulière aventure.

— Je vous ai promis de suivre vos conseils; je vous jure que je n'ajouterai, que je ne changerai pas un mot à votre roman.

— Ainsi... maintenant... rien ne vous empêche de retourner chez madame de Stainville.

Marie baisse les yeux et soupire en disant à demi-voix :

— Oui... j'y retournerai... mais aujourd'hui... il est bien tard... je suis bien fatiguée... et... quand je resterais un jour de plus avec vous...on ne le saura pas davantage.

D'Aubigny ne se sent pas le courage de résister à ces douces paroles... Marie le regardait si tendrement... et il y avait tant d'amour dans ses beaux yeux ! Il fut convenu qu'elle ne retournerait chez madame de Stainville que le lendemain.

Le lendemain arriva; Marie se sentit encore plus fatiguée, elle pouvait à peine se tenir sur ses jambes; il y aurait eu conscience de la renvoyer dans cet état de faiblesse. Le comte ne la renvoya point.

Le jour suivant elle se fit une écorchure au pied qui la faisait boiter; on ne laisse point sortir une femme qui boite, et Marie ne sortit pas de sa retraite. Bref, elle passa six jours chez d'Aubigny, trouvant sans cesse quelque prétexte pour ne point le quitter. Mais la position du comte devenait embarrassante, il sortait à peine, et n'osait plus recevoir personne chez lui. A tous ceux qui se présentaient, on répondait qu'il était absent. Cet

Cet de choses ne pouvait durer; et le septième jour, d'Aubigny se rappela qu'il était permis de se reposer. Il fit venir une voiture, y fit monter Marie qui pleurait, parce qu'elle aurait voulu rester encore; il l'embrassa tendrement, lui recommanda de nouveau la plus grande discrétion, et, après avoir bien donné l'adresse au cocher, il renvoya la jeune fille chez celle qui avait voulu être sa protectrice, mais dont la protection avait attiré à Marie de bien singulières aventures.

La voiture s'arrête rue Saint-Dominique, devant la demeure de Madame de Stainville. Marie est donc enfin dans cette maison où elle brûlait d'arriver... mais non... depuis qu'il ne tenait qu'à elle de s'y rendre, vous savez qu'elle en reculait sans cesse le moment.

Elle monte l'escalier... elle entre chez madame de Stainville; on était alors au milieu de la journée, et le concierge lui a dit:
— Madame est chez elle.

Marie pénètre dans le salon presque aussi vite que la domestique qui l'a reconnue et a couru l'annoncer.

— Marie!... ce serait ma chère Marie!... se pourrait-il? s'écrie madame de Stainville en quittant son fauteuil pour aller au-devant de la jeune fille, et presque au même moment Marie se précipite dans ses bras.

— Oui, c'est elle!... c'est bien cette chère enfant que je croyais à jamais perdue! reprend madame de Stainville en embrassant Marie, ah! que je suis contente!... quel bonheur!... Ah! messieurs, partagez ma joie!... Marie nous est enfin rendue!

Les deux messieurs auxquels ces mots s'adressaient étaient Daulay et Bellepêche, que le hasard avait justement réunis ce jour-là chez madame de Stainville. Mais, bien loin de partager la joie de cette dame en entendant nommer Marie, en voyant entrer cette jeune fille, ces deux messieurs ont fait une singulière mine; leur embarras, leur confusion les eût certainement trahis, si, en ce moment, on les eût observés; mais madame de Stainville n'était occupée que de Marie. Quant à celle-ci, en apercevant dans le salon Daulay et Bellepêche, elle n'est pas maîtresse d'un mouvement d'effroi; mais bientôt, se rappelant qu'elle a promis au comte la plus entière discrétion, elle cache ce qu'elle éprouve et ne semble émue que par le plaisir qu'elle ressent en se retrouvant avec sa bienfaitrice.

— Chère Marie! dit madame de Stainville en faisant asseoir la jeune fille près d'elle, mets-toi là,... et dis-nous bien vite ce qui t'est arrivé!... Tu dois penser combien il me tarde de savoir quels événements t'ont retenue si longtemps loin de moi.

— Je vais vous en faire le récit, madame.

En ce moment Daulay se lève, Bellepêche en fait autant.

— Je me rappelle que j'ai affaire chez moi! dit le jeune homme en cherchant son chapeau.

— Je crois que j'ai un rendez-vous pour cette heure-ci! dit Bellepêche en cherchant sa canne.

— Comment! messieurs, vous voudriez vous éloigner, lorsque ma petite Marie va nous faire le récit de ses aventures! s'écrie madame de Stainville d'un air piqué; ah!... voilà qui marquerait bien peu d'intérêt pour notre jeune duchesse... et je ne puis croire que telle soit votre intention!

Le ton de madame de Stainville annonçait qu'elle pourrait se fâcher. Ces messieurs ne savent quel parti prendre, mais, dans leur indécision, ils se laissent retomber sur leurs siéges, et Marie commence aussitôt son récit.

A mesure que la jeune fille parle, ces messieurs changent de visage, leur physionomie s'éclaircit, leur bouche sourit, leur embarras se dissipe; ils semblent porter le plus vif intérêt à un récit que d'abord ils n'écoutaient qu'à contre-cœur; de temps à autre ils témoignent même de leur émotion par les exclamations qui leur échappent.

— Pauvre demoiselle!... s'écrie Daulay, quelle aventure!

— C'est plein d'intérêt! dit Bellepêche en se mouchant, cela me rappelle une histoire que l'on m'a contée en Suisse.

— Mais taisez-vous donc, messieurs, s'écrie madame de Stainville, laissez parler notre chère Marie.

La jeune fille achève son récit, qu'elle a fait tel que d'Aubigny le lui a dicté. Lorsqu'elle a fini, sa protectrice l'embrasse encore, en lui disant :

— Ah! ma chère Marie! quel bonheur que vous ayez pu échapper à cet homme... Votre innocence a couru de grands périls; mais, grâce au ciel, vous voilà toujours digne de la tendresse de votre illustre mère!... Et vous ne vous rappelez pas avoir vu quelque part cet homme qui vous a fait enlever?

— Non, madame...

— C'est bien singulier!

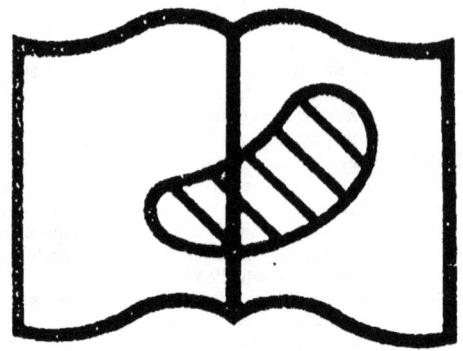

Foliotation partiellement illisible

— Mais je ne vois rien là d'extraordinaire, dit Daulay ; c'est quelqu'un qui aura remarqué en secret mademoiselle... Frappé de sa beauté, et connaissant peut-être le secret de sa naissance, il aura employé ce moyen pour tâcher de la séduire. Ce sont de ces aventures qui arrivent fréquemment.

— Cela arrive tous les jours! ajoute aussitôt Bellepêche.

— Oui, dit madame de Stainville, je crois que Daulay a deviné juste ; cet homme savait probablement de quel sang vous êtes née, peut-être même est-ce un ennemi secret de madame de Valousky... Qui sait si cet homme ne fut pas cause que jadis elle fut obligée de cacher votre naissance, et de vous faire élever secrètement dans une auberge?

— Tout doit nous le faire supposer, dit Daulay.

— Moi, j'en mettrais ma main au feu! reprend Bellepêche.

Marie ne dit rien ; car elle est très-étonnée du succès que vient d'obtenir son roman auprès de sa protectrice ; elle ne sait pas encore que, dans le monde, on accueille toujours avec empressement ce qui est fabuleux, tandis qu'on reste froid pour la vérité.

— Et vous n'avez pu savoir le nom de cet homme? reprend bientôt madame de Stainville en s'adressant à Marie.

— Non, madame.

— Ni le nom du séjour où l'on vous a menée?

— Non, madame.

— C'était un château, sans doute?

— Je crois que oui, madame.

— Oh! point de doutes! c'est quelque personnage puissant! Mais votre illustre mère doit le connaître, elle percera ce mystère.

— Il n'y a point de doute qu'elle pourra le percer, dit Bellepêche en se rengorgeant dans sa cravate, afin de cacher une assez grande estafilade qu'il avait au-dessous de l'oreille gauche, blessure qu'il s'était faite un certain jour, en tombant sur des verres et des bouteilles, vous savez à quelle occasion.

— Enfin, ma chère Marie, vous voilà près de moi, dit madame de Stainville en entourant la jeune fille de ses bras, et désormais je réponds bien qu'on ne vous en arrachera plus! Oh! je ne vous quitterai pas d'une minute, jusqu'au moment où je vous remettrai dans des mains bien chères. Mais jugez, mon enfant, si je devais être désolée de votre disparition : j'ai reçu des nouvelles de la duchesse de Valousky... dans trois semaines elle doit être ici...

— Dans trois semaines! s'écrie Marie... Oh! quel bonheur!

— J'aurais été si malheureuse de ne plus pouvoir lui présenter sa fille! Mais, grâce au ciel, il n'en sera pas ainsi, et je lui rendrai sa charmante Marie toujours aussi pure, aussi digne de son amour!

Bellepêche fait un léger hochement de tête en se disant à lui-même :

— Toujours aussi pure... hem!... hem!... que diable a-t-elle fait depuis huit jours qu'elle m'a quitté... Si elle a été à la caserne avec son protecteur... cela devient terriblement scabreux. Au reste, ce ne sont plus mes affaires. Cette jeune fille s'est montrée généreuse envers moi et M. Daulay, et désormais je croirai tout ce qu'elle voudra.

Daulay en pensait autant que Bellepêche, et se disait : — Depuis deux mois que Marie s'est échappée d'avec moi, elle aurait fort bien pu revenir chez sa protectrice... Elle aura donné ce temps à sa reconnaissance pour ce jeune soldat!... Cette jeune fille est beaucoup plus rusée que je ne le pensais; mais son roman est très-bien trouvé, et ce n'est pas moi qui le démontrerai.

Madame de Stainville s'empresse de réinstaller Marie chez elle, de la combler de présents, de bijoux, de lui acheter tout ce qui est à la mode. Son amitié, sa générosité pour la jeune fille semblent avoir augmenté encore depuis qu'elle a été séparée d'elle. Marie se laisse faire, elle met de belles robes, elle pare ses cheveux de fleurs ou de rubans; car elle se sent un nouveau désir de plaire, de paraître belle aux yeux de celui dont elle espère devenir la femme.

Madame de Stainville présente Marie dans le monde comme une jeune personne de haute naissance que ses parents lui ont confiée. Le monde n'en demande pas davantage, et fait très-bon accueil à Marie, parce qu'elle est jolie, que sa toilette est élégante, et qu'elle commence à savoir assez bien la porter.

Le troisième jour de sa réinstallation chez sa protectrice, Marie y voit venir madame Darmentière; son cœur se serre à l'aspect de cette dame, car elle sait bien que le comte d'Aubigny en était épris; mais la jeune fille se flatte d'avoir chassé sa rivale du cœur de celui qu'elle aime... Elle croit aux serments que d'Aubigny lui a faits, dans un de ces moments où il est d'usage de se jurer quelque chose.

De son côté, madame Darmentière laisse éclater une grande surprise en revoyant Marie.

— Eh quoi! mademoiselle est donc retrouvée? dit la belle veuve d'un ton qui n'annonçait pas une joie bien vive.

— Oui, madame, oui, elle nous est enfin rendue, cette chère enfant! répond madame de Stainville. Ah! si vous saviez de quelle intrigue extraordinaire elle a failli être victime.

— Je ne doute pas qu'il ne soit arrivé à mademoiselle beaucoup d'aventures, répond madame Darmentière en souriant à demi, mais ce serait peut-être indiscret de demander à les connaître.

— Ah! par exemple, vous, notre amie, vous qui connaissez le secret de la naissance de Marie... oh! vous allez tout savoir.

Et madame de Stainville s'empresse de répéter à madame Darmentière ce que Marie lui a conté. La belle veuve écoute d'un air fort incrédule, parfois même un sourire moqueur paraît sur ses lèvres, et lorsque le récit est terminé, elle s'écrie : — En vérité, voilà qui pourrait ajouter un chapitre de plus aux *Mille et une Nuits* ou au *Magasin des enfants;* mademoiselle est une véritable héroïne de roman ; et ce qu'il y a de plus merveilleux dans tout cela, c'est que dans ces aventures extraordinaires, où une femme qui connaît le monde succomberait souvent, les jeunes personnes... comme mademoiselle, en sortent toujours sans y perdre un seul cheveu.

Marie baisse les yeux, rougit, et ne sait quelle contenance tenir ; madame Darmentière s'aperçoit de l'embarras de la jeune fille, et fâchée peut-être d'avoir été trop loin, elle s'empresse d'ajouter :

— Enfin, mademoiselle vous est rendue, c'est le point principal, et je désire beaucoup que vous soyez bientôt à même d'assurer son bonheur.

— Cela ne saurait tarder, dit madame de Stainville, qui n'a pas paru remarquer les observations malignes de la jeune veuve ; oui, bientôt le sort de ma chère Marie sera digne d'envie, puisque incessamment la duchesse de Valousky revient à Paris. Mais alors même que les espérances que j'ai conçues pour Marie ne se réaliseraient pas, alors même qu'on ne lui donnerait pas un nom et un titre, certes elle ne m'en serait pas moins chère ;

je l'aime trop pour cesser d'être son amie... Cette chère enfant, si aimable, si jolie, si intéressante... Oh! mon amitié ne lui manquera jamais.

— Mademoiselle doit être persuadée que c'est pour elle seule qu'on l'aime, dit Daulay, et fût-elle née sous le chaume, on rendrait également justice à ses attraits et ses aimables qualités.

— Oui, assurément, dit à son tour Dollepêche ; moi, d'ailleurs, j'estime les personnes pour leur mérite personnel, et nullement pour leur fortune... Fi donc, la fortune!... En Suisse, on ne fait aucun cas de la fortune... surtout sur le haut des glaciers.

Marie fait une révérence à tous ces compliments, et madame Darmentière se dit : — Voilà de bien belles protestations, mais je plains cette jeune fille si elle est un jour obligée de mettre ces amitiés-là à l'épreuve.

En quittant d'Aubigny, Marie lui avait fait promettre de venir souvent la voir chez madame de Stainville ; cependant elle est depuis plusieurs jours chez sa protectrice, et le comte ne s'y est pas encore présenté. Marie soupire en secret, elle brûle de revoir celui qu'elle aime, et elle est forcée de cacher ses ennuis, de dissimuler même son émotion lorsque devant elle on parle du comte.

Enfin d'Aubigny vient faire une visite à madame de Stainville, et il salue respectueusement Marie en disant : — J'ai appris par madame Darmentière que mademoiselle était enfin retrouvée... et j'espère qu'elle ne doute pas du plaisir que cette nouvelle m'a causé.

Marie balbutie quelques mots ; la vue de d'Aubigny lui cause une si vive émotion, qu'elle peut à peine s'exprimer. Le comte sait adroitement occuper madame de Stainville, de manière à ce qu'elle ne remarque pas le trouble de Marie. Mais pendant tout le temps que d'Aubigny est près d'elle, la jeune fille sent son cœur serré par la contrainte qu'il lui faut s'imposer. Peu habituée encore aux coutumes du monde, il lui semble cruel d'affecter de l'indifférence pour celui qu'elle voudrait pouvoir presser contre son cœur.

Un seul instant Marie se trouve seule avec le comte. Elle en profite pour presser tendrement sa main, en lui disant :

— Vous m'aimez toujours, n'est-ce pas?

— Oui, Marie, oui... je vous aime...
— C'est que vous me regardez à peine...
— Vous savez bien qu'il faut cacher à tous les yeux notre intimité.
— Ah! que cette contrainte est pénible!... Mais vous m'épouserez, n'est-ce pas?...
— Chut!... silence, Marie!... on revient.

En effet, madame de Stainville revenait, et d'Aubigny ne tarde pas à prendre congé. Quelques jours après il vient de nouveau voir Marie. Mais madame Darmentière était alors chez madame de Stainville. A l'aspect de la belle veuve, le comte se sent embarrassé, et pendant tout le temps que dure sa visite, il ne jette pas un tendre regard sur Marie; au contraire, il affecte de lui parler avec plus de froideur.

La jeune fille est désolée, et lorsque le comte est parti, elle maudit encore plus ce monde qui oblige à une contrainte continuelle, en se disant :
— Pourtant je suis duchesse, et c'est bien singulier que l'on ne puisse pas avouer qu'on est amoureux de moi!

CHAPITRE XXIII

LA DUCHESSE DE VALOUSKY.

Un mois s'était écoulé depuis que Marie habitait de nouveau chez madame de Stainville, lorsqu'un matin celle-ci reçut une lettre qui lui causa de grands transports de joie, et elle courut aussitôt à l'appartement de sa protégée en lui criant de loin :
— Ma chère enfant... la duchesse arrive... elle sera ici demain... Cette lettre me l'annonce, en me disant que sa première visite sera pour moi!... Ah! quel bonheur! tu vas retrouver une mère... elle va te presser sur son cœur, et je serai témoin de ce tableau!
— Oh! oui, madame, c'est un grand bonheur!... je suis bien contente!... Au moins, quand ma mère m'aura reconnue... nommée sa fille... on ne craindra plus... Si... enfin si quelqu'un voulait m'épouser... il pourrait le dire.

— Quelqu'un!... Oh! sois tranquille, ma belle Marie, tu ne manqueras pas de soupirants, tu n'auras que l'embarras du choix.

— Le mien sera bientôt fait! se dit la jeune fille en étouffant encore un soupir, qu'elle espère être le dernier; car, une fois reconnue par sa mère, elle ne doute pas que le comte ne s'empresse de demander sa main, et ce n'est pas là un des moindres motifs de sa joie.

— Je veux que tous nos amis, tous ceux qui connaissent le mystère de ta naissance soient témoins de ton bonheur, dit madame de Stainville. Daulay va venir, je le prierai de prévenir d'Aubigny, Bellepêche, madame Darmentière, afin qu'ils viennent ici demain... et ils viendront. Oh! je suis certaine qu'ils voudront jouir de l'ivresse que je vais causer à madame de Valousky.

Madame de Stainville est comme une folle; elle va, vient, donne des ordres, écrit des lettres; elle a envie de donner une fête, puis elle pense qu'il vaut peut-être mieux laisser goûter à la duchesse un bonheur intime que trop de monde troublerait; mais ce qu'elle veut surtout pour le lendemain, c'est que la toilette de Marie soit charmante, qu'il ne lui manque rien, qu'elle ajoute encore à sa beauté. D'ailleurs, depuis quelques jours, le teint de Marie a perdu de sa fraîcheur, ses yeux sont battus, ses jolis traits semblent altérés; il faut donc que l'art lui rende cet éclat que la nature capricieuse semble vouloir lui retirer.

Daulay arrive; on lui apprend la grande nouvelle, on le charge de la répandre; puis à chaque instant de la journée madame de Stainville va regarder Marie, elle refait une boucle de ses cheveux, retouche quelque chose à sa coiffure, et s'écrie :

— Oh! tu seras charmante... Demain mon coiffeur sera ici à neuf heures du matin... C'est fâcheux que tu aies les yeux battus... l'air fatigué depuis quelques jours... Est-ce que tu te sens malade, ma chère amie?

— Non, madame, je n'ai rien.

— Santé de jolie femme... on est journalière; mais demain tu seras ravissante! je veux que la duchesse soit folle de toi.

Il est enfin arrivé, ce jour si impatiemment attendu, et qui doit faire époque dans la vie de Marie. La jeune fille n'a point dormi, tant elle est émue d'avance à l'idée qu'elle va voir sa mère. Madame de Stainville n'a guère reposé non plus; car elle croit déjà entendre les remerciments dont son amie la duchesse va l'accabler. Tout est en l'air dans la maison. De bonne heure ces dames s'occupent de leur toilette; comme elles ne savent pas précisément à quelle heure madame de Valousky doit arriver, elles ne veulent pas être en retard.

Sur les onze heures arrive Bellepêche en grande tenue, costume noir des pieds à la tête; on croirait qu'il va assister à une grande cérémonie; mais le vieux garçon veut toujours être beau; d'ailleurs il n'a pas renoncé à tout espoir, et s'il ne plaît pas à la petite duchesse, il veut essayer d'être plus heureux avec sa mère. Il salue Marie encore plus humblement que de coutume.

— Nous vous savons gré de votre empressement, lui dit madame de Stainville, il prouve l'intérêt que vous portez à notre chère enfant... mais je ne doute pas que nos bons amis ne vous suivent de près.

— Je suis toujours exact, dit Bellepêche; quand je voyageais en Suisse, mes guides l'étaient moins que moi.

Daulay ne tarde pas à arriver, et quelques instants après on annonce madame Darmentière. Le comte seul ne vient pas; il a pensé qu'il faudrait encore se trouver entre Marie et sa belle veuve, et pour lui cette position est trop embarrassante. D'ailleurs, que lui importe à lui que Marie soit reconnue duchesse, cela ne changera rien à ses projets. Il souhaite tout le bonheur possible à la jeune fille qui s'est donnée à lui, mais ce bonheur il ne veut pas se charger de le lui faire goûter. C'est presque toujours ainsi que dans le monde on est utile à ses amis.

Midi sonne, et la duchesse de Valousky n'est point encore arrivée. Une heure, deux heures s'écoulent encore, et personne ne vient. Chacun grille d'impatience; on se regarde, on va aux fenêtres, on écoute, et au moindre bruit Marie devient tremblante; enfin un bel équipage s'arrête devant la maison : une dame très-parée en descend.

— La voilà! c'est elle! s'écrie madame de Stainville, je la reconnais... quoique nous ne nous soyons pas vues depuis longtemps... C'est toujours sa belle, son élégante tournure. Allons, ma chère Marie, ne tremble pas... ne dis rien, contente-toi d'abord de la saluer comme tout le monde, et laisse-moi préparer la reconnaissance.

Un domestique annonce : — Madame la duchesse de Valousky.

Tout le monde se lève dans le salon, où l'attente d'un grand événement se peint sur toutes les physionomies.

La duchesse de Valousky est une femme de cinquante ans, qui a été fort belle, qui a encore de beaux traits et une tournure noble, mais dont les yeux ont presque toujours une expression de hauteur et de dédain, tandis que sur ses lèvres erre un sourire moqueur et prétentieux.

Madame de Stainville court au-devant de la duchesse; les deux amies s'embrassent, mais madame de Valousky fait en sorte que cela n'efface pas son rouge et ne dérange pas ses plumes; cependant elle daigne faire une révérence gracieuse à toute la compagnie.

— Enfin, vous nous êtes donc rendue! dit madame de Stainville. Ah! vous ne pouvez pas deviner avec quelle impatience vous êtes attendue ici...

— Je vous remercie, ma chère amie, de la joie que vous cause mon retour, répond la duchesse en se jetant sur un sofa. Je vous certifie que j'en éprouve aussi beaucoup à revoir mes anciennes connaissances et à me retrouver à Paris.

— Oh! mais... vous avez encore un motif bien puissant de vous réjouir... d'après ce que vous m'avez écrit... et, tenez, ma chère duchesse, excusez-moi, j'ai peut-être été indiscrète... mais j'ai lu votre lettre devant les personnes que vous voyez ici...

— Comment? quelle lettre? répond la duchesse.

— Celle où vous me dites que vous avez laissé en France, au village de Vétheuil, à l'auberge du Tourne-Bride, l'objet de vos plus chères affections...

— Ah! oui... je me rappelle... Eh bien! il n'y a aucun mal à cela, ma chère amie, car ce dont je faisais mystère alors n'en sera plus un aujourd'hui; grâce au ciel! je ne cacherai plus rien.

— Vraiment! oh! que vous me faites plaisir en me disant cela... car j'ai agi un peu sans votre permission dans tout cela...

— Vous avez agi... je ne vous comprends pas.

— Je vais m'expliquer. Et d'abord je dois vous dire que j'ai devinéquel est cet objet chéri que vous brûliez de revoir... que vous aviez confié à la digne femme qui tenait alors l'auberge où vous avez passé quelques jours.

— Vous avez deviné... j'avoue que cela me surprend.

— Ah! je le crois... mais j'ai deviné pourtant... ces messieurs peuvent vous le dire.

— Oui... madame de Stainville a sur-le-champ trouvé le nœud de tout ce mystère, dit Daulay.

— Nous avons tous trouvé le nœud, dit Bellepêche, tandis que Marie, inquiète, tremblante, regarde la duchesse et cherche à lire dans ses yeux.

— Eh bien! vous me surprenez beaucoup, reprend la duchesse, car je pensais que c'était un secret pour tout le monde.

— Ce pouvait être un secret fort difficile à trouver pour ceux qui n'auraient pas eu les autres circonstances qui étaient à ma connaissance. Enfin, ma chère duchesse, voulant vous procurer le bonheur de revoir plus tôt l'objet de vos plus tendres affections... voulant vous montrer tout l'intérêt que je lui porte... j'ai osé... lui faire quitter le modeste asile où vous l'aviez laissée... et c'est chez moi... c'est ici que vous allez goûter l'ivresse la plus pure...

— Comment! c'est ici?... chez vous?... voilà une surprise charmante! et moi qui ai fait partir hier au soir mon domestique pour Vétheuil en lui ordonnant de se rendre au Tourne-Bride et d'y réclamer mon trésor... car c'est un véritable trésor pour moi... c'est mon enfant, enfin...

— Votre enfant!... Ah! j'attendais ce doux mot! Eh bien! il est ici, ma chère... il est devant vous. Viens, ma belle Marie, viens te jeter dans les bras de ta mère?...

Et madame de Stainville, prenant Marie par la main, la pousse presque sur la duchesse; mais celle-ci, faisant deux pas en arrière tandis que de sa main droite elle semble vouloir repousser la jeune fille, s'écrie d'un ton presque courroucé :

— Sa mère!... J'ai une fille, moi?... Ah! par exemple, cela est un peu fort!... Madame de Stainville, voilà une plaisanterie que je trouve très-déplacée...

Il faut voir alors le changement qui s'opère sur tous les visages : Daulay et Bellepêche restent la bouche béante; madame de Stainville semble foudroyée; Marie devient pâle et confuse; madame Darmentière est la seule dont la physionomie ait peu varié, on aurait dit qu'elle avait à son tour deviné cet événement.

— Comment!... comment, vous n'avez pas une fille! s'écrie madame de Stainville lorsqu'elle peut retrouver la parole; comment! cet objet chéri... qui fait battre votre cœur... ce n'est pas un enfant... que vous avez laissé mystérieusement à Vétheuil?

— Non, madame... non... En vérité, vous donnez bien légèrement des enfants à vos amies!... Vous avez de singulières idées à leur vertu!...

— Mais, madame... votre lettre... ces mots : « J'ai logé dans une auberge, j'y ai laissé l'objet de mes plus chères affections... »

— Eh! oui, madame, oui, j'y ai laissé le premier volume de mes mémoires!... que j'avais commencés sous l'Empire et que je n'osais mettre au jour sous la Restauration, parce que j'y parlais souvent de Napoléon ; et, ne voulant pas voyager avec ce manuscrit, je le remis à la maîtresse de l'auberge en lui faisant jurer de n'y point jeter un œil indiscret!... Voilà, madame, voilà quel est l'enfant que je brûle de revoir... c'est celui de mon esprit, de mon imagination, et je n'en ai jamais eu d'autres, je vous prie de le croire.

— Un volume de mémoires... murmure madame de Stainville en se laissant aller sur un fauteuil. Ah! je ne me le pardonnerai jamais.

— Un manuscrit! dit Daulay en riant aux éclats ; ma foi, le quiproquo est précieux!...

— Ce n'était pas une petite duchesse!... se dit Bellepêche en rongeant ses ongles. Ah, mon Dieu! et j'ai dépensé neuf cents francs pour elle!...

Marie baisse la tête et ne prononce pas un mot.

— Allons, allons, ma chère amie, reprend la duchesse d'un ton railleur, avouez que vous n'avez pas été heureuse dans vos conjectures... Je crois que le parti le plus sage est de rire de tout ceci. Quant à mademoiselle, j'en suis bien fâchée, mais il faudra qu'elle ait la bonté de chercher une autre mère, et pour moi je ne suis plus inquiète que d'une chose, c'est de savoir si mon domestique va me rapporter mon véritable enfant... J'ai dit chez moi qu'on me l'envoie ici dès qu'il sera de retour... Ah! si mes mémoires étaient perdus, je ne m'en consolerais pas.

— Un domestique et un paysan demandent madame la duchesse de Valousky! dit un valet en paraissant à l'entrée du salon.

— Ah! c'est ce que j'attends! s'écrie la duchesse. Laissez entrer... Vous permettez, n'est-ce pas, madame de Stainville?

Madame de Stainville est tellement abasourdie du quiproquo qu'elle a commis qu'elle ne trouve plus la force de répondre. Mais déjà le domestique de la duchesse entre dans le salon suivi d'un paysan que la compagnie connaît fort bien : c'est Gaspard.

— Excusez, mesdames et la société, dit le paysan sans ôter son chapeau, j'ai pas eu le temps de mettre mon habit des dimanches, mais ce grand galonné m'a dit que c'était pressé, et je suis venu en petite tenue.

La petite tenue de Gaspard consistait en une blouse fort sale, un pantalon tout crotté et un chapeau défoncé; mais en ce moment on s'occupe moins de sa toilette que de sa personne.

Le valet de la duchesse dit à sa maîtresse :

— Madame, je me suis présenté à l'auberge du Tourne-Bride, j'y ai réclamé ce que vous y aviez laissé il y a dix-huit ans. Le maître de la maison m'a dit que c'était une jeune fille, et qu'on devait vous la remettre ici.

— Fort bien! s'écrie madame de Valousky, la plaisanterie se répand... je vous en remercie, Madame de Stainville.

Madame de Stainville baisse le nez et semble anéantie. Le valet reprend :

— J'ai dit à l'aubergiste qu'il faisait erreur; qu'il ne s'agissait pas d'une jeune fille, mais d'un manuscrit que madame avait confié à sa femme. L'aubergiste avait l'air de croire que je me trompais, lorsque ce paysan, qui se trouvait là, s'est écrié :

— Je sais ce que c'est... un paquet de papiers!... Madame Gobinard ne l'a pas voulu confier à son mari, qu'elle savait trop curieux, mais elle me l'a remis à moi, parce que je ne sais pas lire, et qu'elle était bien sûre que je ne regarderais pas ce qu'il contient...

— Eh, pardié, oui... v'là la chose! dit à son tour Gaspard, et feu madame Gobinard n'était pas une femme bête... et la preuve qu'elle m'a confié ce manuscrit, c'est que le v'là... tel qu'on me l'a donné... et que madame peut être ben sûre que je n'ai jamais mis le nez dedans!...

En disant ces mots, Gaspard tire de dessous sa blouse un manuscrit assez volumineux, dont madame de Valousky s'empare aussitôt en s'écriant :

— C'est lui!... c'est mon volume... ce sont mes mémoires!... Ah! cher enfant de mes loisirs... que je suis heureuse de te retrouver!... Tenez, mon ami, prenez cette bourse, je ne saurais trop récompenser votre fidélité.

— C'est pas de refus! dit Gaspard en prenant la bourse, c'est pour boire à vot' santé et à celle de toute la compagnie.

— Comment, méchant rustre! vous saviez que c'était un manuscrit que madame la duchesse avait laissé au Tourne-Bride, dit madame de Stainville avec colère... et vous avez laissé croire qu'il s'agissait d'un enfant?

— Ah! ma fine! écoutez donc!... vous disiez tous : C'est un enfant!... c'est Marie!... c'est sa fille qu'elle a laissée à Vétheuil... moi, j'ai pas voulu vous démentir. Et puis, après tout, madame pouvait aussi ben avoir laissé deux paquets qu'un!... c'était pas mon affaire!...

— Il est vraiment original! dit la duchesse en souriant.

— Monsieur le marchand de prunes, dit Daulay, votre conduite dans cette circonstance est aussi rusée que perfide!...

— Oui, dit Bellepêche, ce grossier paysan s'est permis de se jouer de nous!... il mériterait une sévère punition.

— Ah! oui-dà... vous trouvez ça, vous autres! répond Gaspard en toisant les deux messieurs d'un air goguenard ; ah! on devrait me punir... parce que j'ai laissé croire à une petite fille coquette, vaniteuse et fière de ses grands yeux, qu'elle était la fille d'une duchesse... Et quoi qu'on vous fera donc, à vous deux? à vous d'abord, monsieur Daulay, qui avez enlevé Marie de chez madame, qui l'avez envoyée à Paris dans une chambre en lui faisant croire qu'elle était chez sa protectrice, et puis qui vouliez la traiter en Cosaque, si un brave soldat de mes amis ne s'était pas trouvé là pour la défendre!

Daulay devient blême. Madame de Stainville s'écrie :

— Serait-il possible!... M. Daulay avait enlevé cette petite fille... il était amoureux d'elle... Ah! quelle horreur!... quelle indignité!...

— Ce paysan ne sait ce qu'il dit, balbutie Daulay.

— Je ne sais pas ce que je dis! s'écrie Gaspard; ah! n'ayez pas le malheur de me démentir, ou je vous aplatis les épaules comme des côtelettes!... D'ailleurs, si on avait besoin de preuves, je n'en manquerais pas... et demandez à Marie si je mens. Quant à vous, monsieur Grossepêche, qui faites votre fanfaron, vous avez voulu aussi faire le séducteur. Vous avez recueilli Marie chez vous en lui faisant accroire que madame de Stainville était absente, puis vous avez voulu lui faire la cour, et vous l'avez menée dîner du côté du Jardin des Plantes... et là vous aviez sans doute un *coup de soleil*... car vous vouliez faire le jeune homme; et sans ce même soldat de mes amis qui vous a fait asseoir dans des assiettes, je ne sais pas trop ce qui serait arrivé.

Bellepêche a l'air de chercher sa tabatière tout en murmurant:

— Monsieur... monsieur!... cela n'a pas été jusque-là... D'ailleurs, c'était pour le bon motif!...

— Oui, parce que vous croyiez Marie grande dame et riche; eh bien! épousez-la donc à présent qu'elle n'a plus rien, v'là le cas de lui prouver votre amour.

— J'en serais bien fâché, s'écrie Bellepêche, et je regrette assez tout ce que j'ai dépensé pour elle.

— Marie... tu l'entends, dit Gaspard, tu vois le cas qu'il faut faire des conquêtes qui te reluquaient quand on te croyait duchesse. Et maintenant que j'ai tout dit, je m'en vas; et si tu veux t'en revenir avec moi au pays, et c'est ce que tu as de mieux à faire, je vais t'attendre jusqu'à quatre heures sur le boulevard, devant le Château-d'Eau... en face d'où-que monsieur t'avait logée. Je vous salue ben, messieurs, mesdames, la compagnie, ne vous dérangez pas.

Gaspard s'est éloigné, et Marie atterrée, confondue, cache sa tête dans ses mains. Cependant madame de Stainville, qui est bien aise d'exhaler sa colère et sa jalousie, s'approche d'elle en s'écriant:

— Ah! mademoiselle!... vous avez été enlevée par deux hommes... et vous ne m'en avez rien dit, et vous me faites une histoire... un récit... qui n'avait pas le sens commun! car je ne sais vraiment pas comment j'ai pu un moment y ajouter foi. Voyons, mademoiselle, pourquoi ne m'avez-vous pas dit que M. Daulay vous avait... mise dans un chambre?...

— Je craignais... de vous faire de la peine, madame, répond Marie sans lever les yeux.

— De me faire de la peine!... Qu'est-ce à dire?... Vous êtes une petite impertinente, mademoiselle; et pas autre chose. Mais comme je rougirais de garder plus longtemps, dans ma maison une petite fille que tous les hommes enlèvent, vous allez partir, mademoiselle, et quitter sur-le-champ une demeure dans laquelle vous n'auriez jamais dû entrer.

— Eh quoi! madame!... vous me chassez de chez vous? dit Marie en levant sur madame de Stainville des yeux baignés de pleurs.

— Avez-vous cru, par hasard, que je vous garderais!... Ah! ce serait joli... Une fille d'auberge... une servante resterait avec moi!... dans ma demeure!... Ah! vous ne m'avez déjà que trop compromise!... Que ces messieurs vous reprennent, ils en sont les maîtres!...

— Moi, dit Daulay, oh! vous ne le pensez pas!... J'ai pu commettre une étourderie pour une jeune duchesse, mais aimer une paysanne!... Oh! vous me rendez plus de justice, j'espère.

— Quant à moi, dit Bellepêche, je regretterai toute ma vie les folies que j'ai faites pour une petite fille de village!

La duchesse de Valousky ne dit rien, elle est tout à son cher manuscrit qu'elle vient de se mettre à feuilleter. Madame Darmentière ne souffle pas mot. Depuis l'arrivée de la duchesse, elle s'était contentée d'observer ce qui se passait autour d'elle.

Madame de Stainville, après avoir jeté sur Daulay un regard où il lit déjà son pardon, s'avance vers Marie en lui disant d'un ton hautain:

— Allons, mademoiselle, partez... ne me faites pas vous répéter cet ordre... votre présence ici me fait mal...

Marie porte son mouchoir sur ses yeux, et, baissant tristement la tête, elle va sortir du salon, lorsque madame Darmentière court à elle, lui prend la main et lui dit:

— Tout le monde vous chasse maintenant que vous n'êtes qu'une pauvre fille... mais moi, je vous offre un asile... Venez, Marie, venez, ne me refusez pas... Je n'ai point encensé votre fortune: c'est une raison pour que vous puissiez aujourd'hui compter sur mon amitié.

— Ah! madame... il se pourrait... quoi... vous!... murmure

Marie en cachant sa tête sur le sein de madame Darmentière... vous, que jadis j'offensai par mes ridicules prétentions!...

— Je ne m'en souviens plus, mademoiselle, puisque maintenant vous êtes malheureuse.

— Madame est bien la maîtresse de faire du bien à qui bon lui semble! s'écrie madame de Stainville d'un air piqué, et je ne pense pas qu'à présent personne soit tenté de lui enlever mademoiselle.

— Tant mieux, madame, je puis alors espérer que Marie restera longtemps avec moi.

En disant ces mots, madame Darmentière passe son bras sous celui de Marie, et sort avec elle de chez madame de Stainville.

CHAPITRE XXIV

DÉCOUVERTE. — DÉSESPOIR. — CONSOLATION.

Madame Darmentière a conduit Marie chez elle; celle-ci a reconnu la maison dans laquelle Pierre l'a laissée pour aller chercher une voiture après l'avoir délivrée des entreprises de M. Bellepêche; Marie soupire en se rappelant le jeune soldat qui lui a donné tant de preuves d'amour auxquelles elle n'a répondu que par l'oubli le plus complet. Mais bientôt le souvenir de Pierre s'efface encore, car elle est chez madame Darmentière, et chez cette dame, elle espère revoir le comte d'Aubigny.

Madame Darmentière n'est plus la même avec Marie depuis que celle-ci est dans la peine. A la froideur qu'elle lui témoignait autrefois ont succédé les soins les plus aimables, les paroles les plus douces. Elle installe Marie dans une jolie petite pièce qui communique avec la sienne.

— Calmez-vous, reposez-vous, dit madame Darmentière à Marie, vous devez avoir besoin de vous remettre, après les événements de cette journée! Dans quelques jours nous causerons de votre position, nous aviserons aux moyens de vous assurer un avenir; songez que vous avez en moi une amie qui ne vous laissera jamais sans appui.

Marie remercie sa nouvelle protectrice; et, restée seule, elle peut tout à son aise réfléchir à ce qui vient de lui arriver. Elle pleure d'abord, car elle vient de voir s'évanouir toutes les illusions de grandeur, de fortune dont elle se berçait depuis quelque temps; et il est bien permis à une jeune fille de regretter des biens après lesquels tant de gens courent toute leur vie; cependant le souvenir de d'Aubigny ramène l'espérance dans le cœur de Marie.

— Le comte m'aime, se dit-elle, il m'aime véritablement!... Ce n'est pas ma fortune qu'il désirait, ainsi cela doit lui être égal que je sois ou non duchesse, puisque je serai toujours sa petite Marie. Pourtant, si lui aussi allait me repousser... ne plus vouloir m'épouser... parce que je ne suis plus qu'une paysanne... qu'une orpheline... car je ne sais pas même ce que je suis... oh! alors ce serait affreux!... Mais non... il tiendra ses promesses... il faut qu'il les tienne... car il me semble... ô mon Dieu! je n'ose pas encore m'avouer cela!

Et Marie pleure de nouveau en cachant son visage dans ses mains, on dirait qu'elle craint que ses traits ne laissent lire la faute qu'elle a commise, et les suites que cette faute doit avoir.

Quelquefois Marie se rappelle les dernières paroles que Gaspard a prononcées en la quittant:

— Si tu veux t'en revenir au pays, et c'est ce que tu as de mieux à faire, je vais t'attendre jusqu'à quatre heures.

La jeune fille regarde une pendule; le temps que Gaspard lui a donné pour venir à son rendez-vous n'est pas encore écoulé; elle réfléchit... elle hésite... mais bientôt son amour pour d'Aubigny et le souvenir de sa position la décident à rester à Paris.

— Je ne puis plus retourner à Vétheuil, se dit Marie, car si je devais mère... tout le monde y connaîtra ma honte!... et peut-être qu'alors on me chassera aussi du village!... Oh! non!... je ne puis plus y retourner à présent. Mais le comte m'aime, il ne m'abandonnera pas, il tiendra ses promesses... je serai sa femme... Oh! oui, dès qu'il me verra, je suis sûre qu'il s'empressera de me consoler.

C'est ainsi que Marie se berçait encore d'espérances. Mais

plusieurs jours s'écoulèrent, et d'Aubigny, qui devait avoir appris les événements arrivés chez madame de Stainville, ne s'empressait pas de venir consoler la jeune fille. Il ne venait point chez madame Darmentière; ou du moins il ne se présentait jamais au salon lorsque Marie y était. Celle-ci ne sortait plus, elle ne voulait plus quitter la demeure où elle avait trouvé un asile, elle se refusait à tous plaisirs, à toutes distractions; en vain, pour lui faire oublier ses chagrins, madame Darmentière voulait lui procurer quelques amusements : spectacles, promenades, Marie refusait tout, et chaque jour sa tristesse semblait augmenter.

— Ma chère enfant, disait la belle veuve à celle qu'elle avait recueillie, pourquoi vous abandonner ainsi à la douleur?... Vous perdez l'espoir d'un nom... d'un rang dans le monde... mais, à votre âge, est-ce donc là ce qui fait le bonheur?... D'ailleurs, je vous le répète, j'assurerai votre sort... Après avoir connu l'opulence, je ne veux pas que vous puissiez jamais craindre la misère. Vous êtes jolie... vous trouverez facilement un mari... et nous tâcherons de vous en choisir un qui puisse vous rendre bien heureuse.

Marie se contentait de baiser la main de madame Darmentière, mais elle n'osait pas lui dire :

— Il n'y a qu'un homme maintenant que je veuille épouser... c'est celui qui m'a rendue mère.

Un jour pourtant, tandis que madame Darmentière essayait encore de ramener un sourire sur les lèvres de Marie, celle-ci lui dit d'une voix tremblante :

— M. le comte d'Aubigny ne vient donc jamais chez vous, madame?

— Pardonnez-moi, répond madame Darmentière en jetant un regard inquiet sur la jeune fille. Pourquoi me faites-vous cette question?

— C'est que depuis près de quinze jours que vous avez bien voulu me donner un asile... je ne l'ai pas vu ici une seule fois.

— M. d'Aubigny a fait un voyage... il a été dans son pays... il avait affaire dans sa famille... mais il est revenu, et je l'ai vu hier.

— Sait-il ce qui m'est arrivé? reprend Marie en hésitant.

— Oui... je le lui ai appris.

— Et... qu'a-t-il dit?

— Il vous a plainte autant que je l'ai fait... Mais cet événement l'a peu étonné ; car, ainsi que moi, il avait toujours douté que vous fussiez vraiment fille de la duchesse de Valousky.

Marie laisse retomber sa tête sur sa poitrine; elle semble accablée. Madame Darmentière va s'asseoir près d'elle, lui prend la main et lui dit du ton le plus doux :

— Marie... vous ne m'ouvrez pas entièrement votre cœur... mais j'ai lu au fond de votre âme... vous aimez le comte?...

— Moi... madame...

— Oui, vous l'aimez... Peut-être, jadis, vous a-t-il tenu quelques propos galants auxquels vous avez cru... Pauvre Marie !... auriez-vous encore la faiblesse de penser à lui?... Alors même que vous auriez été fille de la duchesse, d'Aubigny n'eût point songé à vous épouser... je puis vous l'affirmer... il me serait même facile de vous prouver ce que je vous dis... Maintenant, quel pourrait donc être votre espoir?... Allons, Marie, rappelez votre raison... chassez de votre cœur un sentiment qui ne peut être que passager... et, je vous le répète, vous pouvez encore être heureuse.

Madame Darmentière a quitté Marie; celle-ci rentre dans sa chambre en se disant :

— Que j'oublie celui que j'aime... oh! non, jamais!... Il ne tenait qu'à moi aussi de lui apprendre quels liens m'unissent au comte... Elle dit qu'il n'a jamais songé à la pauvre Marie!... mais je sais bien le contraire... et maintenant qu'il est revenu de son voyage, qu'il connaît ma nouvelle situation, je suis sûre qu'avant peu j'aurai de ses nouvelles. Pourtant madame Darmentière l'a revu... Il vient donc lorsque je suis retirée dans cette chambre?... Craint-il de me parler devant elle?... l'aimerait-il encore?... Oh! il faudra que je sache enfin la vérité!... S'il aimait encore madame Darmentière... alors je ne resterais pas davantage dans cette maison.

Marie tâche de cacher son trouble; mais inquiète, agitée, le soir, elle se retire de bonne heure dans sa chambre. Un domestique vient bientôt lui remettre un paquet cacheté en lui disant :

— Voici ce qu'on a apporté pour vous, mademoiselle, et j'ai attendu que vous fussiez seule pour vous remettre cela.

Marie remercie le domestique, et, restée seule, elle se hâte de briser l'enveloppe du paquet ; car elle ne doute pas qu'il ne contienne des nouvelles du comte. Elle trouve un grand papier plié en quatre, puis un petit billet ; le billet est signé : d'Aubigny. Marie le porte aussitôt à ses lèvres, et s'empresse de lire ce qui suit :

« Ma chère Marie, je viens d'apprendre que vos espérances de fortune sont détruites, et le triste résultat de votre entrevue avec la duchesse de Valousky. Ne croyez pas que ce soit votre nouvelle situation qui change mes sentiments pour vous ; non, Marie, il n'est plus temps de vous abuser ; notre liaison fut l'effet du hasard, elle ne pouvait être durable... d'autres serments m'engageaient ailleurs, et jamais vous ne deviez être pour moi plus qu'une amie. C'est à ce titre, Marie, que je vous supplie d'accepter ce que vous trouverez joint à cette lettre ; et, si vous m'aimez encore, vous ne me refuserez point ; songez que les dons de l'amitié n'offensent jamais.

« Alfred D'Aubigny. »

A cette lettre était joint un contrat qui assurait à Marie une rente de deux mille francs. La jeune fille y porte machinalement les yeux, puis elle laisse tomber à terre et le contrat et la lettre, elle reste immobile et presque inanimée, n'ayant plus qu'une seule pensée à l'esprit et au cœur, c'est que d'Aubigny ne l'aimait pas et ne l'avait jamais aimée.

Marie reste longtemps dans cet état où l'excès de la douleur amène presque l'insensibilité, où l'on sent à peine si l'on existe, où l'on ne trouve point de larmes qui soulagent, point de sanglots qui déchirent. Enfin ses esprits se raniment, ses idées reviennent, et elle s'écrie :

— Mais il ne peut pas me repousser, car je suis mère... Oh ! s'il l'avait su, il ne m'aurait pas écrit cette horrible lettre... mais il le saura... Ce ne sont pas ses bienfaits que je veux... c'est son amour... Madame Darmentière elle-même m'approuvera... Oui... je vais tout lui dire... tout lui avouer...

Et Marie sort de sa chambre pour se rendre dans celle de madame Darmentière. Il était tard, et elle pensait que tout le monde devait être retiré ; cependant, en traversant une bibliothèque, elle aperçoit encore de la lumière à travers une porte qui donne dans le salon. Marie s'en approche; une voix qui lui est bien chère arrive jusqu'à son oreille. D'Aubigny est là avec madame Darmentière; tous deux causent avec chaleur; en se collant contre la porte, Marie peut tout entendre. Sans réfléchir si son action est blâmable, la jeune fille reste immobile, le cou tendu, et retenant sa respiration, de crainte de perdre un seul mot de ce qui se dit dans le salon.

— Je veux que vous me parliez avec franchise, dit madame Darmentière; je veux que vous me disiez si Marie a le droit de vous adresser des reproches... Alfred, je vous en supplie, ne me trompez pas... Si vous en aimez une autre, je suis prête à vous rendre vos serments... Cette jeune fille vous aime... je ne voudrais pas être cause de son malheur.

— En vérité, madame, je ne vous conçois pas, répond le comte avec chaleur. Quoi!... c'est lorsque vous avez enfin consenti à me nommer votre époux, lorsque je reviens avec tous les actes qui me sont nécessaires pour que notre mariage n'éprouve aucun retard, c'est alors que vous semblez douter de mon amour!... Mais qu'ai-je donc fait pour cela? Est-ce ma faute si Marie n'est point duchesse? si madame de Stainville a rendu cette jeune fille victime du plus sot quiproquo?

— Non, sans doute... mais pourquoi Marie vous aime-t-elle?... cet amour ne lui est pas venu sans qu'il y ait un peu de votre faute.

— Eh! mon Dieu! le sais-je? Mais lors même que je lui aurais dit qu'elle était jolie, adorable!... quand elle était fille d'auberge, serait-ce une raison pour me forcer maintenant à lui adresser mes hommages?... Allons, madame, soyez juste, j'ai pu rire avec une paysanne!... tout autre en aurait fait autant que moi; mais si cette jeune fille va ensuite s'imaginer que je l'adore véritablement... elle a grand tort. Je plains aujourd'hui son sort! je ferai tout pour adoucir sa peine; mais que pour elle je renonce à vous... à vous, que j'aime plus que je n'ai jamais aimé et à qui je suis fier de consacrer ma vie!... ah! vous ne sauriez le vouloir... car vous aussi vous m'aimez, vous me l'avez avoué; vous m'aimez, puisque vous m'avez accordé cette main chérie, et que dans trois jours je serai votre époux.

Marie n'en veut pas entendre davantage; déjà sa résolution est prise : elle ne veut pas faire le malheur du comte; en apprenant à madame Darmentière qu'elle porte dans son sein le fruit de son égarement, elle sait qu'elle mettrait obstacle au mariage de d'Aubigny ; mais celui-ci en aimerait-il plus Marie?... non, il la haïrait, au contraire, et la pauvre fille aime mieux mourir que de lui inspirer un tel sentiment.

Marie est sortie de l'appartement, elle gagne doucement la porte du carré, puis elle descend l'escalier ; il est plus de minuit, les lampes qui l'éclairent le soir sont éteintes. Arrivée près du portier, qui est à moitié endormi, Marie frappe au carreau, on tire le cordon, et elle sort de la maison sans avoir rencontré personne.

Une fois dans la rue, Marie marche très-vite, non qu'elle éprouve aucune frayeur, mais parce qu'elle a hâte d'accomplir le funeste dessein auquel elle vient de s'arrêter. Elle ne sait pas quel chemin il faut suivre pour arriver au but qu'elle se propose, mais en marchant toujours, elle espère trouver bientôt le terme de sa course.

La nuit est sombre, de temps à autre quelques personnes attardées passent près de la jeune fille ; mais sa démarche est si pressée, si déterminée, que nul ne songe à la suivre ou à lui parler. Après avoir marché assez longtemps, Marie sent un air plus vif frapper son visage, et au détour d'une rue elle aperçoit les bords du canal.

— Ah!... me voici arrivée! se dit la jeune fille. C'est là... là, où tout doit finir pour moi...

Et la pauvre Marie presse encore le pas pour être plus vite au terme de sa course ; parvenue tout au bord du canal, elle se jette à genoux et regarde le ciel en s'écriant :

— Ce que je fais là est bien mal sans doute! Pardonnez-moi, ô mon Dieu!... mais je ne vois plus pour moi sur la terre que honte et désespoir... et je n'ai pas la force de supporter ma peine.

Après avoir achevé cette courte prière, Marie se précipite... Un grand bruit se fait entendre dans l'eau... c'est ce fleuve qui vient de recevoir le corps de la jeune fille.

A peu de distance de là passait une patrouille de la ligne. Un des soldats s'est écrié :

— Entendez-vous... quelqu'un est tombé dans le canal!

Le caporal fait faire halte et s'approche du bord de l'eau. On aperçoit quelque chose qui flotte et parfois disparaît.

— On crrroirait que c'est comme une femme, dit un soldat à son camarade...

— Oui... oui... oh! mais je la sauverait... Tiens mon fusil... mon sabre, Carabine... tiens mon schako aussi, et à moi maintenant...

— Comment! tu veux te risquer pour quelqu'un que tu ne connais pas?...

— Eh! qu'importe! il y a quelqu'un qui se noie, je sais nager... en avant!

C'était Pierre qui était de patrouille, et qui passait là, au moment où la pauvre Marie venait de se précipiter dans les flots; sans savoir quelle est la personne qu'il va secourir, et mû seulement par ce sentiment d'humanité qui porte à sauver son semblable, Pierre se précipite dans le canal : il nage avec vigueur; il atteint la personne qu'il veut sauver, la ramène près du bord. Un fusil qu'on lui tend l'aide à se soutenir sur l'eau, tandis qu'il soulève la jeune fille de manière à ce que ses camarades parviennent à la saisir, bientôt tous deux sont à terre; et Pierre, oubliant l'eau qui imbibe ses vêtements, ne songe qu'à ranimer celle qui est sans connaissance devant lui.

Le caporal se dispose déjà à faire porter la jeune fille au poste le plus voisin, lorsque Pierre pousse un cri de surprise et d'effroi; dans cette femme qu'il a sauvée, il vient de reconnaître Marie.

— Marie!... ma pauvre Marie! s'écrie Pierre en se précipitant sur le corps de la jeune fille... O mon Dieu!... est-il possible! c'est elle qui allait périr!... mais elle est morte, peut-être... Elle ne m'entend pas... elle ne me voit plus!

— Non... elle n'est pas morte... le cœur bat encore, dit le caporal.

— Faudrrrait peut-être lui fairrre avaler un petit verre, dit Carabine.

— Oh! bonheur... elle respire... elle ne mourra pas! s'écrie Pierre en cherchant à réchauffer les mains de Marie dans les siennes. Ah! caporal!... par pitié... par grâce... permettez-moi de porter cette jeune fille ici près... chez une bonne femme de ma connaissance... qui lui prodiguera tous les secours que son état réclame...

— Tu connais donc cette jeune fille, Pierre?

— Si je la connais!... Mais c'est Marie... mon amie... ma

compagne d'enfance!... celle que j'ai toujours aimée. Ah! caporal, ne me refusez pas cette grâce... je vous jure que Marie mérite bien que l'on s'intéresse à elle!...

— Allons... eh bien, va porter ta Marie... tu nous rejoindras au quartier.

Pierre a déjà enlevé Marie dans ses bras, et, chargé de ce précieux fardeau, il ne court pas, il vole jusqu'à la rue de Crussol, dont la patrouille était fort éloignée lorsque Pierre avait dit qu'il allait porter la jeune fille à deux pas. Enfin il arrive à la demeure de la mère Dumont; Marie respire, il sent battre son cœur contre le sien ; mais elle n'a pas encore ouvert les yeux ni prononcé une parole. Pierre pousse la porte de l'allée, il monte l'escalier avec précaution. Enfin il est devant le logement de la vieille ravaudeuse; il frappe à plusieurs reprises; il était une heure du matin, et la bonne femme dormait profondément ; mais elle se réveille, et, reconnaissant la voix de Pierre qui l'appelle, se hâte de se procurer de la lumière pour aller ouvrir.

— Que vous est-il donc encore arrivé? dit la bonne vieille en ouvrant sa porte au jeune soldat; puis s'apercevant qu'il porte une femme dans ses bras, elle s'écrie : Ah! mon Dieu, qu'est-ce que cela?...

— C'est elle, mère Dumont... c'est Marie...

— Marie dans cet état!...

— Oui, Marie... que je viens de retirer de l'eau... Marie qui s'était précipitée dans le canal... qui avait voulu se donner la mort, je n'en saurais douter... mais le ciel a encore permis qu'en ce moment je vinsse à passer par là!... Ah! c'est que nos deux existences sont liées ensemble!... c'est que je serais mort aussi si je n'avais pas sauvé Marie!...

— Pauvre fille!... Mais secourons-la d'abord.

On dépose la jeune fille sur un lit; puis la bonne vieille se hâte de faire chauffer des serviettes et frotte d'eau de mélisse le front, les tempes, le nez de Marie : ce remède des pauvres gens a plus de vertu que beaucoup d'ordonnances de la Faculté. Au bout de quelques instants, Marie respire plus librement; enfin elle rouvre les yeux et les porte autour d'elle avec surprise en balbutiant :

— Où suis-je donc? mon Dieu, ai-je fait un rêve?... il me semblait que j'avais dû mourir.

— Oh! mais j'étais là, moi! s'écrie Pierre, j'étais là pour vous retirer de l'eau ou y trouver la mort avec vous.

— Pierre... c'est vous... c'est encore vous qui m'avez sauvée! dit Marie en tendant sa main au jeune soldat, ah!... je me reconnais à présent... j'ai déjà habité cette chambre... je suis...

— Chez quelqu'un qui vous aime bien, dit la bonne vieille, et qui vous supplie de ne plus vous abandonner au désespoir.

— Ah! madame... ah! Pierre... vous ne savez pas... combien je suis malheureuse!... combien je suis coupable!...

— Coupable!... je ne puis le croire! dit Pierre, malheureuse!... mais ne suis-je pas là pour vous consoler... pour vous dévouer ma vie... Ah! Marie, je ne connais pas vos peines... mais si vous avez pour moi quelque reconnaissance, promettez-moi, jurez-moi de renoncer à votre affreux projet! Vivez, Marie... oh! vivez pour moi... qui vous aime tant!... pour moi, qui ai pu supporter votre oubli, votre indifférence... parce que, malgré cela, je pouvais vous aimer, vous servir... vous défendre!... Ah! Marie... pour tout cela... un seul mot... une seule promesse de votre bouche... dites-moi que vous ne chercherez plus à vous donner la mort.

— Pierre... venez demain... je vous conterai mes peines... je vous dirai tout! oh! tout!... car vous êtes mon véritable ami, vous, et je veux aussi que vous soyez mon guide et mon juge. Venez demain m'entendre... puis après, ce que vous me direz de faire, je vous jure que je le ferai.

— Il suffit... je compte sur cette promesse. A demain, Marie, à demain.

Pierre presse tendrement la main de la jeune fille et s'éloigne en disant à la mère Dumont :

— Je ne vous recommande pas d'avoir soin de Marie! je connais votre cœur, et vous savez combien je l'aime.

— Pauvre petite! dit la bonne vieille en contemplant la jeune fille dont les yeux viennent de se fermer et qui semble céder à la fatigue, quel changement dans toute sa personne... et en si peu de temps!... Que sont devenues ses belles couleurs!... cette fraîcheur qui ajoutait à ses attraits? Comme elle a l'air souffrant, abattu!... et ces beaux rêves de grandeur!... de fortune!... voilà donc ce qu'ils ont amené!... vouloir se tuer... à dix-huit ans!... Mon Dieu !... on est las de vivre à présent à l'âge où nous autres nous n'avions pas encore goûté de l'existence!

La bonne femme ne se couche pas, elle passe le reste de la nuit à veiller près de Marie, et celle-ci goûte enfin quelques heures de repos.

Le lendemain, à dix heures, Pierre est chez la mère Dumont. A l'aspect du jeune soldat, Marie baisse les yeux et se sent rougir. La bonne vieille se retire dans son autre chambre et laisse les jeunes gens ensemble, présumant que sa présence pouvait gêner Marie pour les confidences qu'elle voulait faire à son ami.

Lorsqu'elle se voit seule avec Pierre, Marie cache sa figure dans ses mains et verse des larmes avec abondance; le jeune soldat s'approche d'elle et lui dit :

— Chère Marie... si vous ne voulez plus me conter vos peines... si vous éprouvez trop de chagrin à m'en faire le récit... eh bien, ne me dites rien, je n'en serai pas moins votre meilleur ami.

— Non... non, Pierre, je veux que vous sachiez tout, répond la jeune fille en cherchant à retenir ses sanglots, je veux tenir ma promesse. Pierre... vous m'aimiez au village... votre amour était sincère...je le vois bien! j'aurais dû être fière de votre recherche, car vous étiez le garçon le plus estimé du pays. Mais j'étais coquette... je désirais voir Paris... je ne sais quelles idées me tourmentaient!... Bientôt ce fut bien pis, on vint me dire que j'étais fille d'une duchesse... que je serais très-riche un jour ! Oh! c'est alors que dans mes rêveries je me vis une grande dame!... Eh bien ! Pierre... tout cela était faux... madame de Stainville s'était trompée... la duchesse de Valousky n'a jamais eu d'enfant... c'est un manuscrit qu'elle avait laissé au Tourne-Bride... Ce manuscrit, c'est Gaspard qui en était dépositaire... Ainsi il savait bien, lui, que je n'étais pas duchesse... et il m'a laissé croire tout cela pour me punir d'avoir dédaigné votre amour.

— Il se pourrait! s'écrie Pierre, quoi! vous n'êtes pas une grande dame! vous n'aurez pas une grande fortune!... Ah! quel bonheur!... Mais pardon... pardon Marie... je me réjouis d'une chose qui vous afflige... Ah! c'est bien mal à moi... c'est que je n'ai pas été maître... Mais, mon Dieu !... serait-ce de chagrin de n'être plus duchesse que vous aviez voulu mourir?... Oh! non, non... ce n'est pas possible!... à votre âge on ne meurt pas de chagrin pour la perte de sa fortune!

— Non, Pierre... vous avez raison, ce n'est pas cela qui m'avait réduite au désespoir. Quoique j'aie été humiliée... chassée par cette dame qui m'avait fait quitter la maison où l'on m'a élevée... j'aurais pu supporter tout cela... mais un autre motif... Ah ! c'est maintenant que vous allez me mépriser !...

— Moi, vous mépriser !... jamais! jamais !... Mais, parlez donc, Marie... achevez...

— Pierre... deux fois vous m'avez sauvée... lorsque, tombée dans un piége... j'allais être victime de ma confiance... mais, hélas !... vous n'avez pas toujours été là... et puis... cette fois... ce n'était point un piége que l'on m'avait tendu... ce fut... le hasard... ma faiblesse... Pierre!... je ne puis plus retourner au village... car je porte dans mon sein un gage de ma faute, et celui qui m'a rendue mère ne sera jamais mon époux !...

— Mère !... murmure Pierre en pâlissant. Et le front du soldat se courbe vers la terre, et pendant quelques instants il semble atterré par l'aveu que Marie vient de lui faire, tandis que la jeune fille pleure en cachant encore sa figure dans ses mains. Mais bientôt les traits de Pierre se raniment, ses yeux lancent des flammes, et il s'écrie :

— Quel est-il, le lâche qui vous a ravi l'honneur?... son nom... parlez ! parlez, Marie !... il vous épousera, ou j'aurai sa vie...

— Je ne vous dirai pas son nom, Pierre, car je ne puis être sa femme... et je ne veux pas que vous répandiez son sang... Non, je ne dois pas être vengée... car cette fois, il n'y eut ni piége... ni séduction... Je crus être aimée... parce que j'aimais, je volai au-devant de celui qui ne me cherchait pas... qui ne pensait pas à moi... Ne me demandez plus son nom, Pierre, car, je vous le répète, je ne le dirai jamais.

— Vous l'aimiez! dit Pierre en poussant un profond soupir, vous l'aimiez... et il ne vous aimait pas... tandis que moi !...

Et deux grosses larmes tombent des yeux du soldat.

— Vous voyez bien, Pierre, que j'avais raison de vouloir mourir... et que je ne puis plus retourner au village...

Le soldat est quelque temps sans répondre; sa tête est retombée sur sa poitrine, il semble réfléchir profondément. Tout à coup il relève la tête; son front s'est éclairci, et il tend la main à Marie en lui disant :

— Chère Marie, vous m'avez dit que désormais je disposerai de votre sort... le voulez-vous toujours?

— Oui, Pierre, car si je n'avais jamais suivi que vos conseils, aujourd'hui je n'aurais rien à me reprocher!

— Eh bien! Marie, tous vos malheurs peuvent encore se réparer... devenez ma femme... je serai le père de votre enfa et jamais, je vous le jure, je ne vous reparlerai de la faute vous avez commise...

— Pierre!... que dites-vous! moi, votre femme! vous driez encore de la pauvre Marie?...

— Écoutez-moi, répond Pierre, s. j'ai supporté la vie, n'est-ce pas pour vous la consacrer tout entière?... il m'a fallu du courage aussi à moi, pour ne pas céder à mon désespoir, lorsque vous avez repoussé mon amour... aujourd'hui, voulez-vous donc que ce courage ait été inutile?... et me refuserez-vous encore lorsque je puis vous rendre l'honneur, le repos... lorsque je puis vous épargner un crime!

Pierre s'était jeté aux genoux de Marie, et il pressait contre son cœur et sur ses lèvres les mains de la jeune fille; celle-ci, attendrie par un si noble dévouement, par un amour si vrai, sent qu'elle peut encore éprouver un sentiment de bonheur, et elle tend sa main à Pierre, en lui disant :

— Disposez de moi!... mon existence vous appartient.

Pierre couvre de baisers les mains de Marie; son amour pour la jeune fille a toujours été si respectueux qu'en ce moment même il n'ose point céder au désir qu'il éprouve de la presser dans ses bras. Après lui avoir encore renouvelé le serment de l'aimer toujours, et reçu d'elle la promesse que désormais elle ne lui parlerait plus du passé, le jeune soldat prend congé de Marie pour retourner à sa caserne, où il veut demander une permission de quelques jours, afin de pouvoir ramener Marie à Vétheuil : cette permission il espère l'obtenir, parce qu'il est aimé de ses chefs, et que la belle action qu'il a faite en arrachant une jeune fille à la mort a encore augmenté l'estime que l'on a pour lui.

Pourtant, au moment de laisser encore Marie chez la mère Dumont, Pierre éprouve comme un mouvement d'inquiétude. Mais la jeune fille, qui lit dans ses yeux ce qui se passe dans son âme, lui sourit tendrement, en lui disant :

— Ne craignez plus rien, Pierre; désormais vous me trouverez toujours !... je n'ai plus envie de m'éloigner.

Pierre est parti. Pendant son absence, la bonne vieille voit avec plaisir que Marie est plus calme; qu'elle ne songe plus à sortir, qu'elle ne veut pas même se mettre à la fenêtre, et enfin qu'elle lui demande de l'ouvrage, parce qu'elle ne veut plus passer sa journée à rien faire.

— Mais, mon enfant ! vous n'êtes plus la même demoiselle qu'autrefois, dit la mère Dumont en regardant coudre Marie.

— Ah ! madame... c'est que je ne suis plus une duchesse !...

— Eh mon Dieu !... vous ne vous en trouverez peut-être que plus heureuse ! Je sais beaucoup de gens qui, du haut de leur grandeur, envient le sort de ceux qui vivent ignorés !

Quelques jours se sont écoulés, lorsqu'un matin Pierre arrive une canne à la main, un petit paquet sur le dos.

— J'ai ma permission ! s'écrie-t-il dès qu'il aperçoit Marie, il m'a fallu attendre le retour du colonel pour l'obtenir. Mais je suis libre pour vingt jours !... Ah ! Marie, nous allons partir... retourner au village... nous marier...

— Vous marier ! s'écrie la mère Dumont.

— Oui, oui, nous marier ! Marie a consenti, elle sera ma femme... j'ai obtenu aussi cette permission de mon colonel... parce que je lui ai dit que c'était pour épouser celle que j'ai eu le bonheur de sauver... Mais déjà j'ai retenu deux places dans la voiture qui va jusqu'à une lieue de Vétheuil... Venez, Marie, ne perdons pas de temps... Adieu ! adieu ! bonne mère Dumont, je vais épouser Marie, vous n'avez plus besoin de faire des vœux pour mon bonheur !

— Adieu, mes enfants ! dit la bonne vieille, pensez quelquefois à celle qui fera toujours des prières pour vous.

Pierre et Marie embrassent la bonne femme, et le jeune soldat entraîne la jeune fille, car il lui tarde de la ramener à son village, et surtout de lui faire quitter ce Paris... dont le séjour lui a été si funeste.

CHAPITRE XXV

CE QU'ELLE ÉTAIT.

Gaspard était revenu seul à Vétheuil, puisque Marie ne s'était pas trouvée au rendez-vous qu'il lui avait indiqué. A son retour au village, suivant son habitude, il était entré au Tourne-Bride, où le professeur Martineau se rafraîchissait avec l'aubergiste.

— Eh bien ! quelles nouvelles? lui crie Gobinard dès qu'il l'aperçoit.

— *Quid novi?* dit M. Martineau en posant son verre sur la table; vous venez de Paris... Vous avez vu la duchesse de Valousky?

— Oui ! j'ai vu tout le monde ! tout le tra la la ! dit Gaspard en se versant à boire, et je croyais bien ramener quelqu'un avec moi, mais il paraît que la petite ne veut pas quitter Paris... Elle y tient !...

— De qui veux-tu nous parler, Gaspard?

— Eh pardi ! de Marie, que je pensais ramener au village avec moi, car à c't' heure qu'alle sait qu'elle n'est point duchesse, tous ses beaux amis, toutes ses connaissances vont ben vite lui tourner le dos !...

— Elle n'est pas duchesse! s'écrie l'aubergiste, c'est donc bien certain... et c'est seulement un méchant manuscrit que cette dame avait laissé à ma défunte?...

— Eh oui! oui, combien faut-il te répéter de fois que Marie n'a jamais été fille d'une grande dame... que tous ces gens-là se trompaient... et que moi, enfin, je leur ai laissé croire qu'ils avaient deviné juste, parce que j'étais ben aise de me gausser d'eux un brin, et puis de donner une petite leçon à c'te coquette de Marie, qui avait refusé d'épouser Pierre... Là, y êtes-vous à présent ?

— Je n'en reviens pas! dit Gobinard.

— Monsieur Gaspard, vous êtes un madré! dit le professeur, je ne vous aurais jamais cru capable de jouer un tour semblable!

— C'est que vous pensiez que je n'étais pas de vot' force, apparemment. Pourtant j'avoue que je ne voudrais pas avoir fait trop de chagrin à c'te petite... Je croyais la ramener au village... puis j'aurais été dire à Pierre : — Marie est chez nous... elle y attend que tu reviennes de l'armée. Mais comme je suis revenu seul, je n'ai pas osé aller dire à Pierre tout ce qui s'est passé.

— Marie n'est plus duchesse, reprend Gobinard ; c'est fort bien ; mais avec tout cela de qui est-elle fille ?... c'est encore un mystère... Toi qui sais tout, Gaspard, ne saurais-tu pas aussi celui-là ?

— Peut-être... c'est possible !... mais comme la petite n'est plus ici... je le garde pour moi... Au reste, je retournerai bientôt à Paris pour y chercher Marie... et il faudra bien que je la retrouve, sans quoi je n'oserais plus me présenter devant ce pauvre Pierre.

Gaspard boit et ne souffle plus mot, car, contre son ordinaire, il est triste et soucieux. Gobinard fait de nouveau mille conjectures sur l'origine de Marie, et le professeur Martineau retourne chez lui enchanté de ne point avoir épousé la petite.

Quelque temps s'est écoulé ; Gaspard, qui se flattait encore de voir revenir Marie, commence à perdre cet espoir, et il se décide à retourner à Paris pour savoir ce qu'elle y fait.

C'est toujours à la fin de la journée que Gaspard a l'habitude de se mettre en route. Il est entré au Tourne-Bride, il a trinqué avec maître Gobinard et le professeur, et, après leur avoir serré la main, il ouvre la porte qui donne sur la route et va se mettre en marche... lorsque ses yeux aperçoivent au loin deux personnes qui viennent par le chemin de Paris.

Gaspard s'arrête... ses traits expriment l'étonnement, la joie la plus vive ; il se frotte les yeux craignant de pas y bien voir, mais il ne s'est pas trompé : c'est bien Pierre et Marie qui reviennent ensemble au village, Pierre et Marie qui se donnent le bras, qui causent en se regardant tendrement. Gaspard pousse un cri, jette de côté son bâton, rentre dans la salle de l'auberge en criant :

— Les v'là ! les v'là ! tous les deux et bras dessus bras dessous !... Ah ! c'est-i' ça un bonheur !

Et le paysan retourne sur la route, et court au-devant des

deux voyageurs, laissant Gobinard et le professeur se regarder et se dire :

— Il est fou !...

— Il a un coup de marteau !...

Gaspard a rejoint le jeune soldat et sa compagne de voyage, et, avant que ceux-ci aient eu le temps de lui parler, il leur prend la tête avec ses mains et les embrasse à plusieurs reprises en s'écriant :

— C'est vous ! c'est vous ! Ah ! jarni ! je savais ben que vous finiriez par vous rapprocher, par vous réunir ! Ohé ! ohé ! les v'là !... C'est Pierre et Marie !... Ah ! morgué, allons-nous nous en donner !

Et Gaspard prend le bras des jeunes gens et les ramène au Tourne-Bride en poussant des cris de joie tout le long de la route.

— Marie... ma pauvre petite Marie ! dit l'aubergiste en courant embrasser la jeune fille. Chère enfant ! on t'a fait croire bien des choses qui n'étaient pas !...

— Il n'est pus question de ça ! dit Gaspard. Marie revient avec nous... c'est qu'elle sait ben qu'elle y sera plus à sa place qu'à Paris. Mais toi, Pierre, comment as-tu fait pour quitter la caserne ?...

— Voici ma permission, pour vingt jours, dit le jeune soldat, et de plus celle de me marier... et c'est Marie que j'épouse... Marie qui a bien voulu consentir à devenir ma femme !... Ah ! monsieur Gobinard, vous qui l'avez élevée, qui lui avez servi de père... vous ne me refuserez pas sa main ?...

— Moi, te refuser, mon garçon ! non, sans doute... mais... c'est que nous ne connaissons pas les parents de Marie...

— Je les connais, moi, dit Gaspard, et puisque Marie va se marier, je pense que c'est le moment de faire savoir ce qui en est... Papa Gobinard, ça va un brin vous chiffonner, mais vous êtes un brave homme, et je suis sûr que vous n'en aimerez pas moins cette jeune fille.

— Eh ! mon Dieu, qu'est-ce donc ?... il me fait trembler, ce Gaspard... Voyons, explique-toi...

— Voulez-vous que M. Martineau entende ce que je vas vous dire ?

— Oui... c'est mon ami, je n'ai point de secret pour lui...

Le professeur s'incline en disant :

— Je saurai justifier votre confiance.

Gaspard est allé fermer la porte de l'auberge, il s'assure qu'aucun étranger ne peut les entendre, puis, revenant vers l'aubergiste, lui dit :

— Vous rappelez-vous Guillaume, le vétérinaire... un mauvais sujet, un libertin, un ivrogne, qui était amoureux de votre femme, et furieux de ce qu'elle vous avait préféré à lui ?

— Oui... oui, je me le rappelle fort bien, répond Gobinard.

— Vous fûtes forcé de quitter votre auberge... de faire un long voyage, d'aller à la Guadeloupe, pour recueillir un héritage ?

— Sans doute. Il y a dix-huit ans et demi de cela.

— Justement ! votre femme resta à l'auberge... et vous étiez parti bien tranquille !... parce que c'était une femme sage et vertueuse...

— Oui, certes !... et quiconque me dirait le contraire...

— Chut !... c'est pas ça... votre femme resta toujours sage !... et pourtant, une nuit, ce vaurien de Guillaume, qui s'était caché dans l'auberge, parvint à s'introduire près d'elle... et, malgré sa résistance... dame... elle ne fut pas la plus forte...

— Gaspard !... tu mens !... cela n'est pas possible !... s'écrie l'aubergiste, que cette confidence vient de bouleverser. Et d'ailleurs ma femme ne t'aurait jamais confié cela !...

— Aussi ce n'est pas elle qui me l'a dit... c'est Guillaume quelques années plus tard... un soir qu'il était gris et qu'il disait tout !...

— Guillaume t'a fait des mensonges !...

— Ça aurait encore été possible !... mais maintenant lisez cette lettre que vot' femme me confia pour vous la remettre, si quelque jour on voulait marier Marie... Vous saurez au juste ce qui en est... Eh ben, père Martineau, vous voyez que j'avais raison l'autre fois en vous disant que, si j'avais su lire, je n'aurais pas su tant de choses !...

L'aubergiste prend la lettre, l'ouvre, reconnaît l'écriture de sa femme et lit :

« Marie est ma fille ; pardonne-moi, mon ami, car je ne fus pas coupable, et pour l'amour de moi aime toujours cette enfant. »

Le pauvre Gobinard ne peut plus douter de la vérité ; il est quelques moments consterné; mais bientôt, ouvrant ses bras à Marie, il s'écrie :

— Viens, mon enfant, viens, je serai ton père, moi!... et dès cet instant je t'adopte et te laisserai tout ce que je possède!...

— A la bonne heure!... v'là qui est parlé! s'écrie Gaspard; papa Gobinard, vous êtes un brave homme... je vous aime de plus fort en plus fort... Touchez là... je crois que je pleure comme un veau!... mais c'est égal, cette histoire-là c'est entre nous, faut pas que ça sorte de la maison... Vous entendez, monsieur Martineau!... pas de cancans! ou je me fâche.

— Gaspard! cette recommandation est inutile... j'aime trop mon ami Gobinard pour vouloir jamais me brouiller avec lui!

— Et surtout avec sa cuisine! ajoute Gaspard à demi-voix.

Peu importait à Pierre quelle était la naissance de Marie : ce qu'il désirait seulement, c'est qu'elle ne redevînt pas une grande dame qu'on aurait encore pu lui enlever. Mais elle est adoptée par l'aubergiste, et rien ne s'oppose plus à ce que le jeune soldat devienne l'époux de celle qu'il aime depuis si longtemps.

Quant à Marie, revenue de ses illusions qui n'avaient pas fait son bonheur, elle ne demandait plus qu'à vivre dans son village, bornant tous ses désirs à rendre heureux l'homme assez généreux pour lui sauver l'honneur.

Pierre fit presser son mariage, car son congé n'avait que vingt jours; mais le huitième qui suivit son retour à Vétheuil, il devint enfin l'époux de Marie.

La noce se fit sans bruit, sans apprêt. Gaspard et le professeur Martineau y furent seuls conviés ; mais les plaisirs les plus purs ne sont pas ceux qui font le plus de bruit.

Ensuite il fallut que Pierre se séparât de sa femme pour retourner à son régiment ; mais, quelques mois après son mariage, son oncle le meunier mourut en lui laissant toute sa fortune. Alors Pierre put s'acheter un homme et retourner vivre près de sa femme; car pour lui la gloire avait peu de charmes, et il borna sa carrière au grade de tourlourou.

Marie était enceinte et elle rougissait lorsque tout le monde lui faisait compliment sur son état. Mais après cinq mois de mariage elle mit au monde un enfant qui n'existait déjà plus. Quelques personnes jasèrent un peu sur cet accouchement précoco; mais tout l'honneur en fut attribué à Pierre, et nul ne soupçonna la vérité.

Madame de Stainville vendit sa maison de campagne, et finit par épouser Daulay.

D'Aubigny épousa madame Darmentière. Il apprit aussi que Marie était revenue à Vétheuil, où elle était mariée, et il se fit un devoir de ne jamais retourner dans ce village, où sa présence aurait pu faire rougir quelqu'un.

M. Bellepêche eut beau soigner sa toilette et serrer la boucle de son pantalon, il ne fit plus de conquêtes et se décida à mourir garçon, et à garder avec lui madame Grosbec, avec laquelle il finit par aller au marché.

Le professeur Martineau termina sa carrière au hameau où il s'était retiré. Mais il se consola de l'indifférence de ses contemporains en pensant qu'il habitait le séjour illustré par *Boileau*.

Et Gaspard continua de boire, de jurer et d'être dévoué à Pierre, dont le ménage devint un des plus heureux du pays; car Marie eut plusieurs enfants qu'elle put sans rougir présenter à son époux, qu'elle finit par aimer tendrement; et quelquefois, lorsque sa mémoire lui rappelait le passé, elle était tout étonnée d'avoir pu en aimer un autre que lui.

C'est bien souvent ainsi en amour : le passé a toujours tort, le présent seul a raison.

FIN.

TABLE DES CHAPITRES

Chap.		Page
I.	La campagne et les paysans.	1
II.	Le Tourne-bride. — Le professeur Martineau.	13
III.	Une leçon d'écriture.	22
IV.	Marie.	29
V.	Le souper.	35
VI.	Déclaration d'amour au village.	42
VII.	Grande soirée. — Un départ.	48
VIII.	Les filets de sole. — Une proposition.	69
IX.	Vie de campagne.	84
X.	Madame Darmentière.	91
XI.	Lettre mystérieuse. — Grande découverte.	102
XII.	Nouvelle position. — Nouvelle séduction.	126
XIII.	Les boulevards.	146
XIV.	Les bonnes et les tourlourous.	154
XV.	Un ami.	172
XVI.	Partie carrée.	179
XVII.	Il était là.	194
XVIII.	Un autre.	206
XIX.	L'intérieur d'un vieux garçon.	227
XX.	Un traiteur sur les boulevards neufs.	237
XXI.	Un roman à deux.	254
XXII.	Retour chez madame de Stainville.	264
XXIII.	La duchesse de Valousky.	275
XXIV.	Découverte. — Désespoir. — Consolation.	285
XXV.	Ce qu'elle était.	299

FIN DE LA TABLE.

Paris. — Typ. Collombon et Brûle, rue de l'Abbaye, 29.

EXTRAIT DU CATALOGUE G. BARBA, 7, RUE CHRISTINE, PARIS

Publications populaires illustrées à 20 cent. la livraison.

ŒUVRES COMPLÈTES
DE
FENIMORE COOPER
TRADUCTION DE É. DE LABÉDOLLIÈRE
ILLUSTRÉES DE 720 VIGNETTES PAR BERTALL

L'ouvrage forme 6 volumes. Prix. 24 fr.

Je vend séparément chaque volume. Prix : 5 fr. 10 et chaque brochure séparée, savoir :

Le Dernier des Mohicans	» 95	Le Bourreau	» 95
Les Pionniers	» 75	Le Colon d'Amérique	» 95
Le Corsaire rouge	» 95	La Prairie	» 85
Fleur-des-Bois	» 95	Lionel Lincoln	» 95
L'Espion	» 95	Le Paquebot	» 95
La Vie d'un matelot	» 30	4ᵉ vol., br., 4 fr. 10	
1ᵉʳ vol., br., 4 fr. 10		Ève Effingham	» 95
Le Pilote	» 95	Feu Follet	» 95
Sur mer et sur terre	» 95	Le Camp des païens	» 95
Lucie Hardinge	» 95	Les Deux Amiraux	» 95
Le Robinson américain	» 95	Les Lions de mer	» 95
Ontario	» 95	5ᵉ vol., br., 4 fr. 10	
2ᵉ vol., br., 4 fr. 10			
Christophe Colomb	1 15	Satanstoé	» 95
L'Écumeur de mer	» 95	Le Porte-chaîne	1 15
Le Bravo	» 95	Ravensnest	» 95
Œil de Faucon	» 95	Les Mœurs du jour	» 95
Précaution	» 75	Les Monikins	» 75
3ᵉ vol., br., 4 fr. 10		6ᵉ vol., br., 4 fr. 10	

WALTER SCOTT
TRADUCTION DE É. DE LA MÉDOLLIÈRE
ILLUSTRÉS PAR JANET-LANGE

L'ouvrage forme 2 volumes. Prix, broché : 10 francs, relié : 14 francs.

Quentin Durward	1 35	Le Puritain	1 15
Rob-Roy	1 15	La Prisonnière d'Édimbourg	1 35
Ivanhoé	1 35	Le Pirate	1 15
Le Capitaine Dalgetty	» 75	La Jolie Fille de Perth	1 35
La Fiancée de Lammermoor	» 95	2ᵉ vol., br., 5 fr.	
1ᵉʳ vol., br., 5 fr.		Relié en toile, 7 fr.	
— rel., 7 fr.			

On vend séparément par volume et par brochure séparée.

EXTRAIT DU CATALOGUE G. BARBA, 7, RUE CHRISTINE, PARIS.

Publications populaires illustrées à 20 cent. la livraison

ROMANS

ŒUVRES
DU
CAPITAINE MAYNE-REID
TRADUCTION DE RAOUL BOURDIER, ETC.
ILLUSTRÉES PAR J.-LANGE
ET DE VIGNETTES ANGLAISES

L'ouvrage forme 2 vol. — Prix : broché, 8 fr.; relié, 12 fr.

On vend séparément :

*Les Chasseurs de Chevelures...	1 35	*Les Forêts vierges............	» 95
*Les Tirailleurs au Mexique.....	1 15	*La Bête d'Hudson............	1 15
Le Désert.....................	» 95	*Les Chasseurs de Bisons......	1 15
*Les Enfants des bois...........	» 75	*Le Chef blanc................	» 95
1er vol., broché...........	4 10	2e vol., broché...........	4 10
relié en toile........	6 »	relié en toile........	6 »

ŒUVRES COMPLÈTES
DU
CAPITAINE MARRYAT
TRADUCTION DE LABÉDOLLIÈRE
ILLUSTRÉES PAR BERTALL

*Pierre simple...............	» 95	*Le Pacha...................	» 95
*Japhet.....................	» 95	*L'Aspirant..................	» 95
*Jacob fidèle................	» 95	*Le Vaisseau fantôme.........	» 95
*Rattlin le marin.............	» 95	*Le Chien diable.............	» 95
*Le Vieux Commodore.........	» 95	*Le Pirate...................	» 95
		2e vol., broché........	4 10
1er vol., broché...........	4 10	*Pauvre Jack................	» 95

CHARLES DICKENS		STENDHAL	
Traduction de Labédollière.		Le Rouge et le Noir.........	1 6
		La Chartreuse de Parme.....	1 6
Les Voleurs de Londres......	» 95	Physiologie de l'amour......	» 95
Nicolas Nickleby............	1 60	L'Abbesse de Castro.........	» 55
Le Marchand d'Antiquités....	1 15	1 vol., broché............	3 10
MAX. PERRIN		LOUISE COLET	
La Famille Tricot............	» 95	*La Jeunesse de Mirabeau.....	» 55
Prêtre et Danseuse...........	» 75	*Folles et Saintes............	» 75
Permission de dix heures.....	» 95	*Madame Hoffmann Tanska....	» 75
Mauvaises Têtes.............	» 95	*Madame Duchâtelet..........	» 55

www.ingramcontent.com/pod-product-compliance
Lightning Source LLC
Chambersburg PA
CBHW071250160426
43196CB00009B/1236